Auschwitz als Aufgabe

Richard Pyritz • Matthias Schütt (Hrsg.)

Auschwitz als Aufgabe

25 Jahre Internationale Jugendbegegnungsstätte in Oświęcim (Auschwitz)

be.bra
wissenschaft verlag

August Kowalczyk (1921–2012)

gewidmet

und mit ihm allen Überlebenden des Konzentrationslagers Auschwitz,

die ihr Leben in den Dienst der Versöhnung gestellt haben.

Die Veröffentlichung dieses Buches wurde großzügig unterstützt durch die Volkswagen AG.

Bibliografische Information der Deutschen Nationalbibliothek
Die Deutsche Nationalbibliothek verzeichnet diese Publikation in der Deutschen Nationalbibliografie; detaillierte bibliografische Daten sind im Internet über http://dnb.d-nb.de abrufbar.

KulturBrauerei Haus 2
Schönhauser Allee 37, 10435 Berlin
post@bebraverlag.de
Lektorat: Matthias Schütt, Schürensöhlen
Umschlaggestaltung: typegerecht, Berlin
Innengestaltung: Friedrich, Berlin
Schrift: Minion 11/14 pt
Druck und Bindung: Finidr, Český Těšín
ISBN 978-3-937233-92-5

www.bebra-wissenschaft.de

Inhalt

Zum Geleit

Die IJBS – Aufgabe und Struktur

Von Auschwitz nach Oświęcim

Anhang

Zum Geleit

Zu diesem Buch

Welche Idylle – an diesem Ort!? Wer das erste Mal nach Oświęcim/Auschwitz kommt und in der Internationalen Jugendbegegnungsstätte einkehrt, wird erstaunt die anheimelnde, ja ungezwungene Atmosphäre dieser Einrichtung registrieren, die so stark im Kontrast steht zu den Eindrücken, die in den Staatlichen Museen Auschwitz-Birkenau auf ihn warten. Es gibt nicht einen Besucher, der die Idylle nicht dankbar zu würdigen weiß, wenn er von seiner Exkursion zurückkehrt.

Seit 25 Jahren ist die IJBS die Anlaufstelle von jährlich über 160 Gruppen, mehrheitlich deutscher Jugendlicher, die in Oświęcim lernen, was ein Zivilisationsbruch ist und welche Folgen die hier verübten Verbrechen für die Geschichte unseres Landes wie für das Zusammenleben in Europa haben. Auch wenn die Ereignisse der NS-Zeit über sechs Jahrzehnte zurückliegen, kann sich kein Besucher der Einsicht entziehen, dass das, was hier geschah, keineswegs »Geschichte« ist, sondern Teil unserer gesellschaftlichen Wirklichkeit. Täter wie überlebende Opfer sind zwar hochbetagt, zählen durchaus aber noch zu unseren Zeitgenossen. Das wirft Fragen auf, denen man sich im gesicherten Umfeld seiner Heimatstadt vielleicht entziehen könnte, nicht aber hier, nicht in dieser Stadt.

Eine überraschende Erfahrung im Zuge der Vorbereitung dieses Bandes war es, dass die Buchungsnachfrage in der IJBS nicht etwa nachlässt, sondern steigt. Eindrucksvoller als alle Zahlen belegen das die Erfahrungen der Praktiker: Im Beitrag der Lehrer Angelika und Christian von Redecker über ihr Gedenkstättenprogramm in einer Geesthachter Schule wird deutlich, wie lebhaft sich 15- bis 18-Jährige mit diesem Teil unserer Geschichte auseinandersetzen und wie selbstverständlich sie die Lehren von Auschwitz auf ihre eigene Lebenswirklichkeit übertragen. Wohin die systematische Verletzung der Menschenrechte, wohin Rassismus und Ausgrenzung führen, wird ihnen nirgends eindrucksvoller vor Augen geführt.

Die Zusammenstellung der Beiträge in diesem Band mag auf den ersten Blick erstaunen: Wissenschaftliche Aufsätze stehen neben journalistischen Beiträgen, pädagogische Konzepte neben persönlichen Erlebnissen, sogar eine literarische Arbeit reiht sich ein. Die Vielfalt der Formen spiegelt aber nur verschiedene Ansatzpunkte, sich dem einen gemeinsamen Thema zu nähern, das rationaler Durchdringung nur begrenzt zugänglich ist. »Das Unverstehbare verstehen« hat Michael Stolleis seinen Beitrag überschrieben und damit das Leitmotiv benannt, das auch alle anderen Autoren bewegt: einerseits zu akzeptieren, dass der Zivilisationsbruch »Auschwitz« letztlich unverstehbar bleibt, und andererseits sich dennoch immer wieder den Verbrechen der NS-Zeit zu stellen. Die Würde der Opfer verlangt es und auch die nach wie vor aktuelle Aufgabe, die gesellschaftlichen Verhältnisse so mitzugestalten, dass das »Nie wieder« gelebter Konsens wird.

im April 2013
Richard Pyritz
Matthias Schütt

Erinnerungen und Erwartungen

25 Jahre Internationale Jugendbegegnungsstätte Auschwitz

von Hans-Jochen Vogel

Bundesminister a. D.,

war 1993 Gründungsvorsitzender von »Gegen Vergessen – Für Demokratie«

Die Internationale Jugendbegegnungsstätte Auschwitz konnte im Dezember 2011 ihr 25-jähriges Bestehen feiern. Das gibt Anlass, an ihre Entstehung und bisherige Leistungen zu erinnern und der Frage nachzugehen, welche Impulse in Zukunft von der Gedenkstätte und damit gerade auch von der Jugendbegegnungsstätte ausgehen sollen.

Die Vorgeschichte, die 1981 zur Grundsteinlegung und 1986 zur Einweihung der Begegnungsstätte führte, steht mir als einem der daran Beteiligten noch lebhaft vor Augen. Ein früher Anstoß ging schon in den Siebzigerjahren von der Aktion Sühnezeichen und dem Verband ehemaliger polnischer Widerstandskämpfer aus. Als besonders verdienstvolle Persönlichkeit zu nennen ist vor allem der viel zu früh dahingegangene Volker von Törne, der wohl überhaupt der erste war, der in der Aktion Sühnezeichen und dann auch im Gespräch mit Opferverbänden und polnischen Partnern die Idee einer solchen Stätte der Begegnung entwickelte und unermüdlich für deren Realisierung eintrat. In dieser Stätte – so schwebte es dann allen vor, die sich für das Projekt einsetzten – sollten sich künftig junge Menschen aus aller Welt begegnen, um einander besser zu verstehen lernen und gemeinsam dem Werk der Versöhnung und des Friedens zwischen den Völkern zu dienen.

Von Anfang an ging es dabei im Wesentlichen um drei Ziele, nämlich um

- die Überwindung einer schrecklichen Vergangenheit,
- das Bemühen um die deutsch-polnische Aussöhnung in einem ganz Europa umschließenden Sinne und
- die Sicherung des Friedens durch gemeinsame Anstrengungen gerade der jungen Generation quer durch die Völker und über die Systeme der Bündnisse hinweg.

Ganz bewusst wurde für dieses Projekt ein Ort in der Nähe der Vernichtungslager Auschwitz und Birkenau gewählt, jenen Lagern, in denen Furchtbares geschehen war. In denen zwischen 1940 und 1945 weit über eine Million Menschen – die meisten von ihnen Juden – ermordet wurden. Von Orten, die für immer an Leiden unvorstellbaren Ausmaßes erinnern werden, und daran, dass hier Menschen geradezu fabrikmäßig getötet und in einer beispiellosen Art und Weise ihrer Würde, ja ihres Menschseins beraubt wurden. Als Deutscher füge ich hinzu, dass es Deutsche waren, die das Morden befahlen und die es ausführten.

Die Entscheidung gerade für diesen Ort war richtig. Wo sonst hätte der jungen Generation so konzentriert vor Augen geführt werden können, wo es endet, wenn die Menschenwürde mit Füßen getreten, die Grundprinzipien mitmenschlichen Zusammenlebens missachtet und einem sogenannten Führer in gotteslästerlicher Weise Allmacht und Allwissenheit zuerkannt wird.

Und wo wäre es überzeugender gewesen, jungen Menschen das Vermächtnis der Toten, das da lautet: »Nicht noch einmal! Nie wieder!«, nahezubringen, damit sie Warnzeichen, an denen es ja wahrlich schon damals nicht gemangelt hat, rechtzeitig erkennen und dann nicht wegschauen und weghören, sondern neuen extremistischen Aktivitäten sogleich entgegentreten. Damit sie aber daraus auch für ihre eigene Lebensführung und den Umgang mit der Würde ihrer Mitmenschen Konsequenzen ziehen.

Wichtig war der Ort aus den genannten Gründen auch für die deutsch-polnische Aussöhnung. War Polen doch das erste Opfer eines Krieges, den der Deutsche Bundestag in einer im

Mai 1997 nahezu einstimmig angenommenen Entschließung als einen »Angriffs- und Vernichtungskrieg, ein vom nationalsozialistischen Deutschland ausgehendes Verbrechen« bezeichnet hat. Versöhnen sollte dabei nicht im Sinne des Vergessens gedeutet werden, sondern im Sinne eines Vergebens, das den Hass und die Feindschaft überwindet und so die Chance eines friedlichen Miteinanders eröffnet. So wie es die polnischen Bischöfe 1965 am Ende des Zweiten Vatikanums in einem bewegenden Brief an ihre deutschen Amtsbrüder getan haben. Und wie es dem unter Willy Brandt im Zuge seiner neuen Ostpolitik zustande gekommenen Warschauer Vertrag damals schon deshalb ein Stück weit gelungen ist, weil darin die polnische Westgrenze anerkannt wurde.

Bleibt die Sicherung des Friedens. Sie war in einer Zeit, in der sich Ost und West trotz des Helsinki-Prozesses und einzelner Entspannungsschritte noch immer in zwei völlig gegensätzlichen Gesellschaftsstrukturen und bestückt mit mehr als 20 000 nuklearen Sprengkörpern gegenüberstanden, von zentraler Bedeutung. Auch dafür sollte die Begegnungsstätte gerade an diesem Ort eine substanzielle Rolle spielen. Denn sie sollte jungen Menschen quer durch die Völker und über die Bündnisse und Gesellschaftssysteme hinweg die Möglichkeit geben, zum Frieden zu mahnen. Zu mahnen, ohne zuerst auf den anderen zu zeigen, sondern mit der kritischen Frage, was tut jeder in seinem Land, in seinem Bündnis, um dem aufs Neue drohenden Verderben Einhalt zu gebieten. Außerdem war schon das Zustandekommen der Stätte ein Beispiel dafür, dass selbst ein übervolles Arsenal von Waffen letzten Endes geistig-gesellschaftliche Prozesse nicht zu verhindern vermag, wenn die Motive und Ziele glaubwürdig, menschlich und mit dem Bewusstsein der Menschen im Einklang sind.

In den 25 Jahren, die sie nun besteht, hat die Jugendbegegnungsstätte die Hoffnungen, die zu Beginn in sie gesetzt wurden, in hohem Maße erfüllt. Seitdem sind mehr als 150 000 Menschen aus über 20 Nationen hier einander begegnet und haben sich gemeinsam mit dem auseinandergesetzt, was sich für immer mit dem Wort »Auschwitz« verbinden wird. Nicht wenige derer, die das Schreckliche überlebten, haben dabei geholfen. Viele der jungen Menschen, die hierher gekommen sind, haben zudem bekundet, dass sie sich durch den Aufenthalt hier verändert hätten, dass sie seitdem bewusster lebten und die Notwendigkeit, sich an Werten zu orientieren, ernster nähmen.

Auch die deutsch-polnische Aussöhnung ist hier nicht nur ein ständiges Thema gewesen, sondern auch konkret vorangebracht worden. Übrigens hätte sich 1986 niemand vorstellen können, dass auch Polen schon knapp 20 Jahre später der Europäischen Union angehören würde. Dem gingen in Polen der Kampf und der Erfolg der Solidarność, in Deutschland der Mauerfall und die deutsche Vereinigung und in Osteuropa die Implosion des Sowjetsystems voraus. Dazu haben die Begegnungen nicht unmittelbar beitragen können. Aber sie haben doch bewirkt, dass die jungen Menschen, die hier zusammenkamen, mehr voneinander und von der Situation in den anderen Ländern wussten. Und dass sie deshalb in den wichtigsten Phasen des Veränderungsprozesses Befürchtungen entgegentreten und Hoffnungen stärken konnten.

Was erwarte ich von der Jugendbegegnungsstätte in den nächsten 25 Jahren?

Zunächst ein weiteres Wirken gegen das Vergessen. Das wird schwieriger werden, weil jetzt die letzten Zeitzeugen allmählich dahingehen. Umso wichtiger ist die Vermittlung des seinerzeitigen Geschehens durch moderne Kommunikationsmittel; so etwa auch durch aufgezeichnete Video-Interviews, die die Opfer als Individuen erscheinen lassen und die Geschehnisse nicht nur als niedergeschriebene Historie, sondern als persönlich Erlebtes. Denn das »Nicht noch einmal! Nie wieder!« muss von Auschwitz weiterhin ausgehen. Auschwitz war Menschenwerk. Und die Dämme könnten ein weiteres Mal brechen – wenn auch aus anderen Gründen. Zum Beispiel weil religiöse Fanatiker oder blindwütige Nationalisten oder machtgierige Demagogen bei Menschen, die an ihren Lebensverhältnissen verzweifeln, aufs Neue Gehör finden. Gerade jungen Menschen muss deshalb gesagt werden: »Tretet dem entgegen! Ihr seid mitverantwortlich für die Einhaltung der Menschenrechte. Der Ruf nach dem Staat allein oder danach, dass andere etwas tun sollen, genügt nicht.«

Dann erwarte ich von der Begegnungsstätte weiterhin die beharrliche Pflege der deutsch-polnischen Beziehungen. Und einen verständnisvollen Umgang mit der eigenen Geschichte und der Geschichte des anderen. Wir haben schon im 18. Jahrhundert an den Dreiteilungen und damit an der Zerschlagung Polens mitgewirkt und dem polnischen Volk dann im Zweiten Weltkrieg schwerste Opfer zugefügt. Natürlich sollten wir auch der Leiden unserer Heimatvertriebenen gedenken. Aber das darf nicht geschehen, ohne die Ursachen zu erwähnen, die zur Vertreibung geführt haben. Nicht umsonst ist Willy Brandt vor 30 Jahren vor den polnischen Opfern in Warschau auf die Knie gesunken.

Auch die Sicherung des Friedens bleibt auf der Tagesordnung. Viele der heute Lebenden – und vor allem der jüngeren Generation – halten inzwischen Frieden in Europa für selbstverständlich. Für meine Generation war noch der Krieg selbstverständlich. Dazu, dass sich das so grundlegend geändert hat, hat die europäische Einigung entscheidend beigetragen. Daran darf und muss gerade in der gegenwärtigen Krise nachdrücklich erinnert werden. Das sollte künftig auch in der Jugendbegegnungsstätte regelmäßig geschehen. In diesem Zusammenhang ist auch wichtig, dass weiterhin junge Menschen aus allen europäischen Ländern eingeladen werden. Vielleicht könnte so ein europäisches Gemeinschaftsgefühl gefördert werden. Ein geeintes Europa, das mit einer Stimme spricht und seine geschichtlichen Erfahrungen einbringt, würde auch mithelfen, den Weltfrieden zu stabilisieren. Etwa indem es dazu beiträgt, die sich derzeit ständig erweiternde Kluft zwischen den armen und den reichen Völkern dieser Erde zu verringern, ja eines Tages zu schließen.

Zu alldem ermutige ich die, die für die Jugendbegegnungsstätte Verantwortung tragen und dort arbeiten. Und ebenso danke ich allen, die im vergangenen Vierteljahrhundert der Jugendbegegnungsstätte zu ihrem Erfolg verholfen haben.

Die IJBS – Aufgabe und Struktur

Die Vollendung einer unmöglichen Idee

Versöhnung durch Begegnung: Die IJBS und die Wirkungskraft des authentischen Ortes

von Leszek Szuster *Direktor der IJBS*

Als der Ort schlechthin, der durch den Nationalsozialismus besonders tragisch stigmatisiert wurde, galt und gilt Auschwitz nach wie vor in der allgemeinen Wahrnehmung als Sinnbild dieser verbrecherischen Ideologie, die in den Jahren des Zweiten Weltkriegs Millionen von Menschenleben forderte. Die Staatliche Gedenkstätte Auschwitz-Birkenau wacht seit 1947 über die Erinnerung an den Holocaust durch verschiedenartige Programme in Bereichen wie Denkmalpflege, Dokumentation, Forschung und Bildung. Das Potenzial, das dieser am besten erhaltene Ort des Gedenkens in sich birgt, schafft nicht nur eine Verpflichtung und Herausforderung gegenüber künftigen Generationen, sondern eröffnet vielfältige Möglichkeiten, das Schandmal dieses Ortes in einer aufrichtigen, glaubwürdigen Vermittlung der Wahrheit über seine Vergangenheit zu überwinden. Der weltweit einzigartige Stellenwert von Auschwitz wurde zum Ausgangspunkt zahlreicher Initiativen, die die Erinnerungs- und Gedenkarbeit mit Blick auf die schmerzhafte Vergangenheit dieser Stadt in institutionalisierter Form verfolgen.

Die Authentizität des Ortes

Sowohl aus historischen als auch emotionalen Gründen kreuzen sich in Auschwitz die Wege all jener, denen die Botschaft dieses

Ortes nach wie vor wichtig ist. Die kontinuierlich steigenden Besucherzahlen der Staatlichen Gedenkstätte Auschwitz-Birkenau sowie die unzähligen wissenschaftlichen Publikationen zum Thema Holocaust stellen die Aktualität dieser Problematik unter Beweis. Ein Ort, an dem die nationalen Erinnerungsmuster von Besuchern aus beinahe allen Ländern der Welt aufeinandertreffen, stellt besonders hohe Anforderungen an diejenigen, die hier tätig sind.

Es wird vielfach die Frage erörtert, ob es nicht ausreichend und angemessener sei, die Vermittlung des Wissens über Auschwitz den so zahlreichen, gerade zu diesem Zweck gegründeten Einrichtungen der geschichtlich-politischen Bildung zu überlassen – von Yad Vashem bis zum United States Holocaust Memorial Museum in Washington.

Wodurch unterscheiden sich diese Institutionen in ihrem Tätigkeitsprofil von anderen dieser Art, die in unmittelbarer Nähe der ehemaligen Vernichtungslager entstanden sind? Zahlreiche dieser Problematik gewidmete Bildungs- und Begegnungsstätten in vielen Ländern Europas, hauptsächlich in Deutschland, basieren in ihrer Tätigkeit auf den in den Archiven der Gedenkstätten und Museen aufbewahrten Dokumenten. Im Zeitalter des Internet sind dem Zugang zu diesen Beständen praktisch keine Grenzen gesetzt. Selbst vom entferntesten Ort der Erde aus können Schriftstücke und Bilder eingesehen werden, die nicht nur eine fundierte Dokumentation des erforschten Themas, sondern auch eine pädagogische Umsetzung der Forschungsergebnisse ermöglichen. Dennoch teilen viele Historiker wie auch Praktiker der Gedenkstättenpädagogik die Auffassung, die Auseinandersetzung mit der erlebbaren Authentizität des Ortes sei durch nichts zu ersetzen. Diese These findet ihre Bestätigung in den Reaktionen von Besuchern der Staatlichen Gedenkstätte Auschwitz-Birkenau, die während ihrer Studienreisen in der Internationalen Jugendbegegnungsstätte Quartier nehmen und – sei es während der Diskussionsrunden vor Ort, sei es in ihren nach der Rückkehr erstellten Seminarberichten – die Wirkungskraft des authentischen Ortes in den Vordergrund stellen. Die Möglichkeit, sich mit dem tragischen Schicksal der Opfer unmittelbar vor Ort auseinanderzusetzen, den letzten Spuren eines konkreten Menschen und seiner Angehörigen nachzugehen, schafft nicht nur Empathie, sondern hinterlässt auch unauslöschliche Eindrücke. Gerade dieser Zusammenhang war zweifelsohne dafür entscheidend, dass in der Stadt Oświęcim Einrichtungen wie die Internationale Jugendbegegnungsstätte, das Zentrum für Dialog und Gebet, das Jüdische Zentrum und die Vereinigung der Roma in Polen entstanden sind und sich der Erinnerungs- und Gedenkarbeit vielfältig widmen. Die älteste dieser Institutionen ist die am 7. Dezember 1986 eröffnete Internationale Jugendbegegnungsstätte (IJBS).

»Spuren der Freundschaft« – Begegnungen zwischen Häftlingen und Jugendlichen

Der Entstehung der IJBS ging eine komplizierte Phase der Ideenbildung, der Gesprächs- und Verhandlungsrunden und der Diskussion des Konzepts voraus, das aus heutiger Sicht zwar als das »Traumprojekt« schlechthin bewertet werden kann, im Grunde genommen aber zum Scheitern verurteilt war. Eine geradezu unmögliche Idee: in der Spätphase des real existierenden Sozialismus der Volksrepublik Polen in der Stadt Oświęcim, an einem von der Geschichte dermaßen belasteten Ort, ein Haus zu bauen, das nicht nur eine Antwort darauf gibt, was im KZ Auschwitz vier Jahrzehnte zuvor geschehen war, sondern auch neue Richtungen aufzeigen sollte, neue Wege zu gutnachbarschaftlichen Beziehungen, wobei die Vergangenheit wohlgemerkt keineswegs ausgeblendet werden würde? Es erforderte viel Vorstellungskraft und noch mehr Mut, um diese von der Geschichte gestellte Herausforderung anzunehmen. Die Gründerväter des Hauses, deren Idee es war, Oświęcim zu einer Plattform für offene und aufrichtige Gespräche von jungen Deutschen und Polen zu machen, wurden zwar von ihrem Enthusiasmus und der Unterstützung zahlreicher Menschen und Institutionen getragen, sie sahen sich aber zugleich auch damit konfrontiert, dass die Stimmung in den beiden Gesellschaften zu jener Zeit noch recht bedeutsam mitgeprägt war durch Zurückhaltung, Misstrauen und sogar Widerwillen.

Entscheidend für die Entstehung der IJBS und mitbestimmend für das künftige Profil des Hauses waren die Begegnungen der ehemaligen Häftlinge des KZ Auschwitz mit der Nachkriegsgeneration der Deutschen, die in Oświęcim nicht nur auf Verständnis für ihre Gesten zur Versöhnung, sondern vor allem auf Offenheit und die Bereitschaft, die Wahrheit über Auschwitz zu vermitteln, und vielfach sogar Freundschaft stoßen konnten. Obwohl an der Entstehung des Hauses zahlreiche Einzelpersonen, Vereine, konfessionelle Gruppen und Unternehmen beteiligt waren, wurde gerade diese Freundschaft zum wahren Fundament, auf dem die Internationale Jugendbegegnungsstätte errichtet werden konnte.

Das besondere Verhältnis, das Volker von Törne, den Geschäftsführer der Aktion Sühnezeichen, Sohn eines hochrangigen SS-Angehörigen, mit den ehemaligen Häftlingen des KZ Auschwitz Tadeusz Szymański und Jerzy Brandhuber, verband, inspirierte zahlreiche Mitglieder und Anhänger der Berliner Aktion Sühnezeichen Friedensdienste zum mutigen Nachdenken über den Bau einer Begegnungsstätte in Oświęcim. Die Bereitschaft zur Zusammenarbeit und das den jungen Deutschen entgegengebrachte Vertrauen erwiesen sich als tragfähige Brücke, sodass der Traum so vieler Deutscher und Polen letztlich verwirklicht werden konnte. Christoph Heubner, Nachfolger Volker von Törnes und Fortsetzer seiner Ideen, pflegte behutsam und sorgfältig das Verhältnis zu den ehemaligen Häftlingen, die sich regelmäßig mit deutschen Jugendlichen, den Teilnehmerinnen und Teilnehmern der ersten Studienreisen zum ehemaligen Konzentrations- und Vernichtungslager Auschwitz trafen. Helmut Morlok, der der Aktion Sühnezeichen nahestehende Architekt und Autor des Entwurfs der IJBS, wusste die zahlreichen wertvollen Hinweise seines Fachkollegen und engen Freundes Alfred Przybylski zu schätzen, der 1940 mit dem ersten Transport der polnischen Häftlinge nach Auschwitz deportiert worden war. Sowohl für ihn als auch für Christoph Heubner prägte die besondere Nähe zu den Zeitzeugen die gesamte Wahrnehmung der deutsch-polnischen Beziehungen und wurde für beide zu einer lebensbestimmenden Erfahrung. Nicht zuletzt deswegen wurden diese »Spuren der Freundschaft« zum Leitmotiv der 2011 zum 25-jährigen Jubiläum der IJBS vorbereiteten Ausstellung »Im Herzen der Welt«.

Ein Wendepunkt in der Wahrnehmung von Geschichte

Die tagtägliche Arbeit des Hauses besteht hauptsächlich aus unzähligen Begegnungen, Gesprächen und Diskussionen. Für viele, die das Haus im Rahmen von Studienreisen kennenlernen, bedeutet dieser Besuch einen Wendepunkt in der Wahrnehmung von Geschichte, oftmals sogar eine Neuausrichtung der Wertehierarchie und Sensibilisierung für vollkommen neue Lebensbereiche.

25 Jahre IJBS finden auch einen ganz besonderen Niederschlag in den vielfach dokumentierten, tiefen freundschaftlichen Beziehungen zwischen jungen Menschen aus aller Welt und den Zeitzeugen. Insbesondere gilt dies für junge Deutsche und ehemalige polnische Häftlinge. Die über viele Jahre gepflegten Kontakte, die nicht selten in ein von tiefgehender Nähe geprägtes Verhältnis übergehen, sind auch eine Folge der Begegnung in diesem Haus. Die Geschichte einer solchen Freundschaft zwischen Katarina Bader und Jerzy Hronowski, Auschwitz-Häftling aus dem ersten Transport von 1940, der über viele Jahre mit der IJBS zusammengearbeitet hat, beschreibt Baders Buch »Jureks Erben: Vom Weiterleben nach dem Überleben«, das bereits in zweiter Auflage in Deutschland vorliegt und kürzlich auch ins Polnische übersetzt wurde (siehe den Beitrag »Danke für den Liebesbrief«).

Der einzigartige Charakter des Ortes verpflichtet dazu, die weitgefasste historische und politische Bildungsarbeit an der Botschaft von Auschwitz auszurichten. Dies ist auch der Grund dafür, dass jedes Jahr rund 160 Gruppen aus vielen Ländern der Welt ihre Projekte in der IJBS realisieren, um die Geschichte von Auschwitz kennenzulernen und zumindest annähernd zu begreifen, aber auch, um auf die wichtigsten Fragen, die junge Menschen heute bewegen, Antworten zu finden. Gerade deswegen gehören Fragen wie Missachtung der Menschenrechte, Zivilcourage, Intoleranz und deren Konsequenzen, fehlendes Verständnis für das Anderssein nach wie vor zu den im Rahmen der Jugendbegegnungen am häufigsten thematisierten Inhalten. Weitere regelmäßige Seminare wie etwa die 2012 angebotenen Veranstaltungen »Zwangsmigration von Polen und Deutschen während und nach dem 2. Weltkrieg«, »Erinnerung an Auschwitz und den Holocaust gestern und heute«, »Menschenrechte gestern – Menschenrechte heute«, »Lernen durch Begegnung«, »Auschwitz und der Holocaust vor dem Hintergrund der Völkermordverbrechen im 20. Jahrhundert« oder »Janusz Korczak im Gedächtnis der Polen, Juden und Deutschen« erweitern die ohnehin breite Palette von Fragestellungen, die für Europas junge Generation große Bedeutung haben.

Da das Programmangebot der IJBS seit vielen Jahren sowohl Behindertenworkshops (z. B. Seminare für blinde und sehbehinderte Personen sowie für schwerhörige und gehörlose Jugendliche) als auch Fachprogramme für diverse Gruppen von Studierenden und Berufstätigen (Juristen, Krankenpflegepersonal, Fotografen) umfasst, beschränkt sich die angesprochene Zielgruppe keineswegs nur auf historisch interessiertes Publikum. Hier kommt der universelle Charakter der Botschaft von Auschwitz zum Tragen.

Es wäre wohl nicht vermessen zu behaupten, die Mitarbeiterinnen und Mitarbeiter der Internationalen Jugendbegegnungsstätte sind Wächter der Erinnerung.

Die inhaltliche Vorbereitung alleine reicht bei Weitem nicht aus als Voraussetzung, um die Wahrheit über Auschwitz adäquat zu vermitteln. Die wahrheitsgetreue historische Überlieferung bildet zwangsläufig die Grundlage der vor Ort geleisteten Bil-

Die Internationale Jugendbegegnungsstätte in Oświęcim

dungsarbeit, dennoch vermag es der inhaltliche Aspekt alleine wohl kaum, allen Ansprüchen und Erwartungen der Studienreisenden gerecht zu werden. Empathie und ganz spezifische Sensibilität sind die wichtigsten Voraussetzungen, um das Unbegreifliche nachzuvollziehen und das Unverständliche kognitiv zu reflektieren. Dabei ist es außerordentlich wichtig, allen Besuchern, insbesondere aber den Jugendlichen, für die die IJBS und die Stadt Oświęcim eine Art »Heimat auf Zeit« sind, die Möglichkeit zu geben, die eigenen Emotionen, die der Besuch der Gedenkstätte hervorruft, zu verarbeiten. In diesen Fragen gibt es nämlich keine allgemeingültigen Handlungsmuster – jeder Mensch ist anders, jede Situation ist anders.

»Dieses Haus ist ein magischer Ort«

Allen in diesem Haus tätigen Menschen ist darüber hinaus die Verantwortung bewusst, für die Überlebenden, die ehemaligen Häftlinge des KZ Auschwitz-Birkenau, Sorge zu tragen, die als bewährte Partner in der Erinnerungs- und Bildungsarbeit der IJBS der Vermittlung der historischen Fakten durch ihre persönlichen Erlebnisse zusätzliche Glaubwürdigkeit verleihen. Die Tatsache, dass sie dem Haus unersetzlich sind, vermittelt ihnen das Gefühl, für andere nützlich zu sein. Die Arbeit mit jungen Menschen bedeutet für sie, das Vermächtnis derjenigen zu erfüllen, die nicht überlebt haben. In diesem Sinne ist die IJBS der Ort, an dem sie den sich selbst auferlegten Lebensauftrag vollbringen. Daher ist es ungeheuer wichtig, alle noch verfügbaren Zeugnisse, die Lebensgeschichten der Überlebenden, sorgfältig zu sammeln und aufzuzeichnen. Die Aussagen der Zeitzeugen bedeuten für das Haus eine besondere Wertschätzung und gleichzeitig die wichtigste Bestätigung für den Sinn und Zweck dieser Einrichtung.

»Ein Haus für meine Gedanken – Ein Haus für mein Herz«, so nannte Noach Flug die IJBS. Der ehemalige Häftling von Auschwitz, Groß-Rosen, Mauthausen und Ebensee war von 2002 bis zu seinem Tod 2011 Präsident des Internationalen Auschwitz Komitees. Für Henryk Mandelbaum war die IJBS sein »zweites Zuhause«. Der herausragende Schauspieler und Regisseur August Kowalczyk hat mehrmals unterstrichen, dass Oświęcim und die IJBS eine ganz wichtige Rolle in seinem Leben spielen: »Dieses Haus (…) ist ein magischer Ort, es verwandelt unsere Wünsche und Sehnsüchte in das freundliche Stimmengewirr der uns seinerzeit feindlich gegenüberstehenden und heute so sympathischen Deutsch sprechenden Jugend (…) Die IJBS ist aber nicht ausschließlich deutsch-polnisch, es ist eine Welt, die viele Sprachen spricht. Das Wichtigste dabei ist aber, dass diejenigen, die das Haus besiedeln, uns brauchen, und wir brauchen sie. Deswegen setze ich mich mit meinen 90 Jahren in Warschau in den Zug und fahre nach Oświęcim, in die IJBS. Wir haben hier ein Haus unserer Herzen, wie gemalt.« Und die Schriftstellerin Zofia Posmysz fragte sich: »Was bedeutet dieses Haus für mich? Es ist ein Ort, wo ich wie nirgendwo anders spüre, dass mein Leben keineswegs leer oder trostlos ist, sondern mich immer wieder überzeugen kann, dass ich noch einiges zu tun habe, und zwar etwas Nützliches. Hier bin ich unter mitfühlenden Menschen, die mir Nähe und Herzlichkeit schenken.«

Alle Mitarbeiterinnen und Mitarbeiter des Hauses betrachten diese Meinungen als die höchste Anerkennung und Auszeichnung.

Die Stimme von Auschwitz

Die Authentizität des Ortes verleiht dem in der Internationalen Jugendbegegnungsstätte realisierten Bildungskonzept »Auschwitz als Lernort« ein besonderes Wirkungspotenzial. Jedes Wort, das an diesem Ort gesprochen wird, ist weitreichender und auch deutlicher zu hören. Dies bietet natürlich vielerlei Chancen, bedeutet gleichzeitig aber auch Verpflichtung und Verantwortung. Diese Verantwortung ruht nicht nur auf denjenigen, die sich in ihrer täglichen Arbeit mit der Erinnerungsproblematik auseinandersetzen. Diese Verantwortung tragen wir gemeinsam. Deswegen ist und bleibt Auschwitz ein Auftrag für alle und für jeden einzelnen Menschen in unserer Welt.

Der Mythos von »Naziland«

Warum Auschwitz uns alle angeht – Versuch einer Antwort

von Alicja Bartuś *Vorsitzende des Vorstandes der Stiftung IJBS*

Im Jahr 1994 sah weltweit die Hälfte der Menschheit im Fernsehen, wie die Rumänen die Argentinier besiegten und Brasilien die USA, den Gastgeber der Fußball-Weltmeisterschaft. Im Herzen von Afrika, das von Kamerun, Marokko und Nigeria bei diesem Turnier vertreten wurde, endete zur selben Zeit eines der größten Gemetzel des 20. Jahrhunderts: Von April bis Juli 1994 kam fast eine halbe Million Einwohner von Ruanda durch Angriffe mit Macheten und Äxten aus der Hand ihrer Nachbarn ums Leben. Ein halbes Jahrhundert nach Auschwitz waren 100 Tage ausreichend, fast genauso viele unschuldige Männer, Frauen und Kinder zu ermorden wie im KZ Auschwitz innerhalb von rund 1 000 Tagen.

Nach den Ereignissen in Ruanda reagierte die Welt wieder einmal verspätet: Wie war es bloß möglich? Wie konnte das passieren nach dem Krieg, der so viele Millionen Opfer gekostet hat? Wie war es möglich unter den Augen der UNO mit ihrem Motto »Nie wieder«?

In den vergangenen 67 Jahren stellte sich die Menschheit über 200 Mal diese Frage: Wie war es möglich? Denn so viele Waffenkonflikte brachen weltweit nach dem Ausgang des Zweiten Weltkriegs aus. Dabei kamen – je nach Quelle – zwischen 12 und 35 Millionen Menschen ums Leben. Dazu kommen Millionen Verwundete, Invaliden und in Lagern vegetierende Flüchtlinge.

Kambodscha, Kongo, Ruanda, das sudanesische Darfur – Symbole des Verbrechens und des menschlichen Leidens.

Viele würden sagen: Das ist weit weg, betrifft mich nicht. Aber: Betrifft es uns wirklich nicht?

Und das Massaker in Srebrenica in Bosnien, wo Serben rund 8 000 bosniakische Moslems ermordet haben. Es geschah ein Jahr nach dem Blutbad in Ruanda – und auch dort gab es bezeichnenderweise wie in Afrika Internationale Schutztruppen.

Wie ist all das möglich – nach Auschwitz? Eben diese Frage stellen sich die Besucher des ehemaligen Konzentrationslagers. Nicht: Wie war Auschwitz möglich? Sondern eben: Wie kann so etwas wieder und wieder geschehen?

Wenn wir dem Menschen in die Seele schauen, wenn wir seinen Gefühlen auf den Grund gehen, gibt es immer wieder Anlass zu erschrecken. Die Vergangenheit ist keine untergegangene Welt. Der Mensch hat sich kaum verändert, er lässt sich immer noch von denselben Bedürfnissen und Motiven leiten. In Deutschland wie in Ruanda, in Amerika wie in Asien. Ich will es durch Symbole ausdrücken: Der Mensch ist fähig, eine neue Sixtinische Kapelle zu bauen – aber auch ein neues Auschwitz.

Die Menschen aufklären, mobilisieren ...

Die Stiftung für die Internationale Jugendbegegnungsstätte ist in Oświęcim tätig. Folgerichtig stellen die Geschichte von Auschwitz und seine universelle Symbolik den Ausgangspunkt für die Diskussion über Gräuel wie die obigen dar, die auch heute noch weltweit geschehen. Auschwitz ist ein besonderer Ort für Europa und für die ganze Welt.

Wir hörten kürzlich anlässlich der Gerichtsprozesse der Roten Khmer und der Verurteilung des S-21-Lagerkommandanten Duch, dass das berüchtigte Folterlager der Roten Khmer, auch Toul Sleng genannt, ein »zweites Auschwitz« war: Auschwitz wurde nicht nur zum Symbol der Vernichtung und des Todes, der Missachtung der Menschenwürde, sondern auch zum Bezugspunkt für verschiedene Verbrechen der Gegenwart. Auschwitz als Chiffre für Orte und Situationen in verschiedenen Ländern der Welt, wo verbrecherische Systeme wirksam waren bzw. es immer noch sind, wo Menschenrechte verletzt werden.

Wir können das Rad der Geschichte nicht zurückdrehen, den Holocaust nicht rückgängig machen. Wir können jedoch etliches tun, um weitere Verbrechen zu verhindern, zum Beispiel dadurch, dass man die erkannten Mechanismen eines Verbrechens öffentlich macht und auch sich bewusst wird, wie gefährlich es ist, wenn man auf die in allen geografischen Breiten auftauchenden Symptome des Hasses nicht reagiert. Hier steckt der tiefere Sinn der IJBS-Aktivitäten: laut aussprechen, wo und warum das Böse geschieht, die Menschen aufklären und mobilisieren, dass sie verbrecherische Regimes unter Druck setzen, eigene Regierungen zum Handeln bewegen und die Opfer unterstützen. Ich bin überzeugt, der Ruf aus Auschwitz soll und kann vieles in der Welt ändern.

Wenn wir über Genozide sprechen, nehmen Europäer selbstverständlich den Holocaust in den Fokus; andere Völkermorde (Kambodscha, Ruanda, Darfur, Kongo, Nordkorea) werden nur am Rande oder gar nicht behandelt. Meiner Meinung nach ist das ein Fehler. Damit blenden wir Teile unserer Erinnerung aus. Und durch diese unvollständige Erinnerung bleiben uns Fakten fremd, die uns helfen würden, die Mechanismen dieser Verbrechen zu verstehen. Diese sind – wenn man sie unter die Lupe nimmt – weltweit in jeder Kultur ähnlich.

Unsere europäische Wachsamkeit ist auch deshalb einseitig, weil wir keine Gefährdung hier und jetzt erleben. Die Verbrechen dieses Ausmaßes der jüngeren Zeit geschahen so weit weg, dass wir dadurch scheinbar nicht betroffen sind. Scheinbar, denn durch die Verwicklung unserer Länder in die Geopolitik und den Kampf um Einflusssphären sind wir als Weltbürger mitunter für den Verlauf und die Eskalierung selbst sehr weit entfernter Konflikte verantwortlich.

Herausforderungen der Museumspädagogik

Die meisten besuchen die Gedenkstätte Auschwitz nur einmal im Leben, Polen meist als Schulkinder. Was bleibt in ihren Köpfen, Herzen und Gewissen nach dem Besuch eines der weltweit wichtigsten Symbole der Vernichtung? Was lernen sie in der Standardführung von dreieinhalb Stunden? Kann dieser kurze Besuch irgendetwas in ihrem Bewusstsein ändern? Es gibt keine Untersuchungen, die eine vollständige Antwort auf diese Fragen erlauben.

In Europa fühlen wir uns geborgen, wir sind überzeugt, dass uns kein Krieg droht. Für junge Leute ist die Zeit des Zweiten Weltkriegs lange her, eine Vergangenheit, zu der sie oft keine Beziehung haben und der sie empfindungslos gegenüberstehen. Zuhause wird der Krieg kaum mehr thematisiert, die meisten Augenzeugen jener Grausamkeiten sind bereits gestorben. Jugendliche leben heute in einer ganz anderen Wirklichkeit.

Einer der Fremdenführer der Gedenkstätte Auschwitz erzählte, dass er einmal von einem ausländischen Schulkind gefragt wurde: »Wo lag eigentlich Naziland?« Über 60 Jahre seit Kriegsende mag eine solche Frage manchem Jugendlichen logisch erscheinen. Wenn Polen aus (englisch) Poland stammen, so wie Engländer aus England und Russen aus Russland, dann müssen auch Nazis, die Täter, Organisatoren und Träger von Konzentrations- und Vernichtungslagern, irgendwoher stammen. An diesem Beispiel sehen wir deutlich, dass die Bildungsarbeit über das KZ Auschwitz von Grund auf zu führen ist und dass die Wahrheit, auch wenn sie doch so offensichtlich ist, immer wieder wiederholt werden muss. »Nazis« sind mitunter, insbesondere für die junge Generation, eine Gruppe mit unbestimmter Herkunft. Im Kontext mit der immer noch anzutreffenden Bezeichnung »polnische Konzentrationslager« hat dies des Öfteren eine für uns Polen schockierende Folge: Wir müssen daran erinnern, dass wir Opfer des Dritten Reiches, des einzigen realen »Nazilandes«, waren. Dinge, die meiner Generation offensichtlich schienen, sind es heute nicht mehr.

Was Jugendliche aus Auschwitz lernen können

Bei den Lehren aus Auschwitz geht es nicht allein um Faktenwissen. Wissen im umfassenden Sinne soll helfen, das soziale Bewusstsein, die erwünschten Haltungen zu gestalten und zum Widerstand gegen Gewalt, Rassismus, Fremdenhass, Intoleranz und Verletzung der Menschenrechte führen. Das pädagogische Konzept muss daher einerseits das Vermitteln von zuverlässigen Informationen und die Erläuterung der historischen Fakten und Mechanismen beinhalten, andererseits aber auch die Jugendlichen aufrütteln, damit sie im Rahmen ihrer Möglichkeiten eingreifen gegen neue Kriege und Verbrechen. Man muss sie überzeugen, dass jeder von uns – und jeder von ihnen – etwas auf der Welt ändern kann.

Grundlegende Bedeutung dafür hat eine entsprechende Lehrer- und Ausbildervorbereitung. Von ihnen hängt es ab, neben der Vermittlung der Fakten die sozialen Einstellungen zu fördern. Eine besonders wirksame Form der Jugendarbeit sind mehrtägige Seminare in Gedenkstätten. In Polen haben wir viele in diesem Bereich gut ausgebildete Lehrer, die praktische Umsetzung ihrer Kenntnisse und Fertigkeiten ist jedoch leider nicht optimal. Im Jahr 2011 nahmen 6 500 junge Leute aus ganz Europa, darunter rund 650 aus Polen, an Bildungsprojekten in der Internationalen Jugendbegegnungsstätte Auschwitz teil, wobei die polnischen Jugendlichen jeweils an bilateralen, im Rahmen des Jugendaustausches finanzierten Projekten beteiligt waren.

Eine gemeinsame, auf Auswertung der historischen Fakten und Mechanismen gestützte Beantwortung der Fragen, die an solchen Orten wie dem ehemalige KZ Auschwitz gestellt werden, dient in der modernen Bildungsarbeit der Aktivierung von Jugendlichen, sodass sie nicht gleichgültig bleiben und sagen: »Was geht mich das an? Ist doch nicht mein Problem.« Wir wissen doch genau: Gleichgültigkeit und ausbleibende Reaktion führen direkt zur Akzeptanz des Bösen. Wir wissen, dass eine solche

Haltung vielen Verbrechern geholfen hat, an die Macht zu kommen, dass sie eine der Ursachen für den Triumph des Faschismus war, und zwar in dem Teil Europas, der sich die Wiege von Wissenschaft und Kultur nennt.

Die Lehren von Auschwitz sollten daher allgemein sein und in einem schlüssigen Konzept vermittelt werden. Man darf nicht allein Tatsachen beschreiben, sondern muss Ursachen und Mechanismen des Verbrechens aufdecken. Dabei müssen die ganz anderen Wissensgrundlagen, Erfahrungen und Wahrnehmungen der Jugendlichen von heute berücksichtigt werden.

Direkt nach dem Krieg beschrieben die Fremdenführer – vielfach KZ-Überlebende – vor allem die Lagertopografie und erzählten, was hier geschehen war. Sie mussten kaum erläutern, wer Täter und wer Opfer war. Dies wussten die Besucher genau. Oft waren ihre Angehörigen oder auch sie selber Häftlinge in einem Lager gewesen. Der zweiten Pilgergeneration musste man schon die Tatsachen erläutern, wobei die polnischen Besucher meist über solide Vorkenntnisse verfügten, die sie in Gesprächen mit Eltern bzw. Großeltern erworben hatten. Nun wird die Gedenkstätte durch die dritte, mitunter bereits die vierte Nachkriegsgeneration besucht. Ihnen muss man die Geschichte nicht nur von Auschwitz, sondern auch von der Geburt des Nationalsozialismus erläutern. Man muss ihnen die Grundlagen darstellen, die bisher vorausgesetzt wurden, und man muss es – ich sage es ganz bewusst provokant – in attraktiver Weise tun, damit die Information in den jungen Köpfen auch haften bleibt. Als Ausgangspunkt zur Gestaltung von Gewissen und Gesinnung.

Die Vorkenntnisse der Besucher aus dem Ausland, aber auch aus Polen sind immer dürftiger, obwohl es größtenteils Personen sind, die sich auf die eine oder andere Weise für Geschichte interessieren. Sie wundern sich immer wieder, dass neben dem Lager eine ziemlich große Stadt liegt (und schon immer lag), dass das KZ Auschwitz nicht in einer totalen Öde, sondern nach einer

Massenaussiedlung und dem Ausradieren von Tausend Bauernhöfen errichtet wurde, dass im Lager Gebäude stehen.

Erst während der Führung öffnen sich ihre Augen. Auf einmal sehen sie neue Fakten, erkennen die unterschiedliche Symbolik dieses Ortes. Die Besucher begreifen allmählich, dass verschiedene historische Erinnerungen, unterschiedliche Auschwitz-Erinnerungen nebeneinander funktionieren. Manchmal verflechten sich diese Erinnerungen, manchmal schließen sie sich gegenseitig aus. Es gibt die Erinnerung von Juden, Roma, Polen, Russen, Deutschen … Es gibt die Erinnerung der Völker, die in den ehemaligen Lagerbaracken ihre Ausstellungen haben.

Den jungen Leuten muss geschickt geholfen werden, sich nicht nur im Dickicht der Fakten, sondern auch in diesen komplizierten Zusammenhängen der unterschiedlichen historischen Erinnerungen zurechtzufinden. Eine gemeinsame Gesprächsplattform aufzubauen und die Sensibilität der anderen wahrzunehmen. Zu lernen, eben in Auschwitz, wie die Geschichten der anderen zu hören sind: Wenn Juden die jüdische, Polen die polnische und Russen die russische Geschichte erzählen. Es geht dabei nicht um Versuche, die Geschichte zu relativieren oder eigene Schuld auszublenden. Es geht um gegenseitiges Lernen, Verstehen von geschichtlichen Umständen und um die Berücksichtigung der anderen Perspektive. Das ist schwierig, aber – wie die Erfahrung der Einrichtungen von Auschwitz inklusive IJBS zeigt – doch möglich. Und vor allem unheimlich fruchtbar.

Die Notwendigkeit systematischer Bildungsmaßnahmen

Die Bildungsarbeit in Auschwitz bezweckt, möglichst viele bewusste und sensible Menschen zu erziehen. Je besser das gelingt, desto leichter wird der Kampf gegen historische Lügen und Ignoranz. Desto seltener werden wir erklären müssen, wo einmal »Naziland« war. Desto mutiger wird man die Frage nach den Ursachen von Auschwitz sowie von allen nach Auschwitz und trotz Auschwitz verübten Verbrechen stellen.

Wie kam es dazu? Wie kann sich so was wiederholen? Auschwitz ist ein idealer Ort, solche Fragen zu stellen. Man muss jedoch wissen, wie Herz und Verstand der in der Welt des Internets lebenden Jugendlichen wirkungsvoll anzusprechen sind. Wie man sich an Jugendliche wenden soll, damit sie nicht nur Fakten aus der fernen Geschichte kennenlernen wollen, sondern sich der Gewalt und dem Bösen aufgrund dieser Erkenntnis widersetzen, dass sie eine Art »Sensor« zum Aufdecken von ähnlichen Gefährdungen in der Welt, aber vor allem in ihrer unmittelbaren Umgebung entwickeln.

Dies ist das eine Problem. Das zweite ist: Man muss einfach den Willen haben, die Arbeit in Gedenkstätten überhaupt modernen Bildungsanforderungen anzupassen. Die Millionen Opfer der Konflikte in der Nachkriegszeit würden wohl bitter sagen, dass die Losung »Nie wieder Auschwitz«, die zu jedem Jahrestag, bei jeder Veranstaltung anlässlich der Lagerbefreiung verkündet wird, inzwischen zu einer geläufigen Floskel geworden ist und dass es höchste Zeit ist, dies zu ändern. Denn sonst kann »Auschwitz« für Jugendliche der nächsten Generationen tatsächlich zur Floskel werden, ein mehr oder weniger beliebiges Kapitel im Handbuch der Geschichte – ohne Veranlassung zu persönlicher Reflexion, zur Konfrontation mit dem Gewissen, folglich zur Gestaltung der Gesinnung. Und Auschwitz kann doch und soll der Motivation dienen, das Gute zu tun und gegen das Böse zu kämpfen.

Ich bin überzeugt, dass auf Gedenkstätten gestützte systematische Bildungsmaßnahmen notwendig sind. Sie werden eine fundamentale Rolle bei der Gestaltung des Bewusstseins der nächsten Generationen spielen. Davon hängt in hohem Grade ab, in welcher Welt unsere Kinder und Enkelkinder leben werden. Wir müssen versuchen, die Jugendlichen mit einem moralischen, auf zuverlässigem Wissen und gründlicher Auseinandersetzung gestützten »Sensor gegen das Böse« auszustatten, sonst werden wir die Erfahrung der früheren Generationen vergeuden; sonst lassen wir unsere Kinder unwissend, unempfindlich und ratlos gegenüber neuen Hekatomben werden.

Die Stiftung für die IJBS bemüht sich, jungen Leuten zu helfen, die historischen Fakten besser zu verstehen. Sie versucht, ihnen immer wieder neue Impulse zum Handeln zu geben.

Jeder von uns kann etwas ändern – angefangen in der nächsten Umgebung bis zu jedem Ort der Welt, egal wo er liegt.

Lernziel: Mut zum politischen und sozialen Handeln

Aus der pädagogischen Arbeit der IJBS

von Susanne Orth *von 1995 bis 2000 Studienleiterin der IJBS*
und Elżbieta Pasternak *Bildungsreferentin der IJBS*

Deutsche und polnische Erinnerungskultur

Seit Mitte der 1960er Jahre fahren Gruppen aus Deutschland, organisiert von Aktion Sühnezeichen Friedensdienste, zu den KZ-Gedenkstätten Majdanek, Stutthof, Groß-Rosen und Auschwitz in Polen. Für die meisten Teilnehmer war diese mehrtägige Studienreise die erste Auseinandersetzung mit der deutschen Geschichte zwischen 1933 und 1945. Zuhause in den Familien oder in der Schule wurde aus offensichtlichen Gründen geschwiegen. Es waren vor allem ehemalige Häftlinge, Überlebende der Konzentrationslager, die ihre Geschichte trotz des Schmerzes, der dadurch wieder lebendig wurde, den jungen Deutschen erzählten. So wurde der Besuch einer polnischen Gedenkstätte zur Deutschstunde. Zu den wichtigsten Erfahrungen dieser frühen Phase pädagogischer Arbeit der Aktion Sühnezeichen gehörten der Faktor Zeit – die Studiengruppen blieben mehrere Tage – sowie die Möglichkeit, eigenständig im Archiv und in der Bibliothek der Gedenkstätte zu lernen. Die Jugendlichen brachten viele Fragen mit nach Deutschland, u. a. die nach den ehemaligen jüdischen Mitbürgern im Heimatort, nach »Tatorten« in der Region und dem Umgang mit denselben. Konkrete Namen und Hinweise aus dem Archiv der Gedenkstätten weckten das Lerninteresse der Jugendlichen. Sie forschten nach der Geschichte der jüdischen Gemeinden sowie ehemaliger Konzentrationslager in ihren Heimatorten.

Das Jahr 1989 stellt in der polnischen Erinnerungskultur eine Zäsur dar. Bis 1989 besuchten Hunderte von Schulklassen die Gedenkstätte Auschwitz-Birkenau. Die ritualisierte Form des Gedenkens – Besichtigung, Schweigeminute, Blumen ablegen – führte bei den jungen Polen häufig zu Überdruss und Langeweile. Es fehlte an Vorbereitung und intellektueller Verarbeitung dessen, was sie gesehen, gefühlt und erfahren hatten, es fehlte auch die Diskussion über die gegenwärtige und universale Bedeutung von Auschwitz. Im Geschichtsunterricht wurde in Bezug auf die polnische Geschichte und den Zweiten Weltkrieg lange Zeit der martyrologische Aspekt besonders betont. Die Leiden des eigenen Volkes und der Kampf der polnischen Nation wurden hervorgehoben. Häufig wurde hierbei das Stereotyp des Deutschen als »Feind der polnischen Nation« verwendet. Dagegen wurde der Völkermord an den Juden bis zum Jahr 1989 in Polen kaum thematisiert.

Erst die Debatten nach 1989 trugen zu einer breiteren historischen Betrachtung von Auschwitz bei, das jetzt zu einem Ort zweier konkurrierender Erinnerungen wurde: der polnischen Erinnerung an das Martyrium des eigenen Volkes und der jüdischen Erinnerung an die Shoah. Für viele Polen symbolisiert Auschwitz vor allem die Politik der Vernichtung der nationalen Identität: Auschwitz war ein Vernichtungslager für die polnische Intelligenz und den Widerstand und wurde deshalb für die Verfechter der polnischen nationalen Identität zum Friedhof von Verwandten und Bekannten, in der Mehrzahl Katholiken. Während des Kommunismus waren religiöse Formen des Gedenkens verboten. Erst nach dem Fall des Kommunismus ging ein lang gehegter Traum in Erfüllung: zu zeigen, dass Auschwitz kein gewöhnliches Museum ist, sondern ein Friedhof, der zu Gebet und Nachdenken anregt.

Im Westen jedoch wurde bei vielen Menschen der Eindruck erweckt, als sei aus der kommunistischen Gedenkstätte eine christliche geworden, und die Juden seien erneut aus dem Blickfeld geraten. Dies führte zu zahlreichen Konflikten auf politischer, religiöser und gesellschaftlicher Ebene, trug andererseits in Polen aber auch zu einem wachsenden Bewusstsein der Bedeutung von Auschwitz für die Juden bei.

Pädagogische Ansätze der IJBS

1970 entstand nach der Unterzeichnung des Warschauer Vertrags die Idee, in Oświęcim eine internationale Jugendbegegnungsstätte zu errichten, einen Ort für Diskussion und Dialog, an dem die Geschichte einer kritischen Bewertung unterzogen wird. Gleichzeitig sollte die IJBS jungen Menschen aus aller Welt die Möglichkeit bieten, einander gegenseitig sowie die Lebensweise des anderen kennenzulernen. Heute besuchen jährlich über 6 000 junge Menschen aus der ganzen Welt die IJBS. Häufig fällt in den Gesprächen der jungen Besucher der Satz: »Auschwitz sollte jeder gesehen haben.« Ein Besuch in Auschwitz wird von ihnen in gewisser Weise als eine für alle geltende moralische Pflicht angesehen. Aber einen Ort wie Auschwitz zu sehen, führt nicht automatisch zu einem Lernprozess; es werden nicht automatisch Schlüsse aus der Vergangenheit für die Zukunft gezogen, damit sich solche Geschehnisse nie wiederholen.

Die Vermittlung der faktischen Geschichte des Konzentrations- und Vernichtungslagers Auschwitz-Birkenau an Ort und Stelle ist Ausgangspunkt der pädagogischen Arbeit der IJBS. Die emotionale und kognitive Wahrnehmung des historischen Ortes mit all seinen Exponaten und Dokumenten dient der Entmystifizierung des über Jahrzehnte entstandenen Bildes von Auschwitz. Meist wird Auschwitz als Synonym für den Holocaust benutzt und durch Attribute wie »Hölle von Auschwitz« jeglichen begreifbaren Dimensionen entzogen. Zum Verständnis von Auschwitz gehört im Gegenteil die Erkenntnis, dass dieses Konzentrations- und Vernichtungslager von gewöhnlichen Menschen erdacht und umgesetzt wurde. Eine Mystifizierung von Auschwitz und seinen Tätern wäre der sichere Weg, Auschwitz aus dem historischen Kontext zu lösen und uns aus der Verantwortung zu stehlen.

Im Rahmen der pädagogischen Arbeit sind wir darum bemüht, diesen Bezug durch die Analyse bestimmter menschlicher Haltungen und Verhaltensweisen herzustellen, die in Auschwitz zutage getreten sind: Menschliche Einzelschicksale und Biografien geben der Geschichte ein konkretes Gesicht, machen das Unbegreifliche greifbarer. Die unterschiedlichen Lebensläufe zeigen die Bandbreite des Handlungsspielraums jedes Einzelnen auf – vom aktiven Widerstandskämpfer bis zum »kleinen« Helfer, vom Zuschauer bis zum Täter – und bieten Orientierungen für das eigene Handeln. Die Betrachtung der Einzelschicksale hilft zu verstehen und zu interpretieren, was damals unterschiedliche Menschen in unterschiedlichen Situationen zu dieser und keiner anderen Handlungsweise bewog. Die Beschäftigung mit ihren Handlungsmotiven regt zur Betrachtung dessen an, was »ich« denke, wie »ich« handle, wie »ich« mich in dieser Situation verhalten hätte. Sie wirft ebenso Fragen zu Mechanismen und Ideologien auf, die die Verbrechen von Auschwitz erst möglich gemacht haben, sowie zu Fragen, ob in unserer modernen Gesellschaft ähnliche Mechanismen und Ideologien existieren und wie »ich« etwas dagegen tun kann.

Die Vermittlung der größeren Wirkungszusammenhänge, zum Beispiel die Rolle der Industrie, der Wissenschaft, der Deutschen Reichsbahn, macht deutlich, dass Auschwitz das Ergebnis eines langjährigen Prozesses ist, der aufzeigbare Ursachen und Funktionsmuster hat. Die Auseinandersetzung mit dem Zivilisationsbruch öffnet den Blick auf die destruktiven Potenziale in allen Gesellschaften und der eigenen Persönlichkeit. Die pädagogische Arbeit an diesem Ort soll die Selbstreflexivität, die Verantwortungsbereitschaft und Entscheidungskompetenz in ethischen Konfliktsituationen jedes Einzelnen fördern. In der Konfrontation mit Auschwitz wird eine Persönlichkeitsentwicklung mit individuellen Perspektiven gestützt, die Mut zum politischen und sozialen Handeln machen soll.

Die von Theodor W. Adorno geprägte Forderung an die Erziehung, dass »Auschwitz nicht noch einmal sei«, dass Mechanismen des Faschismus aufgedeckt und »Kraft zur Reflexion, zur Selbstbestimmung und zum Nicht-Mitmachen« vermittelt werden sollen, findet ihren Niederschlag in der pädagogischen Konzeption der Internationalen Jugendbegegnungsstätte.

Ziel ist neben der Befragung der eigenen Persönlichkeit die Auseinandersetzung mit der Gesellschaft, in der wir leben, die Sensibilisierung für Ausgegrenzte in unserem Alltag. Die bewusste Thematisierung von Fremdbildern, Stereotypen und Vorurteilen soll den Jugendlichen zudem verdeutlichen, wie Vorurteile entstehen und welche Funktion sie in der Gesellschaft haben können: Auschwitz fordert zu einer gemeinsamen Betrachtung des Problems von Verständigung zwischen Menschen und Gesellschaften heraus. Es macht uns bewusst, dass es unverzichtbar ist, sich zu begegnen, miteinander zu sprechen und aufeinander zu hören und eine Verständigung über die sprachlichen, kulturellen und religiösen Barrieren hinweg zu suchen. Die Reflexion individueller und kollektiver Lebenssituationen mit dem Ziel, Gemeinsamkeiten und Differenzen zu erkennen und zu akzeptieren, hilft, Vorurteile abzubauen und eine Basis toleranten Miteinanders zu schaffen.

Im Rahmen deutsch-polnischer Begegnungen können während der gemeinsamen Auseinandersetzung mit dem Thema Auschwitz bestimmte eingefahrene Ansichten und Standpunkte überwunden werden. Die Fähigkeit, andere Perspektiven des Verstehens von Auschwitz wahrzunehmen, ermöglicht, die Komplexität dieses Ortes besser zu verstehen – als Ort der Shoah, der Vernichtung der europäischen Juden, als Ort des Martyriums der polnischen Nation und schließlich als Ort des systematischen Massenmordes mit modernen Mitteln und Methoden. Auf diese Weise entwickeln sich bei den jungen Menschen Empathie und Verständnis für andere und ihre Denk- und Verhaltensweisen, die aus unterschiedlicher Sozialisierung und kultureller Identität resultieren. Die Fähigkeit, Empathie zu empfinden, erleichtert es jungen Deutschen und Polen, mit gewissen Unstimmigkeiten und Konflikten während der gemeinsamen Arbeit und Begegnung, mit Problemen zwischen einzelnen Teilnehmern und zwischen den beiden nationalen Gruppen besser umzugehen sowie Kompromisse zu finden und gegenseitiges Verständnis aufzubauen.

Ein wesentlicher Teil der gemeinsamen Begegnung und Beschäftigung mit der Geschichte von Auschwitz im deutsch-polnischen Kontext ist auch das Gedenken der Opfer. Wie Micha Brumlik betont, ist bei der pädagogischen Arbeit die Unterscheidung zweier sich gegenseitig ergänzender Ziele von Bedeutung: das Gedenken und das Lernen. Das Gedenken, wie Brumlik hervorhebt, als Versuch einer wenigstens symbolischen Wiederherstellung der Menschenwürde wird absolut seines Wertes beraubt, wenn es als (pädagogisches) Mittel zum Erreichen eines anderen Ziels benutzt wird. Das symbolische Gedenken der Opfer sollte ein Ziel an sich bleiben. Eine angemessene pädagogische Betreuung sollte eine weitergehende Funktion übernehmen als lediglich die Rekonstruktion historischer Fakten und die Vermittlung von Wissen über Verbrechen und Mechanismen, die dazu führten. Sie sollte stattdessen zur Sensibilisierung für die Würde des Menschen und dem Respekt ihr gegenüber beitragen, sowohl in der Gegenwart als auch in der Zukunft. Indem wir auf die Stimme der Opfer hören, ihre Berichte lesen und uns in ihre Perspektive versetzen, können wir ein umfassenderes Bild der NS-Verbrechen und der Stärke der Opfer entdecken, die es ihnen ermöglichte, ihre Menschenwürde zu bewahren. Es geht hier nicht um die Identifikation mit den Opfern, sondern um Empathie und die Fähigkeit, sich in die Situation anderer Menschen hineinversetzen zu können und sich dabei der Unterschiede zwischen ihnen und einem selbst bewusst zu sein.

Die Entwicklung von Empathie ist bei deutsch-polnischen Begegnungen im Kontext von Auschwitz ein schwieriger Prozess. Junge Deutsche – historisch gesehen auf der Seite der Täter stehend und häufig von Schuld- und Schamgefühlen oder dem Gefühl der eigenen Verantwortung geplagt – befinden sich in einer ambivalenten Situation, wenn sie die Perspektive der Opfer an-

Jugendliche von VW beim Arbeitseinsatz im Museum

nehmen und sich das Ausmaß derer Leiden vorzustellen versuchen. Die historisch auf Seiten der Opfer stehenden jungen Polen können sich häufig ebenfalls das Leiden der Opfer nicht vorstellen, obwohl sie sich hierfür in gewisser Weise moralisch verpflichtet fühlen. Beide Gruppen sind jedoch in der Lage zu verstehen, was Demütigung, Ausgrenzung, Diskriminierung und respektlose Behandlung bedeuten. Diese Erkenntnis führt zwangsläufig zu Diskussionen über die Rolle von universellen Werten in unserer heutigen Zeit.

Methoden und Arbeitsformen in der IJBS

Wie W. Kaiser betont, spielen bei der Konfrontation mit Auschwitz zwei Faktoren eine wichtige Rolle. Der eine ist der Versuch, zwei Konfrontationsebenen zu gestalten: eine physische und eine psychische. Auf rationaler Ebene geht es um die Erklärung von Mythen, Legenden, Vorstellungen und Bildern im Kopf. Auf der emotionalen Ebene dagegen müssen entsprechende künstlerische und literarische Ausdrucksmöglichkeiten gegeben werden, um Gefühle auszudrücken, die die verbale Kommunikation erschweren und eine schwierige Ebene zur intellektuellen Diskussion darstellen: Traurigkeit, Nachdenklichkeit, Wut, Ärger, Entsetzen usw. Auschwitz provoziert mehr Fragen, als wir zu beantworten in der Lage sind.

Mit verschiedenen Methoden wird den Jugendlichen ein vielfältiger Zugang zu dem komplexen Thema Auschwitz ermöglicht: Führungen, Gespräche mit Zeitzeugen, thematische Workshops, individuelle Besuche der Gedenkstätte, das Studium der Dokumente, Literatur und Filme sowie Formen der künstlerischen Auseinandersetzung (Schreiben, Malen, Fotografie, Arbeiten mit Ton), Erhaltungsarbeiten auf dem Gelände des ehemaligen Konzentrationslagers. So wurden u.a. die Lagerstraßen in Birkenau freigelegt, die teilweise bis zu einem halben Meter mit Erde, Steinen und Gras bedeckt waren, oder die teilweise historisch sehr wertvollen Grabsteine auf dem alten jüdischen Friedhof von Oświęcim wieder sichtbar gemacht. Diese Erhaltungsarbeiten sind ein aktiver Beitrag zur Erhaltung der Gedenkstätte bzw. der letzten Spuren jüdischen Lebens in der Stadt.

Die Erfahrungen mit den Gruppen zeigen, wie wichtig – der zweite Faktor – ein mehrtägiger Aufenthalt vor Ort ist: Zeit zur individuellen Auseinandersetzung, Zeit zur Besinnung und zum Gedenken an die Opfer, Zeit für Arbeitsgruppen, um bestimmte Fragestellungen zu vertiefen, Zeit zum Kennenlernen des heutigen Polens bzw. der Stadt Oświęcim, an der sich polnische, polnisch-jüdische und polnisch-deutsche Geschichte aufzeigen lässt. Wer weiß schon, dass Oświęcim eine Stadt mit fast 40 000 Einwohnern ist und auf eine 800-jährige Geschichte zurückblicken kann? Dass hier vor 1939 fast 70 Prozent der Bevölkerung jüdisch waren? Die Spuren jüdischen Lebens sind vielfältig: der alte Friedhof, die im Jahr 2000 wiedereröffnete Synagoge, die mittlerweile abgerissene Wodkafabrik der Familie Haberfeld, die ehemalige Jeschiwa. Einer der größten Arbeitgeber im heutigen Oświęcim sind die Chemischen Werke, die als Buna-Werke der

IG-Farben ab 1941 gebaut wurden. Ein weiteres Überbleibsel der deutschen Besatzung sind die einstigen Wohnungen für die deutschen Mitarbeiter des Konzerns, die im Stil des sozialen Wohnungsbaus der Dreißigerjahre den Stadtteil »Osiedle Chemików« bis heute prägen.

Neben den Studienfahrten – ca. 160 Gruppen vor allem aus Deutschland besuchen jährlich die IJBS – veranstaltet die Bildungsstätte zahlreiche deutsch-polnische bzw. internationale Seminare wie Theater-, Zeitungs- oder Fotoworkshops. Zudem werden Seminare zu thematischen Schwerpunkten angeboten: für Krankenpflegerinnen zur Rolle der Krankenpflege und Medizin im Dritten Reich; für Architektur-Studentinnen zur Rolle der Architektur und der nationalsozialistischen Städtebauplanung für die Stadt Oświęcim; für Frauen aus verschiedenen Generationen zur Rolle der Frauen im Holocaust oder für Lehrer und Multiplikatoren über die Multiperspektivität der Erinnerungskultur. Es hat sich gezeigt, dass ein gemeinsames Thema bzw. Interesse eine tragfähige Basis schafft, die viele Schwierigkeiten – nicht nur sprachlicher Art – überbrücken kann.

Anders noch als Generationen zuvor stellt Auschwitz nicht mehr primär die Frage nach der persönlichen Beziehung und Schuld, sondern nach der individuellen Verantwortung in der heutigen Gesellschaft. Aufgrund der komplexen Ursachen des Verbrechens sind auch ebenso komplexe Antworten notwendig. Das Ziel ist nicht – wie W. Kaiser klarstellt – allgemeine Fragen zu stellen wie »Wie konnte es dazu kommen?« und eindeutige und einfache Antworten oder eine einzige, alles erklärende Theorie zu finden. Auschwitz erfordert komplexe und vielschichtige Antworten auf konkrete Fragen wie z. B.: »Warum nahmen so viele Mitglieder der staatlichen und gesellschaftlichen Elite wie Ärzte, Juristen oder Beamte an der Planung und Durchführung des Verbrechens teil?« Zu Fragen dieser Art wurde eine Vielzahl von Untersuchungen durchgeführt, die auf glaubwürdigen Quellen beruhen und in denen man überzeugende Argumente finden kann. In einem solchen Lernprozess ist die Rolle des Pädagogen von großer Bedeutung, der immer darum bemüht sein sollte, in Bezug auf sein Spezialgebiet auf dem aktuellen Stand der historischen Forschung zu sein.

Kaiser empfiehlt das sogenannte »entdeckende Lernen«, in dessen Zentrum das gemeinsame Gespräch und die Unterstützung der Lernenden bei der eigenständigen Suche nach Antworten und Erklärungen für historische Fakten steht. Diese Art des Lernens ist ein zeitlich unbeschränkter und niemals vollständig abgeschlossener Prozess. Es geht dabei nicht darum, so schnell wie möglich viele Informationen und Wissen zu vermitteln, sondern durch die Konzentration auf die Begegnung und das Lernen selbst eine größtmögliche Intensität zu erreichen. Ein wichtiger Schritt ist das gegenseitige Öffnen beider Gruppen – der polnischen und der deutschen – füreinander, die Bereitschaft zur Konfrontation mit Konflikten und unangenehmen Fragestellungen, die Bereitschaft, das, was gedacht, gefühlt und erfahren wurde, auszusprechen und nicht um jeden Preis auf eine rationale Ebene zu verschieben. Dies erfordert vom Pädagogen die Abkehr vom schnellen und ergebnisbezogenen Unterrichten und die Bereitschaft, sich selbst Zeit zu geben und den Lernprozess zu verlangsamen. Es geht nicht darum, eine Situation zu bezwingen, sondern sie zu verstehen und sich zu vergegenwärtigen.

Literaturhinweise

Theodor Adorno, Erziehung zur Mündigkeit, Frankfurt/Main 1971.

Arbeitshilfen für Gedenkstättenfahrten nach Auschwitz/Oświęcim, Oświęcim 1997.

Jochen August, Chancen und Aufgaben von Jugendbegegnungen in Oświęcim, in: Susanne Orth (Hrsg.), »Wie soll ich singen?« 10 Jahre Internationale Jugendbegegnungsstätte Auschwitz, Berlin 1996.

Micha Brumlik, Generationen und Geschichtsvermittlung der NS-Erfahrung, in: Pädagogik der Erinnerung, Frankfurt/Main 1997.

Wolf Kaiser, Gedenkstätten als Lernorte – Ziele und Probleme, in: Pädagogik in Gedenkstätten, Beiträge zur Fachtagung, Berlin 2000, S. 12–24.

Tomasz Kranz (Hrsg.), Die Verbrechen des Nationalsozialismus im Geschichtsbewusstsein und in der historischen Bildung in Deutschland und Polen, Lublin 2000.

Imke Scheurich, Aktuelle Fragen der Gedenkstättenpädagogik – Vortrag beim Auswertungs- und Vorbereitungsseminar für GruppenleiterInnen von Gedenkstättenfahrten, veranstaltet von Aktion Sühnezeichen Friedensdienste e.V., Jagdschloss Glienicke, Berlin 2000.

Manfred Wittmeier, Internationale Jugendbegegnungsstätte Auschwitz – Zur Pädagogik der Erinnerung in der politischen Bildung, Frankfurt/Main 1997.

Wspólna nauka i spotkanie w Oświęcimiu – Czy to jest możliwe? PNWM, Warschau-Potsdam 1996.

»Fahren wir nächstes Jahr auch nach Auschwitz?«

Wie man Jugendliche an den Holocaust heranführt – ein Modellprojekt aus Geesthacht

von Angela und Christian von Redecker

Lehrer, organisieren seit vielen Jahren Schülerreisen nach Oświęcim

Auschwitz als Aufgabe – das ist in unserem Fall ganz wörtlich zu verstehen. Als Lehrer an der Integrierten Gesamtschule in Geesthacht (Schleswig-Holstein)[1] haben wir seit 1991 versucht, Kontakte zu unserem östlichen Nachbarland aufzubauen. Zunächst durch einen deutsch-polnischen Schüleraustausch mit Schulen in Stettin 1992 und Soldau (Dzialdowo) 1996, dann 1997 durch eine erste Gedenkstättenfahrt eines 10. Jahrgangs und eine Fortbildung des Deutsch-Polnischen Jugendwerks (DPJW) mit deutschen und polnischen Kollegen in Auschwitz und Krakau.

Unsere Motivation dazu entsprang zunächst einem persönlichen Grund: Die Familie von Redecker stammt aus Ostpreußen, was seit Ende der 1970er Jahre zu regelmäßigen Reisen nach Polen und zum Aufbau von vielen Kontakten geführt hat. Dazu kam, auch vermittelt über unser Engagement in der Gewerkschaft Erziehung und Wissenschaft (GEW), eine tiefe Verbundenheit mit der Solidarność-Bewegung. Diese hat unseren gesamten Berufsweg begleitet und schließlich auch zur Erarbeitung eines Konzepts für eine achttägige Studienreise nach Auschwitz und Krakau geführt.

Inzwischen finden diese Fahrten fast alljährlich statt. Vorausgesetzt, es finden sich Lehrkräfte, die sich darauf einlassen wollen; das heißt, es ist auch schon vorgekommen, dass die Fahrt nicht zustande kam.

Wir fahren immer in die IJBS, weil dort vom Direktor über die Angestellten, die Freiwilligen bis zum Küchenpersonal alle alles tun, damit die Fahrt ein Erfolg wird. Es ist sehr angenehm, wenn einem als Leiter der Gruppe vor Ort vieles abgenommen wird. Man kann sich voll auf die Gruppe konzentrieren, was gerade auf dieser Fahrt sehr wichtig ist. Die gelungene Architektur der IJBS spielt dabei auch eine besondere Rolle.

Dass wir nach inzwischen zehn Studienreisen regelmäßig Gäste der IJBS sind (und auch schon bis 2014 unsere Studienwochen fest gebucht haben), hat seinen Grund in einer vielleicht erstaunlich klingenden Erfahrung: Auschwitz trifft bei unseren 15- bis 18-jährigen Schülern auf so großes Interesse, dass die Nachfrage regelmäßig das Platzangebot übersteigt. Der 10. Jahrgang umfasst vier Klassen mit ca. 90 Schülern. Für die Busreise stehen immer 40 Plätze zur Verfügung, vier Erwachsene (Lehrer, Eltern) fahren als Begleitpersonen mit. Die Nachfrage-Problematik hat dazu geführt, dass wir die jungen Leute frühzeitig zur Auseinandersetzung mit diesem Teil der Geschichte veranlassen: Es hat sich bewährt, eine kleine Bewerbung schreiben zu lassen, aus der die Beweggründe für die Teilnahme hervorgehen. Obwohl die Schüler das Thema bisher nur aus dem Weltkunde-Unterricht der 9. Klasse kennen, zeigen diese Bewerbungen oft eine Reife, die uns Lehrer nachhaltig beeindruckt. Hier eine Auswahl von Zitaten:

»Ich möchte zum Erfolg der Reise beitragen, (…) indem ich das Erlebte auch an die weitergebe, die nicht mitfahren konnten.«

»Ich möchte auch das moderne Polen sehen. Jede Reise dorthin ist auch ein wichtiger Schritt zur Völkerverständigung.«

»Mein Verhalten wird vorbildlich sein, weil ich mir meiner Verantwortung, die ich durch die Verbrechen der damaligen Zeit zu tragen habe, bewusst bin.«

»Es ist wichtig, sich auch über den Schulunterricht hinweg über diesen wichtigen Teil deutscher Geschichte zu informieren. Meine Erwartungen an die Reise sind recht begrenzt. Um ehrlich zu sein, weiß ich nicht wirklich, was mich erwartet (…) Auf Bildern sind Vernichtungslager wie Auschwitz immer nur Bilder. In der Realität, glaube ich, ist es noch bedrückender.«

»(...) außerdem möchte ich gerne wissen, wie die Zeitzeugen damit heute leben können.«

»Ich möchte den Gastgebern zeigen, dass wir nicht die ›bösen‹ Deutschen sind, sondern das wir uns mit unserer Vergangenheit auseinandersetzen.«

»Außerdem ist es mein persönliches Bedürfnis, in Auschwitz der Opfer der Nazi-Schreckensherrschaft zu gedenken (...). Des Weiteren hoffe ich, dass mich die Eindrücke zum Nachdenken und entsprechendem Handeln in meinem Alltag animieren, z. B. mich mit Zivilcourage mehr für andere Menschen einzusetzen.«

»(...) auch privat beschäftige ich mich viel mit der Judenverfolgung und lese viele Bücher zum Thema (...), weil mein Großvater in mehreren Lagern und auch in Auschwitz Häftling gewesen war.«

Mehrmonatige Vorbereitung

Mit der Bewerbung ist zugleich die Grundlage gelegt für eine intensive Auseinandersetzung mit Ziel und Zweck der Reise, die mit einer Klassenfahrt nichts zu tun hat und eine mehrmonatige Vorbereitung erfordert.

Wir fahren fast immer im Januar nach Oświęcim. Das hat nicht unbedingt etwas mit dem Gedenktag am 27. Januar zu tun (obwohl die Feier zum 65. Jahrestag der Befreiung für alle ein bewegendes Erlebnis war), sondern ergibt sich aus der langen Vorbereitung. Schon vor den Sommerferien wird die Studienreise in den 10. Klassen ausgeschrieben, die übrigens immer in einer der drei sogenannten »Vorhabenwochen« pro Schuljahr stattfinden, in denen die Stundenpläne außer Kraft gesetzt sind. Nach den Sommerferien beginnt dann die Melde- bzw. Bewerbungsfrist. Parallel dazu werden die Eltern per Lehrerbrief über die Studienreise informiert. Sie werden auch gebeten, nach Möglichkeit Sponsoren

Die Studienreisen nach Auschwitz treffen bei den Jugendlichen auf große Nachfrage

zu werben, mit denen die Reisekosten von ca. 350 Euro für die achttägige Reise gesenkt werden können. So ist es u. a. gelungen, dass ein Nachbar 200 Euro spendete, als er von der geplanten Studienreise seiner Nachbarstochter hörte. Als ein Vater am Rande einer Sportveranstaltung von dem Auschwitz-Projekt berichtete, gelangte diese Information über eine andere Mutter in eine Firma, die uns ihr Sponsor-Budget für 2007 von 1 500 Euro spendete.

Zusätzliche Mittel sind deshalb so wichtig, weil sie es u. a. ermöglichen, die große Gruppe bei den Besichtigungen zu teilen und mit zwei fachkundigen Begleitern durch Lager und Ausstellung zu gehen. Zu den regelmäßigen Förderern dieses Projekts gehören u. a. das DPJW, die GEW, der Rotary Club Geesthacht-Hohes Elbufer und die Kirchen vor Ort, was auch daran liegen mag, dass wir im Bundesland Schleswig-Holstein mit diesem Angebot ziemlich allein dastehen und auch bundesweit vergleichbare Projekte offensichtlich eher selten sind.[2]

Ungewöhnlich ist auch, dass unsere Reise über acht Tage geht, davon vier Tage in Oświęcim. Das muss vorbereitet werden. Etwa vier Wochen vor der Reise verbringen wir einen ganzen Sonnabend in Klausur in der Schule. Das Wochenendseminar dient der seelischen Vorbereitung, dem Kennenlernen, der Stärkung der Gruppe, der Vertiefung der Kenntnisse.

In der ersten Stunde sind die Eltern mit dabei, wir erläutern das Programm und klären praktische Fragen, zum Beispiel nach der empfohlenen frostsicheren Winterkleidung. Dann finden sich die Teilnehmer in vier Gruppen zusammen und erarbeiten die Grundlagen der Reise: Was erwarte/befürchte ich? Welche gesellschaftliche Rolle kann Auschwitz heute spielen? Warum ist es sinnvoll, die Erinnerung an die NS-Zeit und ihre Verbrechen wachzuhalten? Die Ergebnisse werden nachher im Plenum von den Gruppen vorgestellt, wobei sich immer eine weitgehende Übereinstimmung hinsichtlich der Motivation und Befindlichkeiten feststellen lässt. Erstaunlich ist allerdings, dass sich auf allen Fahrten mehr Mädchen als Jungen auf diese Erfahrung einlassen. Unsere Erklärung dafür ist, dass Mädchen in diesem Alter meistens reifer und emotional stabiler sind: Sie haben kein Problem damit, Schwäche zu zeigen – und gerade das zeigt ihre Stärke.

In einer zweiten Runde werden dann zehn bis zwölf Arbeitsgruppen gebildet, die unterschiedliche Themen in Zusammenhang mit der Gedenkstätte behandeln. Immer zwei bis vier Teilnehmer widmen sich speziellen Fragen, zum Beispiel »Kinder in Auschwitz«, »Oświęcim heute«, »Die Jugendbegegnungsstätte« oder auch »Unser Nachbarland Polen«.

Nach dem gemeinsamen Essen beginnen diese Gruppen bereits mit der Arbeit an ihren Themen. Dafür stehen die Schulmediathek, das Internet und eine Sammlung von Broschüren und Büchern auf einem extra Büchertisch zu Verfügung. Am Ende des Tages werden dann ihre Ansätze im Plenum präsentiert.

In den letzten Jahren ist es uns wiederholt gelungen, den Schriftsteller Arno Surminski für eine Lesung in der Schule zu gewinnen. Er las aus seiner Novelle »Die Vogelwelt von Auschwitz«.[3] Durch Kontakte zur Deutsch-Israelischen Gesellschaft in Hamburg konnten wir zur Vorbereitung der Fahrt 2007 den Holocaust-Überlebenden Maurice Deluty aus New York in der Schule zu einem Zeitzeugengespräch begrüßen. Maurice Deluty hielt sich in Hamburg auf, wo er vor Gericht für die Anerkennung seiner Rente kämpfen musste.[4]

Soviel zur Vorbereitung von der Schule aus. In den verbleibenden Wochen bis zur Reise halten wir Kontakt zu allen Teilnehmern und nutzen vor allem E-Mails für die Übermittlung aktueller Informationen, etwa Zeitungsartikel u. Ä.

Abschied mit Blumen

An einem kalten Sonntagmorgen im Januar startet dann der Bus. 12 bis 14 Stunden sind wir unterwegs. Das Programm in Oświęcim beginnt immer montags mit der Besichtigung des Stammlagers. Dienstags steht den ganzen Tag Birkenau auf dem Programm. Den Mittwoch gehen wir bestimmten Einzelthemen nach, etwa den Länderausstellungen im Stammlager. Zwischen diesen Hauptterminen finden die Gespräche mit den Zeitzeugen statt, eine Erkundung der Stadt Oświęcim sowie andere Programmpunkte. Abends finden sich die Jugendlichen wieder zu Kleingruppensitzungen (feste Gruppen mit höchstens zehn Teilnehmern) zusammen. Das dient der Reflexion, der Nachbesinnung, der Vorbereitung des nächsten Tages. Im abschließenden Plenum geht es vor allem um organisatorische Fragen.

Donnerstagmittag verlassen wir Oświęcim mit dem Ziel Krakau, nachdem wir uns in einer besonderen Weise von Auschwitz verabschiedet haben: Die Jugendlichen gehen mit Blumen in das Stammlager und legen diese an einer Stelle nieder, die sie besonders berührt hat: der Keller von Block 11 mit den Gefängniszellen, das Krematorium, der Galgen … Diese zunächst zufällige Blumenzeremonie hat sich über die Jahre zu einem festen Programmteil entwickelt, weil sie eine ungemein wichtige psychische Funktion erfüllt: Sie löst die Beklemmungen der vergangenen Tage und lässt uns in das normale Leben zurückkehren. Das geschieht dann in Krakau, wo wir zwei Tage mit geführten Stadtrundgängen, koscherem Essen im Stadtteil Kazimierz, aber auch mit Shoppen und einem Spaziergang durch die abendliche Stadt verbringen. So wird der Bogen von der Vergangenheit zur Gegenwart geschlagen; die Fahrt wird damit nicht nur zur Begegnung mit dem Holocaust, sondern auch mit dem jüdischen Leben in Krakau, der königlichen Stadt, dem modernen Polen. Nach einem gemeinsamen Piroggenessen bringt uns der Bus am Sonnabend wieder nach Hause.

Unser Programm ist stark strukturiert und ritualisiert. Bei jeder Fahrt ist es immer wieder verbessert und angepasst worden. Diese starke Struktur hat sich sehr bewährt, bietet sie doch einen Halt angesichts der emotionalen Erlebnisse, mit denen sich die Teilnehmer auseinandersetzen müssen.

Was diese eine Woche im Leben der jungen Menschen verändert, zeigt sich oft in kleinen Begebenheiten. So führte die Bemerkung eines Teilnehmers, er verstehe nicht, wie man nach den Verbrechen in Auschwitz noch Nazi sein könne, zu einer Diskussion, die direkt zurück auf unseren Alltag zielte. Eine Schülerin mit halbafrikanischem Hintergrund verwies auf diskriminierende Erfahrungen im Schulalltag, was eine türkischstämmige Schülerin nachdrücklich bestätigte. Rassismus und Ausgrenzung sind keineswegs »historische« Fakten, sondern Lebenswirklichkeit auch hier und heute.

Etwa vier Wochen nach der Studienfahrt steht die Dokumentation an, mit der wir eine Auflage des Deutsch-Polnischen Jugendwerks erfüllen, aber vor allem die Eltern über die Eindrücke informieren wollen. Es hat sich auch sehr bewährt, in einer öffentlichen Präsentation die Erlebnisse darzustellen, um sich so auch bei den Eltern und Sponsoren zu bedanken. Gleichzeitig kann damit auch Werbung für die Fahrt im nächsten Jahr gemacht werden. Dabei zeigt sich nicht nur, dass diese eine Woche in Polen wesentlich lehrreicher ist als viele Wochen normalen Unterrichts, sondern dass diese Erfahrung auch eine durchschlagende Bedeutung für den weiteren Lebensweg hat. Es ist nicht übertrieben zu sagen, dass die Reise wesentlich zur Reife der Teilnehmer beiträgt.

Christus von Auschwitz

Christus von Auschwitz[1]

Eine Erzählung

von Zofia Posmysz
Autorin, Überlebende des KZ Auschwitz

Sein Haupt schmückt keine Krone. Stattdessen hat der Künstler den auf der Rückseite eingravierten Ortsnamen mit einem Dornenkranz verziert. Oświęcim steht da geschrieben. Eine polnische Stadt wie viele andere, wenngleich nur wenige auf eine derart reiche jahrhundertealte Geschichte zurückblicken können. Das Medaillon, ein Miniatur-Ringkragen, gelangte an einem Junitag im Jahr 1943 in meinen Besitz. Ein Häftling schenkte es mir. Dass er Tadeusz hieß, sollte ich erst später erfahren. Es geschah in der Küche des Frauenlagers Auschwitz-Birkenau.

Ein Tag wie jeder andere, vielleicht etwas besser als der vorhergehende, weil der Nieselregen endlich aufgehört hatte. Die Plätze zwischen den Blocks, aber auch bei der Küche wurden langsam trocken, der mit dem Rauch des Krematoriums vermischte Nebel lichtete sich, sodass er den Blick freigab auf das Grün hinter dem Stacheldraht, das im Sonnenlicht smaragdfarben schillerte. Aber noch aus einem anderen Grund schien mir dieser Tag mehr als nur ein etwas besserer Tag zu sein: In der Woche zuvor hatte ich eine unvorstellbare Beförderung erfahren. Ich wurde Küchenschreiberin, und das hieß, dass ich nicht mehr zu den Nachtschichten eingeteilt wurde, keine Fünfzig-Liter-Kessel schleppen musste, beim Aufwischen des Betonbodens nicht sopitschnass wurde und beim Austeilen der breiigen Brühe, der sogenannten Suppe, nicht abwechselnd schwitzen und vor Kälte zittern musste. Kapo Bertha, von der neuen Küchenchefin gefragt, wer von den Häftlingen in der Lage sei, über Ein- und Ausgaben Buch zu führen, hatte auf mich gezeigt. Warum? Weil ich die Anweisungen auf Deutsch verstand? Oder lag es einfach daran, dass sie in der Nähe meines Kessels angesprochen wurde und ihr vor Überraschung keine andere Kandidatin eingefallen war? Auf jeden Fall nahm mein Lagerdasein bereits zum dritten Mal eine Wende zum Besseren. Ich saß an einem kleinen Tisch am Ende der Küchenhalle, trug ein sauberes ziviles Kleid, das nur mit einem roten Streifen auf dem Rücken gekennzeichnet war, und studierte mit großem Eifer die Kunst der Buchhaltung, von der mein weiteres Leben, vielleicht sogar mein Überleben abhängen sollte.

An diesem denkwürdigen Tag betrat Aufseherin Franz die Küche in Begleitung. Einen Schritt hinter ihr ging ein Häftling. Sie blieb vor meinem »Schreibtisch« stehen. »Häftling Nummer ...« – mit einer Handbewegung unterbrach sie die vorschriftsmäßige Meldung und sagte: »Dieser Häftling wird Ihnen die Buchführung beibringen.« (Im Unterschied zu den anderen SS-Frauen siezte Franz die Häftlinge.)

Wir saßen über das Buch gebeugt, steckten die Köpfe zusammen. Eine Nähe, die den Vorschriften hohnsprach, die hier ein Ding der Undenkbarkeit war, eine Erinnerung an eine andere Welt. Wir sprachen nicht miteinander, die Anwesenheit des wachsamen Kapos Bertha sorgte dafür, dass wir uns in Acht nahmen. Ein, zwei schnelle Blicke auf den Lehrer registrierten ein Gesicht mit harten, kantigen Zügen und tiefliegenden, aufmerksamen, aber gutmütigen Augen. Und die Nummer auf dem Sträflingsanzug, die aus nur drei Zahlen bestand: 329. Mit meinem Jahr im Lager war ich selbst eine sogenannte alte Nummer, ich wusste also: Mein Lehrer musste bereits seit drei Jahren hier sein. Wie war es möglich, dass er noch unter den Lebenden weilte? Er war nicht jung, jedenfalls deutlich älter als meine Kameraden, die Flugblätter verteilt hatten. Beide Male, in denen sich unsere Blicke begegneten, sah ich in seinen Augen ein Lächeln, so als wollte er mich ermuntern, mir gar Hoffnung machen. »Das trägst du hier ein, und das dort.« Demonstrativ fuhr er mit dem Finger über die Zahlenkolonnen und gab mir so zu verstehen, wodurch seine außergewöhnliche Anwesenheit zu erklären war. Er hatte in der Küche des Hauptlagers eine ähnliche Funktion inne wie ich und war von Aufseherin Franz »ausgeliehen« worden, um mir einige Tipps zu geben. Während wir die Seite mit Zahlen füllten, fragte er mich in einem unbeobachteten Moment, woher ich komme und weswegen ich hier sei. Als er hörte, wegen Flugblättern, sagte er: »Wie schön«, was mir seltsam, sogar übertrieben vorkam, da es eine Lappalie war im Vergleich zum Besitz einer Waffe oder wenigstens eines Radios.

Im Nu war es zwölf Uhr, um diese Uhrzeit ging Franz zum Mittagessen. Sie sah die Ergebnisse unserer Arbeit durch. »Also, gehen wir«, sagte sie. Hat er zum Abschied etwas gesagt, eine Geste gemacht? Ich erinnere mich nicht. Ich sah ihnen hinterher, wie sie durch die lange Küchenhalle zum Ausgang strebten. Tadeusz. Das war sein Name, so viel hatte er von sich erzählen können. Damals wusste ich noch nicht, dass dieser Name mein Leitstern für das weitere Leben werden sollte. Ich dachte nicht, dass ich ihn noch einmal sehen würde. Aber …

Am nächsten Morgen saßen wir wieder nebeneinander, unglaublich, unbegreiflich nah. Das war der zweite Tag, der beherrscht wurde von der Frage: »Hoffst du hier herauszukommen?«, einer Frage, die ich mir seit der Strafkompanie nicht mehr gestellt hatte. Ich hatte sie ersetzt durch die Frage: »Wie überlebe ich die nächste Stunde?«. Zwar gab meine momentan vergleichsweise komfortable Situation Anlass zur Hoffnung, allerdings war es noch nicht lange her, dass ich auf dem Krankenrevier Prominente an Typhus hatte sterben sehen, also … Er schien mein Zögern zu verstehen. Er sagte: »Das ist gut«, was mich ebenso wunderte wie sein gestriges »Wie schön«. Ich fragte, was daran gut sei, und die Antwort, die ich zu hören bekam, widersprach allem, was man gewöhnlich über die Hoffnung zu sagen pflegt: »Hier sterben diejenigen am schnellsten, die hoffen: dass der Krieg in einem Monat vorüber sein wird, dass die Welt Hitler ein Ultimatum stellen wird, dass die Alliierten die SS-Garnison bombardieren werden.«

Bevor Franz ging, wollte sie wissen, ob ich nun genug wüsste, um die mir anvertrauten Aufgaben zu bewältigen. Ich antwortete, dass ich wohl zurechtkäme, was mein Lehrer, als er gefragt wurde, bestätigte: »Klar wird sie zurechtkommen, es gibt nur noch ein paar Kleinigkeiten, aber damit wird sie alleine fertig.«

Diese Kleinigkeiten waren jedoch der Grund, dass ich ihn noch einmal sehen sollte. Franz war nämlich eine Perfektionistin. Als sie vom Mittagessen zurückkam, befahl sie mir ebendiese Kleinigkeiten aufzulisten, damit sie am nächsten Tag geklärt werden konnten.

Es folgte Tag drei, der letzte Besuch. Und jene Frage, die er bei der Umrechnung der Lagerstärke auf Grütze, Mehl und Zucker stellte: »Glaubst du an Gott?« Ich erinnere mich, dass ich empört war: »Wie kann man so etwas fragen?« In einem der Kessel pfiff der Dampf, die Köchinnen liefen herbei, die Kapo schrie – das alles drang wie durch Watte gedämpft an mein Ohr. Dagegen waren seine Worte überdeutlich zu vernehmen. »Viele meinen, dass wenn so etwas wie Auschwitz möglich ist …« Er führte den Satz nicht zu Ende. Aber auch so verfehlte er seine Wirkung nicht. Mir fielen Mutters Worte ein: »Wenn es auf der Welt das Böse gibt, dann stammt es vom Teufel und nicht von Gott.« Ich sprach sie jedoch nicht aus. Mutter war eine einfache Frau, während der Häftling mit der Nummer 329 trotz des Narrenkäppchens auf dem Kopf jemand Gebildetes zu sein schien, der einen solchen Erklärungsversuch des Weltenlaufs möglicherweise für naiv, wenn nicht gar für einfältig gehalten hätte. Da streckte er seine Hand über den Tisch und ehe ich wusste, wie mir geschah, fasste er mein Kinn und hielt es so, dass ich ihm in die Augen blickte. Neben dem zu bersten drohenden Kessel herrschte immer noch hektische Geschäftigkeit, in unserer Nähe befand sich niemand. Auf der leeren Seite des Rechnungsbuchs lag ein kleiner metallener Gegenstand. Ein Medaillon. »Nimm es zur Erinnerung. Möge es dich beschützen. Hüte es sorgsam und trage es, so Gott will, in die Freiheit.«

Ich schmuggelte es im Schuh in den Block – Büstenhalter hatten wir keine, und die Taschen wurden am ehesten durchsucht. Auf der obersten Pritsche in Block zehn, im Licht der untergehenden Sonne, deren Strahlen durch die Fenster unter dem Dach fielen, betrachtete ich das Geschenk, das Gesicht des leidenden Christus. Ohne Dornenkrone auf dem Haupt. Mit einem Dornenkranz verzierte der Künstler stattdessen den Ortsnamen auf der Rückseite: »Oświęcim«. Das weiter unten eingravierte Jahr »1943« erinnerte mich daran, dass ich bald mein zwanzigstes Lebensjahr vollenden würde.

In seinen Kassibern kam das Wort Liebe oder etwas, was diese zumindest angedeutet hätte, nicht vor. In ihnen war von Bergpfaden die Rede, von düsterem Walddickicht, von Bächen und über dem Wasser tanzenden Forellen, von einem Soldatenfriedhof, der Visionen heraufbeschwor wie auf Witold Pruszkowskis Gemälde »Eloe«, und schließlich von Musik, Musik aus der Welt jenseits des Stacheldrahts, die abends im Orchesterblock ertönte, Händel, Bach, manchmal sogar, obwohl das riskant war, Chopin. Von Gefühlen war nichts zu lesen, nicht einmal von Zuneigung, auch nichts davon, warum er mir schrieb, seine Gedanken mitteilte, bis zu einem gewissen Grad sich mir mitteilte. Aber mir genügte das vollkommen. Ich steckte das Papierröllchen hinter einen Dachbalken und flüsterte: »Weckt die Liebe nicht auf und stört sie nicht, bis es ihr selbst gefällt.« Wörter, die ich irgendwo gehört oder gelesen hatte, ohne zu wissen, wo und wann.

Es machte nichts, dass ich eigentlich nichts von ihm wusste. Weder was er von Beruf war noch aus welcher Stadt oder Gegend er kam, ob er ledig oder verheiratet war. Im Übrigen zerbrach ich mir über seinen Familienstand nicht einen Moment lang den Kopf. Es gab ihn. Er war da. Existierte in meinem Leben. Ein guter Geist, ein Licht in der Dunkelheit von Birkenau. Ein unfassbares Glück, nicht mit Worten auszudrücken.

Ich war glücklich. Dort. In Auschwitz. Abends, nachdem man zur Lagerruhe gepfiffen hatte, holte ich aus einem Spalt hinter einem Dachsparren meinen Schatz und fuhr wie ein Blinder mit den Fingern über das silberne Blech, wobei ich mir das Antlitz des zu Tode Gequälten ins Gedächtnis rief, um zu ihm zu beten, jedoch nicht, um ihn um etwas zu bitten, sondern um ihm zu danken für dieses ungewöhnliche Gefühl der Verwandtschaft, ähnlich der Ekstase, die, Gott möge mir verzeihen, die Heiligen erfahren. Erst Jahre später, während des Studiums, begegnete ich dem Begriff der Illumination, der Idee der Erleuchtung des menschlichen Geistes, die einer anderen, übernatürlichen Dimension entspringt. Ja, das war es.

Meine Antworten glichen seinen Briefen. Sie enthielten keinerlei Bekenntnisse, wie wichtig er für mich ist, welchen Wert er meinem Leben gegeben hat … Denn ich vermochte es nicht in Worte zu fassen.

Ich spazierte über die Lagerstraße, auf der gewöhnliche Nummern sich besser nicht blicken ließen, als wäre es die Floriańska[2], den SS-Frauen, denen ich begegnete, erstattete ich ordnungsgemäß Meldung: »Häftling Nummer 7566 meldet sich«, den Wagen des Leichenkommandos, der randvoll mit nackten Körpern beladen war, schaute ich an, als transportierte er Holzscheite. Aus meiner Glückseligkeit rissen mich auch nicht die Schreie, die von der Rampe herüberdrangen, ich gehörte einer anderen Welt an. Einer Welt, die nicht von hier war. Ich watete über die Wiesen des Paradieses, die seine Briefe vor mir ausbreiteten. Alles, was meinen Geist beschäftigte, war nicht von hier. War aus keiner mir bekannten Wirklichkeit. Ein Gefühl bar jeglicher Hoffnung, ohne einen Gedanken an eine Zukunft, an ein Zusammensein, ja nicht einmal an ein Wiedersehen, frei von dem Wunsch nach etwas, was nicht da war, ein vollkommen uneigennütziges Gefühl, das reinste Glück.

Ein einziges Mal erlaubte ich mir, sein Geschenk zu erwähnen. Das Medaillon mit dem Christuskopf brachte mir ein anderes Gesicht in Erinnerung, nämlich das des Gegeißelten im Pilatuskeller in Kalwaria Zebrzydowska, das ich angestarrt hatte, als ich mit Mutter an der Karfreitagsprozession teilgenommen hatte. Es war mir bewusst, dass meine sich selbst beschränkenden, ängstlichen Briefe ihm nicht gefallen konnten. Aber schließlich las er sie. Und auf diesen einen ging er eigens in einem kurzen Kassiber ein: »Der Gegeißelte im Pilatuskeller und der vom Medaillon sagen das Gleiche: ›Dein Wille geschehe.‹ Sprich diese Worte nach, sooft du ihn betrachtest.«

Das war sein letzter Kassiber.

Die Essenfahrer luden die Kessel ab. Władek zwinkerte mir nicht zu, wie er es tat, wenn er Post für mich hatte, auch schüttelte er nicht verneinend den Kopf, was hieß, dass er keine hatte. Er wich meinem Blick aus. Endlich, als sie mit dem Entladen fast fertig waren, fand er Gelegenheit, sich in meiner Nähe aufzuhalten. »Lisowski wurde verhaftet, er sitzt im Bunker. Vernichte die Briefe, wenn du sie noch hast.« »Lisowski?« Ich verstand nicht, was das mit mir zu tun hatte. »Ja, Lisowski. Tadek. Wenn sie seine Kassiber finden, wird die Gestapo aus dir herauspressen, wer sie übermittelt hat. Es geht hier um meine Haut, verstehst du?« Ein Schmerz. Ein kleiner Kessel, der schief hingestellt worden war, fiel auf meinen Fuß.

In dieser Nacht verbrannte Marta, meine Lagerschwester, die Briefe in der Feuerstelle des Küchenkessels.

Am nächsten Tag war Aufseherin Franz früher als üblich in der Arbeit. Sie blickte mich forschend an. »Ich hoffe, du hast nicht mit ihm korrespondiert«, sagte sie. Es gelang mir, ein überraschtes »Mit wem?« herauszubringen sowie ihrem durchdringenden Blick standzuhalten. »Mit wem? Mit Tadeusz, der dich unterrichtet hat.« Ich verneinte. Sie schien mir zu glauben. »Erst neulich hat er mich gefragt, wie du zurechtkommst?« Sie schien auf eine Reaktion von mir zu warten, da ich aber schwieg, fügte sie hinzu: »Na, pass bloß auf. Er wurde verhaftet.«

Ja, so konnte Aufseherin Anneliese Franz auch sein. Manchmal vergaß sie, dass sie eine SS-Uniform trug.

Der nächtliche Regen hatte die Lagerstraße aufgeweicht. Wir hatten eine »Fassung« aus dem Hauptmagazin abgeholt. Und wie wir den Wagen schoben, sah ich etwas im Matsch und bückte mich danach. Ein Medaillon. Offensichtlich hatte es ein »Zugang«, der unterwegs einem SS-Mann begegnet war, vor Schreck weggeworfen. Nach dem Abendappell sah ich mir das Medaillon genauer an. Ein ovales Aluminiumplättchen an einer Metallkette, in das das Porträt Unserer Lieben Frau vom Berg Karmel gestanzt war. Da kam mir die Idee, dass ich die Kette an meinem Schatz festmachen könnte. Ich holte ihn aus dem Versteck hinter dem Dachsparren und probierte, ob die Spange durch die Öse des Ringkragens ging. Sie passte durch. Ich zog das gefundene Medaillon von der Kette ab. Dann wusste ich jedoch nicht, was ich mit ihm anfangen sollte und fädelte es spontan, gleichsam aus Mitleid, wieder auf. Anschließend hängte ich es mir um den Hals.

Die Neuigkeiten kamen diesmal nicht von Władek. Tadeusz war mit einer großen Gruppe von Gefangenen, unter denen sich mehrere hohe Offiziere der Polnischen Armee befanden, verhaftet worden.

Der Vorwurf lautete, Mitgliedschaft in einer militärischen Lagerorganisation. Lisowski hatte ihr angehört.

In den folgenden Tagen betete ich nicht. Ich konnte es nicht. Die Worte »Dein Wille geschehe« wollten mir nicht in den Sinn.

Er wurde am 11. Oktober erschossen. Ich erfuhr dies von niemand anderem als von Aufseherin Franz höchstpersönlich. Noch einmal zeigte sie ihr menschliches Gesicht. »Schade um den Kerl«, sagte sie leise. Dieses »Schade um den Kerl« prägte sich mir für immer ins Gedächtnis ein.

An meinem Lagerdasein änderte sich nichts, das einzige, was sich änderte, war, dass ich wieder »den Flammen kotzenden Schornstein des Krematoriums«[3] wahrnahm, die Haufen nackter Leichen vor den Blocks sah, den apokalyptischen Tumult der

Rampe hörte und überall den würgenden Gestank von verbranntem Menschenfleisch roch.

Es vergingen Wochen, Monate. Wie, das weiß ich nicht. Vermutlich hatte ich es leichter als früher, noch bevor er damals in der Lagerküche BIa aufgetaucht und in mein Leben getreten war. Mich quälte nicht mehr die Angst, den morgigen Tag nicht zu erleben, ich fragte mich nicht mehr, wie lange ich die Arbeit aushalten werde (noch viele Jahre nach dem Krieg träumte ich davon, dass ich die Stelle als Schreiberin verloren hatte), ich hörte auf mir Sorgen zu machen, ob ich Auschwitz überleben würde. Ich war frei, zumindest schien es mir so. Ich trug das Medaillon um den Hals, ohne darauf zu achten, dass es immer vollständig verdeckt war. Das »Dein Wille geschehe« kam mir ohne innere Widerstände über die Lippen. Ich war auf alles vorbereitet, das heißt, ich war frei. So dachte ich.

Der SS-Mann nutzte die Abwesenheit von Aufseherin Franz, die beim Mittagessen war. Er kam schreiend in die Baracke der Brotkammer gestürmt: »Antreten!« Zunächst durchwühlte er die Schubladen in der Schreibstube, dann die Brotregale und schließlich, als er immer noch nichts gefunden hatte, befahl er den in Reih und Glied stehenden Häftlingen, ihre Hände vorzuzeigen sowie die Handgelenke und den Hals frei zu machen. Ein Frösteln überlief mein Gesicht, ich spürte, wie meine Zähne scheußlich zu klappern begannen. »Abnehmen!«, befahl er. Ich griff an die Kette, meine Hände zitterten jedoch, ich bekam den Verschluss nicht auf. »Los, runter damit!«, trieb er mich zur Eile an. Da lief Marta herbei. Ich fühlte ihre Finger an meinem Nacken. Und dann sah ich. Sah ich, wie das Kettchen in den Sack fiel.

Der Schmucksucher war weg, und ich saß immer noch auf dem Boden. Ich war wohl doch nicht auf alles vorbereitet. Marta half mir auf und führte mich in die Schreibstube. »Hier«, sie streckte die Hand aus.

In ihrer Hand lag das Medaillon. Meins, mit dem Christuskopf. »Wie? Wie hast du das gemacht?«, stammelte ich. »Ich habe es von der Kette genommen. In den Sack habe ich das andere geworfen.«

Ein Wunder? Ich erinnerte mich an den Augenblick, als ich aus dem Schlamm der Lagerstraße das Aluminiumplättchen mit dem Bild Unserer lieben Frau vom Berg Karmel aufgehoben hatte. Hatte es nicht dort gelegen, fast unter meinem Schuh, um mein kostbares Andenken, den Christus von Auschwitz, zu retten?

Ich bewahrte das Medaillon während meines ganzen Aufenthalts in Birkenau auf, und auch später in Ravensbrück und Neustadt-Glewe. Mal versteckte ich es in der Kleidung, mal im Schuh, manchmal im straff hochgesteckten Haar, und einmal, bei einer besonders genauen Durchsuchung, im Mund. Ich trug es in die Freiheit. Und habe es bis heute bewahrt.

In den späten Fünfzigerjahren durchschritt ich erneut das berühmte Tor, das den Neuankömmling mit der Versprechung »Arbeit macht frei« willkommen heißt. Ich kam, weil ich mich fragte, wie wohl der Alltag jener ehemaligen Häftlinge aussieht, die aus eigenem Entschluss im Lager geblieben waren und als Kustoden im Museum Auschwitz-Birkenau arbeiteten. Aus den Gesprächen mit Jerzy Brandhuber, Tadeusz Szymański und Kazimierz Smoleń entstand die Reportage »Die Erde, wo die Toten am gegenwärtigsten sind«, der Titel stammte aus einem Eintrag im Besucherbuch. Allerdings verfolgte ich noch ein zweites Ziel – ich hoffte von ihnen, den »alten Nummern«, etwas über den Häftling Nummer 329, Tadeusz Lisowski, zu erfahren. Meine Rechnung ging auf. Er figurierte unter dem Nachnamen Lisowski in den Gestapo-Akten, unter diesem Namen war er auch im Lager bekannt. In Wirklichkeit hieß er aber Paolone[4]. Er war Hauptmann der Polnischen Armee und in Auschwitz einer der wichtigsten Mitglieder einer militärischen Untergrundorganisation, der ein gutes Dutzend höhere Offiziere angehörte. Alle wurden im Oktober 1943 erschossen. Das war alles. Über sein Leben davor, seine Eltern, seine Frau, seine Kinder – nichts.

Einige Zeit später fand ich in Ludwik Rajewskis Buch »Auschwitz im System des Reichssicherheitshauptamtes« folgende Beschreibung einer Hinrichtung an der »Todeswand«: »Als Erste gingen Oberst Dziama und Hauptmann Lisowski-Paolone zur Wand. Sie gingen, wie es sich für Soldaten gehört. Als sie sich der Wand näherten, wandte sich Dziama an seine Henker, Stiewitz und Clausen, die das Todesurteil vollstreckten, mit der Bitte, sie nicht mit dem ›Luftgewehr‹ in den Hinterkopf zu schießen, sondern wie Soldaten, mit der Pistole direkt ins Gesicht. Sie respektierten den Mut der Soldaten und kamen ihrer Bitte nach. Lisowski rief noch einmal: ›Es lebe das freie und unab …‹ und das waren seine letzten Worte.«

Dieses viele Male gelesene Zitat brachte mich zurück in jene Zeit und jene Wirklichkeit, in die Küche des Frauenlagers Birkenau, wo ich an einem Tag im Juni 1943 eine eigentümliche Erleuchtung erfahren hatte, als ob die Hand eines Engels mich streift.

Ich trug mich mit dem Gedanken, die Biografie des polnischen Offiziers mit dem wenig polnisch klingenden Namen Paolone zu schreiben, die Biografie eines Helden des Untergrunds, eines dieser unbekannten Märtyrer, die »von der Welt vergessen wurden«[5].

Auf Empfängen bei Bekannten traf ich gelegentlich einen Oberst, der in der Politischen Leitung der Polnischen Armee arbeitete. Ich erzählte ihm von meinem Vorhaben und bat ihn um Rat, wie man an die militärischen Archivbestände aus der Vorkriegszeit herankommen könnte. Vielleicht fände ich dort Informationen über Verwandte meines Helden, über dessen Leben vor seiner Verhaftung, über dessen Armeelaufbahn. Der Oberst schien überrascht, wenn nicht gar beunruhigt zu sein. »Eine solche Möglichkeit«, sagte er zögernd, »existiert praktisch nicht. Zu den Militärarchiven haben nur wenige Zugang. Nur sehr wenige«, fügte er in einem merkwürdigen Tonfall hinzu. Der Tonfall war mir nicht entgangen, ich hatte verstanden. Die Epauletten der »alten Nummer« waren offensichtlich immer noch ein heißes Eisen.

Der Juwelier in der Świętojańska-Straße spezialisierte sich auf Silberschmuck. »Eine Kette? Zu diesem Medaillon? Warum nicht.« Er war gerührt, das war ihm anzumerken. »Diese Aufschrift … Oświęcim? Dreiundvierzig? Ist es dort gemacht worden? Graviert worden? Kennen sie den Graveur?« Ich verneinte. In diesem Augenblick wurde mir bewusst, dass ich nichts wusste über den Künstler, der das schmerzerfüllte Gesicht Jesu in das silberne Plättchen geritzt hatte. Wer war er? Hatte er überlebt? Lebte er noch irgendwo?

Ich kehrte nach Auschwitz zurück. Gegen Ende eines nach dem 11. Oktober 1943 wider alle Vernunft um 60 Jahre verlängerten Lebens.

Diese Rückkehr hatte Frau Jadwiga Dąbrowska, Kustodin im Museum Auschwitz-Birkenau, veranlasst, die meinen Zeitzeugenbericht vom Aufenthalt in der Strafkompanie in Budy auf Zelluloid bannen wollte. Als ich mich auf diese »sentimentale Reise« begab, hängte ich mir das Medaillon um, das bis dahin seinen Aufbewahrungsort nie verlassen hatte. Warum? Hoffte ich etwa zu erfahren, wer das Medaillon gemacht hatte, oder zumindest, unter welchen Umständen es entstanden war? Ich weiß es nicht.

Der »Auschwitz-Tag« war regnerisch, windig und kalt. Ich erkannte das Gebäude, bevor das Auto hielt. Es war immer noch dasselbe solide Gebäude einer Dorfschule aus Vorkriegszeiten. Wer es nicht von damals, von 1942 her kannte, hätte bei seinem Anblick sicherlich nicht an eine Folterstätte gedacht. In dem kleinen Saal, ehemals vermutlich der Schulflur, wo wir auf zerfetzten Strohsäcken geschlafen hatten, spielten Kinder – ein Kindergarten war hier untergebracht, in dem es wie in allen Kindergärten lärmend zuging, der Freude am Leben und an der Welt ausstrahlte. Nichts außer einer Gedenktafel erinnerte an jene unmenschliche Zeit. Nicht einmal der Brunnen im Hof, um den wir uns gedrängt hatten, um einen Becher Wasser zu erbetteln, zum Trinken, zum Waschen bzw. – was für eine Extravaganz – zur Pflege des Intimbereichs. Und natürlich war auch vom Draht keine Spur mehr – wohin man auch blickte, überall die vertraute dörfliche Landschaft, idyllisch trotz Regenwetter.

Das Medaillon wurde im Archiv fotografiert – das Museum sammelt Exponate dieser Art, künstlerische Erzeugnisse der Häftlinge. Jadwiga Dąbrowska versprach mir, tief berührt von der Geschichte des Medaillons, alles zu unternehmen, um herauszufinden, wer es angefertigt hatte.

Über sie lernte ich Hanna Ulatowska kennen, Professorin an der Universität Dallas, die als elfjähriges Mädchen zusammen mit ihrer Mutter und ihrem Bruder direkt aus dem Warschauer Aufstand nach Auschwitz kam. Frau Hanna schreibt eine Arbeit über das künstlerische Schaffen der Häftlinge, daher ihre häufigen Besuche im Museum Auschwitz-Birkenau sowie ihre Begegnungen mit ehemaligen Häftlingen. Es stellte sich heraus, dass Frau Hanna jemanden kannte, der vielleicht etwas über das Auschwitz-Medaillon mit dem Christuskopf wusste. Besagter Jemand hatte im Lager in einer Werkstatt gearbeitet, in der Häftlinge für die SS-Männer verschiedenerlei Kunsthandwerk herstellten – angefangen von Basreliefs, Holzschnitten, Figürchen und Bildern bis hin zu Schmuck, der aus geraubten Gold- und Silbermünzen gemacht wurde –, in einer Künstlerwerkstatt sozusagen. Heute lebt dieser Herr in Danzig, ist Bildhauer und Schöpfer mehrerer Denkmäler. Er heißt Tołkin. Frau Hanna hat Freunde in Jelitkowo, die sie besucht, wenn sie in Polen ist. Sie trifft auch Tołkin, eben wegen seiner Lagergeschichte. Sie spricht ihn auf das Medaillon mit dem Christuskopf an. Vielleicht weiß er, wer es gemacht hat? Schließlich gab es im Lager nicht viele Künstler, die die Möglichkeit dazu hatten.

Weihnachten 2004. Frau Hanna hält sich bei ihren Freunden in Jelitkowo auf. Ich bin zur gleichen Zeit in Sopot, im Haus des

Künstlerverbandes ZAIKS, wo diejenigen die Feiertage verbringen, die das Grau und das Rauschen der Ostsee mehr reizt als Skifahren und Zakopane. Wir treffen uns. Ich höre von Frau Hanna, dass Wiktor Tołkin sich sehr für mein Medaillon interessiert: »Was für eine Form hat es? Ist es ein Ringkragen? Wie viele Ösen hat es? Eine, zwei?« Er äußert den Wunsch, es zu sehen. Was spielt es da für eine Rolle, dass er im Krankenhaus liegt. Er bittet mich zu kommen.

Also begebe ich mich mit Frau Hanna ins Krankenhaus. Ein trüber Tag, wie das für einen Wintertag am Meer typisch ist. Nebel. Fast wie in Auschwitz, der Vergleich drängt sich förmlich auf. Ich weiß nicht, ob ich mir von dem Besuch etwas verspreche. Was sollte ich denn auch erwarten? Dass er Tadeusz Lisowski gekannt hat? Ich weiß auch nicht viel über den Künstler. Ich habe weder seine Denkmäler noch seine Medaillons gesehen. Frau Hanna erzählt mir von dem Denkmal in Majdanek. Ein ausdrucksstarkes Werk.

Wiktor Tołkin. Ein schlanker grauhaariger Mann mit einem länglichen, überraschend jungen Gesicht. Wie alt wird er dort wohl gewesen sein? Es fallen die rituellen Fragen, die immer fallen, wenn sich ehemalige Häftlinge begegnen: Wievielstellige Nummer? Auschwitz Hauptlager oder Birkenau? Welcher Block? Welches Arbeitskommando? Zuletzt fragt er nach dem Medaillon. Ich gebe es ihm und erzähle, wie es in meinen Besitz gelangte. Als er den Namen des Gebers hört, erstarrt er. »Lisowski? Paolone? Sie haben es von ihm bekommen?«, er ist wie elektrisiert. »Das würde stimmen«, sagt er mehr zu sich, kaum hörbar. Er hält das Medaillon vors Auge, seine Hände und seine Stimme zittern: »Paolone … Schließlich hat er mir … Ich war in der Kartoffelschälküche, er war stellvertretender Kapo. Das Schälen ging mir gut von der Hand, sodass ich mir ein-, zweimal spaßeshalber erlaubte, aus einer Kohlrübe eine kleine Figur zu schnitzen. Er sah das und sagte: ›Du hast Talent‹. Er sorgte dafür, dass ich zu einer Gruppe von Künstlern kam …« Tołkin verstummt, tief gerührt. »Ein unvergesslicher Mensch …« Er dreht und wendet das Medaillon in den zitternden Fingern, er hält es wieder vors Auge. »Ich habe noch ein ähnliches mit der Muttergottes gemacht. Auch für ihn.«

Plötzlich öffnet sich das Gedächtnis einen Spaltbreit: der kleine Tisch mit dem Rechnungsbuch, die ausgestreckte Hand … ja, und in ihr zwei Medaillons. »Such dir eins aus, welches dir besser gefällt.« Jetzt zittert auch mir die Stimme: »Ich weiß, ich habe das Medaillon gesehen. Eine Freundin namens Ellen bekam es.«

Wiktor Tołkin. Seine Finger hatten wie der »Griffel eines guten Schreibers« das schmerzerfüllte Gesicht Christi in das silberne Plättchen gezeichnet. Den Christus von Auschwitz.

Zünde mir die Lampe nicht an,
dort ist Schnee und Regen
über dem Niemandsland.
Zünde mir die Lampe nicht an,
dort ist mein Gedicht geflüchtet
mit einem Strick um den Hals.
Zünde sie mir nicht an
dort fährt eine Stimme und Faust
aus der nackten Luft
am Wasser nieder.
Und sag niemandem, dass dort
ein Teil meines Herzens
und die Jugend geblieben sind.

Dieses Gedicht hat Arnold Słucki geschrieben, in den Jahren unmittelbar nach dem Krieg. Seine Verse sind mir im Gedächtnis haften geblieben – sie verleihen der malträtierten Seele eines ehemaligen Häftlings Ausdruck. Das Gedicht begleitet mich auch jetzt, da ich diese Geschichte niederschreibe. Eine jener vielen ungeschriebenen KZ-Geschichten.

Auschwitz –
Ein deutsch-polnischer Geschichtsort

Von München über Wannsee nach Auschwitz[1]

Der Weg zum Holocaust

von Jan M. Piskorski

Professor für Vergleichende Europäische Studien an der Universität Stettin

In der ersten Oktoberwoche 1943 besuchte Heinrich Himmler, Reichsinnenminister, Chef der deutschen Polizei, Schöpfer des SS-Imperiums und der Konzentrationslager, für einige Tage Posen. Er war ein Ideologiefanatiker, Workaholic sowie Historiker aus Leidenschaft und befasste sich besonders oft mit der Vergangenheit des Deutschen Ordens, in dem er die mittelalterliche Führerschicht sah.

In Posen, der damaligen Hauptstadt des dem Reich eingegliederten Warthegaus, hielt Himmler zwei bemerkenswerte Vorträge. Am 6. Oktober sprach er zu den Führern der zentralen und regionalen Strukturen der NSDAP, denen er die Notwendigkeit erklärte, jüdische Frauen und Kinder zu töten. Es ginge darum, keine Rächer zurückzulassen. »Es musste der schwere Entschluss gefasst werden, dieses Volk von der Erde verschwinden zu lassen.« Zwei Tage zuvor, am 4. Oktober, hatte Himmler im Kaiserlichen Schloss – damals Sitz des Gauleiters Arthur Greiser – ein langes Treffen mit hohen SS-Offizieren absolviert. Hier musste er gar nicht auf seine Worte achten, denn – wie er selber sagte – von denen, die in diesem Saal versammelt sind, »werden die meisten wissen, was es heißt, wenn hundert Leichen beisammen liegen, wenn fünfhundert daliegen oder wenn tausend daliegen«. Er hatte die nationalsozialistische Verbrecherelite vor sich, die im Massenmord geübt war. Trotz ihrer großen »Erfahrung« waren es hauptsächlich junge Männer. Himmler selbst war damals erst 43 Jahre alt.

Der Vortrag des Reichsführers SS, der über drei Stunden dauerte und auf eine Wachsplatte aufgenommen wurde, war dem Krieg, den Aufgaben der SS und der Zukunft gewidmet. Der Leitgedanke, der immer wieder aufgenommen wurde, bestand in der Feststellung, was für Vorteile aus einer bedingungslos harten Haltung resultierten. Ein SS-Mann solle loyal, gehorsam, mutig, wahrheitsliebend, verantwortungsvoll, arbeitsam, aber auch ehrlich und kameradschaftlich sein, allerdings nur gegenüber seinen Volksgenossen. Er brauche sich nicht dafür zu interessieren, was mit den faulen und potenziell gefährlichen Slawen geschehe. Sie seien nur Sklaven, die zum Wohle Deutschlands arbeiten sollten. »Ob bei dem Bau eines Panzergrabens zehntausend russische Weiber an Entkräftung umfallen oder nicht, interessiert mich nur soweit, als der Panzergraben für Deutschland fertig wird«, so Himmler. An einer anderen Stelle wies er auf die Notwendigkeit hin, hart mit den acht Millionen Ausländern in Deutschland umzugehen, und fügte hinzu: »Es ist eine Kleinigkeit, heute zehn Polen zu erschießen, im Vergleich dazu, dass wir vielleicht später an ihrer Stelle Zehntausende erschießen müssten, und im Vergleich dazu, dass das Erschießen dieser Zehntausende dann auch deutsches Blut kosten würde.« Wenn manche Slawen gutes Blut in den Adern hätten, solle man ihnen die Kinder wegnehmen und diese zum Nutzen Deutschlands großziehen.

Was die »Evakuierung« der Juden betraf, wie man deren Vernichtung in der euphemistischen Sprache des Dritten Reiches bezeichnete, war die Sache noch einfacher. Himmler verbarg nichts. Er sprach ganz normal von der Ausrottung, auch wenn er hinzufügte, man solle sich nicht öffentlich damit brüsten. Die Juden seien zu ermorden, weil sie der ewige Feind Deutschlands seien. »Wir hatten das moralische Recht, wir hatten die Pflicht gegenüber unserem Volk, dieses Volk, das uns umbringen wollte, umzubringen.«

Laut Himmler bestehe die Stärke der SS darin, dass ihre Mitglieder imstande seien, mörderische Aktionen durchzuführen, sie psychisch auszuhalten und dabei »Anstand« zu bewahren. Dies sei ein Grund für Stolz und ewigen Ruhm, führte der Reichsführer SS aus, wobei er sichtlich bemüht war, die Moral der älteren Kämpfer aufzubauen, für die wohl die wiederholten bestialischen Taten, ähnlich wie Kokain für einen Süchtigen, zur unbedingten Berechtigung ihres Tun geworden waren. Einerseits war für sie das Töten zu einem Zwang geworden, andererseits käme es einem Schuldbekenntnis gleich, wenn sie mit dem Morden aufhörten. Es sei natürlich, fügte der Referent hinzu, dass man bei solchen Aktionen Momente der Schwäche nicht vermeiden könne, dies umso mehr, als die Deutschen für ihr sanftes Gemüt und ihre tiefen Gefühle berühmt seien. Als das einzige Volk in der Welt würden sie zum Beispiel Tiere gut behandeln, sodass sie jene »menschlichen Tiere« wie die Slawen ebenfalls anständig behandeln könnten; dabei blieben die Juden außerhalb von jeglicher Kategorisierung. »Aber es ist ein Verbrechen gegen unser eigenes Blut, uns um sie Sorge zu machen und ihnen Ideale zu bringen, damit unsere Söhne und Enkel es noch schwerer haben mit ihnen.« Einmal habe das Herder bereits getan, »der die ›Stimmen der Völker‹ wohl in einer besoffenen Stunde geschrieben hat und uns, den Nachkommen, damit so maßloses Leid und Elend gebracht hat«.

Der Posener Vortrag Himmlers wurde später den Unterlagen des Nürnberger Prozesses beigefügt. Noch später, im Jahr 2000, wurde er von Manfred Zapatka in dem filmischen Monolog »Das Himmler-Projekt« in vollem Wortlaut vorgetragen. Obwohl der herausragende Schauspieler keine Uniform trug, keine dramatischen Ausdrucksmittel anwandte und in einem gewöhnlichen schwarzen Anzug vor einer grauen Wand stand, wirkt der Monolog wie ein Schlag. Die Bürokratie des Dritten Reiches brachte Millionen von Dokumenten hervor, und die Shoah ist der am besten dokumentierte Massenmord in der Geschichte, trotzdem verfügen wir nur über wenige so offensichtliche und – so könnte man sagen – derart unverschämte Beweise für den verbrecherischen Charakter der Ideologie und Praxis des Nationalsozialismus.

Erstens: Hitler selbst, der den Kern des Systems darstellte, vermied jegliche eindeutige Äußerung zum Schicksal der Juden wie auch zu anderen Verbrechen. Offensichtlich wollte er nicht in sie einbezogen werden, auch wenn er sie auf verschiedene Weise initiierte und akzeptierte. Im Dritten Reich gab es kein großes Verbrechen, das von Hitler nicht hätte gebilligt werden müssen. Zweitens: Es sind keine Aufzeichnungen der für den Holocaust entscheidenden Gespräche Hitlers mit Himmler erhalten geblieben. Man kann nur vermuten, dass solche Notizen gar nicht gemacht wurden. Drittens: Die Nazis versuchten am Ende des Krieges geflissentlich, alle belastenden Unterlagen zu vernichten, was ihnen übrigens zum größten Teil gelang, zumindest was die unmittelbaren Quellen betraf. Andere Quellen, besonders spätere wie die Aussagen Eichmanns in Jerusalem in den 1960er Jahren, die für Hannah Arendt die Basis ihrer Arbeit über die »Banalität des Bösen« waren, sind nicht immer glaubwürdig – zum einen aufgrund der verstrichenen Zeit, zum anderen wegen der offensichtlichen Strategie der Angeklagten, die eigene Verantwortung zu mindern. Hans Frank, Statthalter im Generalgouvernement, der im Vergleich zu anderen hohen Nazifunktionären verhältnismäßig »weich« war, fälschte bekanntlich seit 1943 die laufenden Dokumente, nachdem er erfahren hatte, dass er auf der Verbrecherliste der Alliierten stand.

Halten wir fest: Die Briefwechsel, Tagebücher, losen Notizen und Aufzeichnungen der Gespräche hoher Nazifunktionäre zeigen ein ziemlich klares Bild der Verantwortung für den Holocaust und dessen Vorbereitung. Das bedeutet aber nicht, dass es keine Lücken oder Fragezeichen gäbe. Die wichtigsten betreffen, wenn es um konkrete Themen geht, den Zeitpunkt und die Art des Entschlusses, den Holocaust zu beginnen. Man diskutiert zudem weiterhin die Absichten und die Rolle Hitlers und immer intensiver die Einzigartigkeit des Holocaust.

München 1923

Der britische Historiker Mark Roseman bemerkt zu Recht, die Debatte um Zeitpunkt und Art der Entscheidung für die »Endlösung« resultiere vor allem aus unterschiedlichen Definitionen zweier Begriffe: »Zeitpunkt« und »Entscheidung«. Ein Teil der Historiker, die gewöhnlich als »Intentionalisten« bezeichnet werden, neigt zu der Ansicht, Hitler habe von Anfang an die biologische Vernichtung der Juden geplant und die Gesamtentwicklung unter Kontrolle gehabt.

Eine erste Betrachtung der Ansichten Hitlers aus der Zeit des Münchner Putsches von 1923 scheint diese Meinung zu bestätigen. Im Register zu »Mein Kampf« kommen die »Juden« nach dem Begriff »Nationalsozialismus« am häufigsten vor, dabei verbergen sie sich noch unter vielen anderen Stichwörtern wie »Antisemitismus«, »Demokratie«, »Parlamentarismus: Teilziel des Judentums«, »Diktatur des Proletariats: eine jüdische Waffe«, »Freimaurerei: jüdisches Instrument«, »Gewerkschaften: jüdische Führung«, »jüdische ›Intelligenzpresse‹«, »Mädchenhandel und Judentum«, »Prostitution und Judentum«, »Rasse: Gefahr jüdischer Bastardierung« und sogar »Esperanto: die jüdische Universalsprache«.

Sowohl »Mein Kampf«, das in diffusem und abstoßendem Deutsch verfasst ist, als auch andere Äußerungen Hitlers aus den frühen 1920er Jahren beweisen zweifellos, dass er von einer Obsession gegen die Juden befallen war, die er mehr als den Bolschewismus oder Marxismus fürchtete, da letztere doch nur jüdische Instrumente gewesen seien. Die Juden seien für ihn eine »Plage«, »Weltpest«, »Insekten«, »Ratten«, »Vampire, die das deutsche Blut aussaugten«, um später verkappt ihre parlamentarisch-demokratisch-kapitalistischen Ideen zu verbreiten. Die Sprache Hitlers ist bereits damals brutal, blutrünstig, voller Verehrung für starke Rassen, für »Übermenschen«, die das Recht haben zu herrschen, und voller Verachtung für die Schwachen, die »Untermenschen«. Bereits damals schrieb Hitler, »mit den Juden gibt es kein

Paktieren, sondern nur das harte Entweder-Oder«, und er wies auf die Notwendigkeit hin, sie »auszurotten«. Er sprach sogar von der Vergasung von einigen Tausend Juden. Dennoch hat Roseman Recht, wenn er behauptet, man solle die Äußerungen des Chefs der NSDAP im Kontext der damaligen Ansichten sehen; hier würde ich hinzufügen: nicht nur der deutschen, sondern der gesamteuropäischen. Am Anfang des 20. Jahrhunderts wurde Europa vom Wahnsinn des Gases befallen, und an den Fronten des Ersten Weltkrieges fand Kampfgas eine breite Anwendung. Hitler war eines seiner ersten Opfer. Die Vergiftung ließ er in einem Lazarett in Pasewalk behandeln.

Abgesehen davon, welchen Widerstand diese These heute weckt und wie schmerzhaft sie heute erscheint: Hitler war ein Kind seiner Zeit. In seinen Schriften und Reden gibt es nichts grundsätzlich Neues. Sie sind ein eklektisches Sammelsurium längst vorhandener Ansichten, die man damals nicht nur auf den Straßen Europas, sondern auch in den Salons, besonders den bürgerlichen, hören konnte. Den damaligen Eliten waren zu einem gewissen Grad sowohl der Antisemitismus als vor allem auch die Ängste gemeinsam, die mit der Entstehung der Massengesellschaft zusammenhingen. Zum Teil nutzten sie dieselbe Rhetorik. Der bildhaft biologisch-chemisch-technischen Sprache mit den für uns erschreckenden Anspielungen auf Vergasung, Sterilisierung und Euthanasie bedienten sich in der Zeit vor dem Holocaust nicht nur die radikalsten Antisemiten.

Spätestens seit den Zeiten Friedrich Nietzsches und Knut Hamsuns war es geradezu Mode, sich über einen übermäßigen Bevölkerungszuwachs und die Angst vor einem »Aufstand der Massen« auszulassen, besonders dann, wenn diese Massen in einer demokratischen Wahl die Macht zu übernehmen drohten. Mehr noch: Der Erste Weltkrieg schien derartige Gedankengänge zu bestätigen. Die rasch anwachsenden »Massen« wurden an den Fronten einem ebenfalls schnellen »Tötungsprozess« unterzogen, dessen Ausmaß alles bis dahin Bekannte überstieg. In der »Modernen Utopie« Herbert George Wells' von 1905 liegt die Macht über die Welt bei einer Handvoll Weisen, die zum allgemeinen Wohl die asozialen und unproduktiven Elemente, darunter die Juden, die »Termiten der zivilisierten Welt«, einem grauenvollen eugenischen Verfahren unterziehen. David Herbert Lawrence verkündete den Aufstieg einer Herrscherrasse, der mit der »Ausrottung von Millionen Versagern« beginnen würde. In einem seiner Briefe beschreibt er eine große Todeskammer, in der die Massen zur Musik eines großen Militärorchesters, im Licht eines Kinematografen und unter chorischem »Halleluja« würden sterben dürfen. Man sollte diese Visionen jedoch nicht buchstäblich nehmen. Im Gegenteil: Sie sind zumeist Ausdruck von Hilflosigkeit und Entsetzen. Ihre Schöpfer dachten über die wörtliche Bedeutung der dargestellten Inhalte nicht tiefgehend nach. Sie präsentierten die schrecklichen Utopien wie in einem modernen Science-Fiction-Roman, wobei das jedoch nicht unbedingt ihr Programm sein musste und es meistens auch nicht war.

Denjenigen, die zum Vorgehen gegen die Juden aufriefen, was seit Ende des 19. Jahrhunderts immer öfter vorkam – besonders in Deutschland, aber keinesfalls ausschließlich hier –, ging es grundsätzlich nicht darum, Millionen Menschen zu töten, sondern darum, ihre Eigenart zu neutralisieren und sie zu christianisieren oder – etwas später – sie auszusiedeln. Marcel Proust schrieb, dass es zur Zeit der »Dreyfus-Affäre« unter den Pariser Damen als besonders chic galt, Schirme mit der Aufschrift »Töte den Juden!« zu tragen. Diese Art des Antisemitismus war natürlich eine Grundlage für den nationalsozialistischen Antisemitismus, ist aber keinesfalls dessen ausreichende Erklärung. In den mehr als zwölf Jahren, in denen die NSDAP-Ideologie das Regierungshandeln bestimmte, blieb der Antisemitismus zudem sicherlich nicht unverändert.

Die verstrichene Zeit fügt die Ereignisse zu einem fest gefügten Ganzen zusammen. Daher vergessen wir, dass Hitler mehrere Jahre lang in der Welt als herausragender Staatsmann bewundert wurde, was Hannah Arendt beschäftigt hat. Er rief in Süd- und Nordamerika, wenn auch aus völlig unterschiedlichen Gründen,

Begeisterung hervor. Hitler-Befürworter gab es 1940 sogar unter den Kandidaten für den US-Präsidenten. Der deutsche Führer wurde schließlich auch in Ostmitteleuropa, zum Beispiel in Polen, hoch geschätzt.

In der zweiten Hälfte der 1930er Jahre zeigten sich Regierung und Öffentlichkeit in Polen wiederholt beeindruckt von den politischen Maßnahmen des Partners an der Spree. Dies betraf die Innenpolitik, also auch das Verhältnis zu den Juden, was sich in zunehmendem Antisemitismus in Polen äußerte, der besonders in den Jahren von 1936 bis 1939 Formen physischen Terrors annahm. Er wurde vom Staat, wenn auch nicht akzeptiert, so zum größten Teil geduldet, obwohl keine der polnischen Vorkriegsregierungen jemals Judenpogrome organisiert hat. Des ungeachtet sagte der polnische Botschafter in Berlin Józef Lipski noch im September 1938 zu Hitler, die Polen würden ihm ein Denkmal bauen, wenn er die Judenfrage löste. Im Januar 1939 diskutierte der polnische Außenminister Józef Beck mit Hitler über die Umsiedlung der Juden in ein afrikanisches Land.

Voller Hoffnung begrüßte ein Teil der polnischen Intelligenz die Wahl Hitlers, unter ihnen sogar die traditionell antideutschen Nationaldemokraten. Zygmunt Wojciechowski, einer der einflussreichsten polnischen Historiker, fixierte sich dermaßen auf Hitlers Wirksamkeit, dass er ihn mit dem polnischen König Władysław Łokietek (Ladislaus Ellenlang) verglich, der Polens Vereinigung im 14. Jahrhundert bewirkt hatte. Als Wojciechowski dies 1935 schrieb, erfreute sich Hitler in der internationalen Öffentlichkeit noch höchster Anerkennung. Wojciechowski war von dem neuen deutschen Führer derart begeistert, dass er – wie Markus Krzoska zeigte – glaubte, jener »Katholik« aus Österreich würde Polen Jahrzehnte des Friedens bringen; Ende der Dreißigerjahre war er geneigt, Hitler sowohl den Anschluss Österreichs als auch das Münchener Abkommen zu verzeihen. Übrigens nicht nur er alleine. Der Publizist Stanisław Cat-Mackiewicz gab beispielsweise zu, der Aufruf, Juden aus Polen zu entfernen, sei zwar grausam, aber notwendig. Obwohl sich keiner der polnischen Antisemiten mit der blutrünstigen Vorkriegsrhetorik Hitlers und mit seinem späteren antijüdischen Programm identifizierte, obwohl viele von ihnen sich direkt für die zum Tode verurteilten Juden einsetzten, gibt es dennoch keinen Zweifel, dass in Polen unmittelbar vor dem Krieg das Verhältnis zu den Juden allmählich außer Kontrolle geriet. Es waren leider nur verhältnismäßig wenige, die sich veranlasst sahen, Gegenmaßnahmen zu ergreifen. Indes sollte man festhalten, dass es darunter neben Linken, katholischen Konservativen und Intellektuellen auch Vertreter aus Regierungskreisen gab.

Ziehen wir also das Fazit: In »Mein Kampf« und in den Reden aus der Zeit, die ich hier als die Münchner Periode bezeichne, erfand Hitler nichts Neues. Auch seine zwanghafte Sprache war mitnichten einzigartig. Wenn die Nationalsozialisten in dieser Zeit etwas erfanden, dann war es vor allem der verstaatlichte Antisemitismus, der sich auf eine umfassende Rassengesetzgebung stützte.

Wannsee 1942

Und doch war es Deutschland, das den Rubikon überschritt und das Unvorstellbare, die Ermordung des ganzen europäischen Judentums, umzusetzen begann. Dabei wurden die damals modernsten technischen Möglichkeiten sowie die leistungsfähige und gehorsame Bürokratie eingesetzt. Aber der Weg von München nach Auschwitz, der Übergang von Hitlers Sprache und seinen Vorstellungen zur Lösung der jüdischen Frage in den Zwanzigerjahren zur Praxis der Gaskammern in den Vierzigerjahren, verlief nicht geradlinig. Unterwegs gab es einige Stationen, von denen zwei besondere Aufmerksamkeit verdienen: die Berliner Rede Hitlers vom 30. Januar 1939 und die sogenannte Wannsee-Konferenz vom Januar 1942.

In seiner Reichstagsrede kündigte Hitler an, »die Vernichtung der jüdischen Rasse in Europa« durchzuführen, falls die Juden Deutschland und Europa erneut in einem Weltkrieg stürzen würden. Das war die erste derart harte Äußerung, die aber auch mehrdeutig blieb. Viel deutet daraufhin – was seine Gespräche mit Lipski und Beck bestätigen –, dass Hitler immer noch daran dachte, sich der Juden durch ihre Emigration aus dem Reich zu entledigen. In Wien und Berlin wurden Ausreisezentralen für Juden eingerichtet. Im Herbst 1938 wurden an die 20 000 Juden mit polnischen Pässen aus Deutschland ausgewiesen. Sogar die »spontanen« Ereignisse der sogenannten »Reichskristallnacht« im November 1938, in der die Synagogen brannten und die jüdischen Geschäfte zerstört wurden, betrachten die meisten Historiker als Elemente des Terrors. Gleichzeitig kündigte Himmler einen deutsch-jüdischen Krieg an und das Organ der SS *Das Schwarze Korps* schrieb am 24. November, es gebe in Deutschland keinen Platz mehr für die Juden. Man solle sie kennzeichnen, in abgesonderte Stadtbezirke umsiedeln und ihnen ihr Eigentum entziehen, wodurch sie in Armut fallen würden. Die These vom fehlenden Platz für die Juden konnte man zwar in dieser Zeit nicht nur in der deutschen Presse finden, aber nur in wenigen Fällen fügte man wie hier hinzu, die Armut würde die Juden in die Kriminalität treiben. »Im Stadium einer solchen Entwicklung«, so fuhr das Wochenblatt fort, »ständen wir daher vor der harten Notwendigkeit, die jüdische Unterwelt genau so auszurotten, wie wir in unserem Ordnungsstaat Verbrecher eben auszurotten pflegen: mit Feuer und Schwert. Das Ergebnis wäre das tatsächliche und endgültige Ende des Judentums in Deutschland, seine restlose Vernichtung.«

Die Historiker sind sich über die Bedeutung des Treffens am 20. Januar 1942 in Wannsee überwiegend einig. Im Gegensatz zu den Staatsanwälten der Nachkriegszeit, die überzeugt waren, das Protokoll einer Sitzung gefunden zu haben, die den Holocaust initiierte, sind sie geneigt, der These zuzustimmen, dass diese Sitzung den organisatorischen Fragen gewidmet wurde. Das Wannsee-Treffen fügt sich in die Abfolge zwischen dem immer noch ein wenig chaotischen und unvorbereiteten Massenmord und dem planmäßigen und konsequenten Völkermord ein.

Im schönen und reichen Berliner Vorort Wannsee trafen sich an jenem kalten Januarmorgen 1942 ein Dutzend verhältnismäßig junger (die meisten hatten die Vierzig noch nicht überschritten) und gut ausgebildeter (die meisten mit Doktortitel) Fachmänner von Polizei, SS und aus der Zivilverwaltung. Sie kamen auf Einladung Reinhard Heydrichs, des Chefs des Reichssicherheitshauptamtes (RSHA), der sich auf eine Anweisung von Reichsmarschall Hermann Göring vom Juli 1941 berief. Der hatte ihn beauftragt, die notwendigen organisatorischen und technischen Schritte zur »Gesamtlösung der Judenfrage im deutschen Einflussgebiet in Europa« zu treffen.

Was der Reichsmarschall unter der »Gesamt-« bzw. der »Endlösung« verstand, können wir nur ahnen, zumal er sich in demselben Schreiben auf frühere Anweisungen vom Januar 1939 berief, die die Auswanderung oder Evakuierung der Juden betrafen. Was die Teilnehmer der Wannsee-Sitzung unter den Begriffen »Evakuierung« und »Endlösung« verstanden, lässt jedoch keinerlei Zweifel aufkommen. Es ging um die Ermordung von elf Millionen Juden in ganz Europa. Heydrich teilte den Versammelten mit, Himmler habe »im Hinblick auf die Möglichkeiten des Ostens« die weitere Emigration der Juden verboten, und Hitler habe der »Evakuierung der Juden nach dem Osten« zugestimmt. Große Arbeitskolonnen von arbeitsfähigen und nach Geschlechtern getrennten Juden sollten sich vom Westen gen Osten beim Straßenbau fortbewegen, »wobei zweifellos ein Großteil durch natürliche Verminderung ausfallen wird.« Da offensichtlich sei, dass der laut Protokoll »verbleibende Restbestand« aus dem biologisch widerstandsfähigsten Element bestehen würde, sollte er – so führte Heydrich aus – »entsprechend behandelt« werden, um ihn nicht zur »Keimzelle eines neuen jüdischen Aufbaues« werden zu lassen. Von der »Evakuierung« sollten – selbstverständlich nur im Fall der deutschen Juden – Personen über 65 Jahre sowie Träger von Kriegsauszeichnungen ausgenommen werden; sie sollten in spezielle Ghettos für Alte eingewiesen werden. Auf diese Weise wollte man sich vor allzu vielen Interventionen schützen.

Voraussetzung für eine geschickte »Evakuierung« war eine präzise Definition, wer Jude war. Um diese Frage wurden Kämpfe zwischen den Partei- und Polizei-Hardlinern auf der einen Seite und den »Realisten« aus dem Reichsinnenministerium, dem Reichswirtschaftsministerium und der Reichskanzlei auf der anderen Seite ausgefochten. Erstere strebten eine möglichst breite Definition des Begriffs »Jude« an, um sich auch der »Mischlinge« sowie der jüdischen Ehepartner der Deutschen zu entledigen; man schlug die amtliche Auflösung aller »Mischehen« vor. Die Letzteren wollten die »Mischlinge« aus ökonomischen Gründen eher verschonen und keine entschiedenen Schritte gegen »Mischehen« unternehmen.

In Wannsee setzte sich die breitere Definition durch. Heydrich soll vor Glück gestrahlt haben, wie Eichmann später aussagte. Er habe seine zwei engsten Mitarbeiter zum Plaudern am Kamin eingeladen. Man habe Cognac getrunken und sich an guten Zigarren vergnügt – trotz Heydrichs gewöhnlicher Abstinenz und seiner Abneigung gegen Tabak. Vielleicht hat der Chef des Reichssicherheitshauptamtes am späten Abend zu Hause eine Etüde gespielt, er war ja ein begabter Geiger. Er sollte aber nicht mehr erfahren – einige Monate später wurde er von Tschechen bei einem Attentat getötet –, dass Hitler wegen der ökonomischen Interessen des Reiches und wegen der deutschen Angehörigen der »Mischlinge« sowie auf Anraten von Propagandaminister Goebbels, der die Reaktion der katholischen Kirche auf die Anweisung zu den Zwangsscheidungen befürchtete, die zwei Punkte der Konferenzbestimmungen rückgängig machte.

Das Wannsee-Protokoll zeigt, welch langen Weg das Dritte Reich in den zwei Jahren zwischen 1939 und Anfang 1942 zurücklegte. Auch wenn der Zug von München über Wannsee tatsächlich direkt nach Auschwitz gefahren sein sollte, so fuhr er doch bis 1939 nur mäßig schnell und machte öfter Halt, was die Chance bot, ihn zu stoppen. Mit dem Angriff auf Polen im September 1939 gewann der Zug rapide an Geschwindigkeit, um nach dem Überfall auf die UdSSR im Juni 1941 mit Volldampf davonzurasen – sicherlich schon dem Ende entgegen, dabei aber wie ein verwundetes Tier, das größte Schäden verursacht.

Das Schlusskapitel

Die deutsche Besatzungspraxis in Polen, vor allem in den dem Reich eingegliederten Gebieten, überstieg seit September 1939 fast alles, was man früher in Europa gekannt hatte, und stieß trotzdem auf keinen moralischen Widerstand in der deutschen Gesellschaft. Das bedeutet jedoch nicht, dass es keine Proteste gab – es gab sie sogar in der Armee – oder dass man nicht versuchte, die zunehmende Barbarei aufzuhalten – in der Tat erfolgten solche Versuche, vor allem auf der untersten Ebene –, noch dass alle Deutschen die mörderische Politik Hitlers befürwortet hätten. Über ein gewisses Mitleid mit den aus ihren Wohnungen vertriebenen Polen (aber nie mit den Juden) und über kleine Hilfen von manch einem deutschen Polizisten kann man in vielen Tagebüchern aus der Posener Gegend lesen. Da aber die große Mehrheit der Deutschen mit den Zielen Hitlers einverstanden war, vor allem mit den Annexionen im Osten und der Aussiedlung der Juden, nahm sie eine neutrale oder wohl öfter bejahende Haltung ein, auch wenn sie im Stillen die angewandten Mittel ablehnte.

»Die normalen Deutschen mussten nicht mit Hitlers dämonischem Bild von den Juden übereinstimmen«, schreibt mit Recht Christopher R. Browning, »um den Genozid durchzuführen.« Es genügte eine gewisse Mischung historischer, psychologischer und ideologischer Faktoren, die, verbunden mit der Radikalisierung der Gesellschaft in der Zeit des Krieges, »ganz normale Männer« in Täter verwandelte. Sogar die Mitglieder des berüchtigten Polizeireservebataillons 101 unterschieden sich untereinander in der Haltung zu den Juden; unter ihnen gab es einige Polizisten, die es ablehnten, sich an den Massentötungen zu beteiligen. Einer von ihnen erklärte nach dem Krieg, sein höheres Alter im Vergleich zu den anderen Kameraden, sein gut laufendes

Unternehmen sowie sein Wissen über die Juden hätten ihm ermöglicht, dem Gruppendruck zu widerstehen und distanziert auf eine eventuelle Karriere bei der Polizei zu schauen.

Die meisten Deutschen und auch die deutsche katholische Kirche – die sich in Person des Bischofs von Münster, Clemens von Galen, zum Protest gegen die Euthanasie der Geisteskranken aufraffte – machten sich vor, dass sie nichts über das Verhalten der Nazis in Polen wüssten und dass es sie nichts angehe, nicht einmal die Massentötungen polnischer Geistlicher – obwohl sie über den Vatikan sehr wohl wussten, was dort passierte. Hitler und Himmler, die beide die Stimmung in der deutschen Öffentlichkeit sehr sensibel wahrnahmen, lasen darin die Zustimmung, ihre Pläne weiter zu radikalisieren.

Dies ermöglichten ihnen der Überfall auf die Sowjetunion am 22. Juni 1941 sowie der japanische Angriff auf die USA vom 7. Dezember 1941. Denn erstens nahmen die Deutschen damals Territorien ein, in denen der Großteil der europäischen Juden lebte, was sie vor eine neue zahlenmäßige Dimension stellte. Und zweitens hörte Hitler auf, die Judenfrage als einen Verhandlungsfaktor gegenüber den USA zu betrachten. Der sich rasch nach Osten bewegenden Front folgten spezielle Einsatzgruppen, deren Aufgabe die Ermordung der Juden war, zunächst nur Männer im Musterungsalter, aber seit Ende Juli/Anfang August, besonders aber seit September auch Frauen und Kinder. Die SS-Einsatzgruppen sollten darüber hinaus eine antijüdische Haltung in den besetzten Gebieten schüren und blutige Pogrome initiieren. Vielerorts, auch in Polen, gelang das, obwohl die Polen sich eher nicht an Judenpogromen unter der deutschen Besatzung beteiligen wollten. »Es gab wenige, die bereit waren, den Deutschen zu helfen, und noch weniger den Juden«, schreibt der polnische Historiker Jerzy Holzer.

Es ist schier unmöglich festzulegen, wann genau Hitler den letzten Schritt auf dem Weg zum Völkermord machte. Spätestens seit Herbst 1941, also auf der Welle der Euphorie über die Erfolge im Krieg gegen die Sowjetunion, wurden Massenpogrome ganzer

Gemeinden ohne Rücksicht auf Alter und Geschlecht zur Norm. Im September 1941 befahl Hitler, der sicherlich empört über Stalins Aussiedlungen der Wolga-Deutschen war, die Transporte der deutschen Juden zu starten, obwohl er die deutsche Gesellschaft während des andauernden Krieges zunächst nicht verstimmen wollte. Obwohl es stets an Transportmitteln und Arbeitskräften fehlte, fuhren die Waggons mit den Juden Richtung Osten, meistens ohne ein konkretes Ziel. Da man sie nirgendwo aufnehmen wollte und der weitere Weg nach Osten immer noch versperrt war, wurden im Herbst 1941 die ersten Vernichtungslager errichtet – das war der Übergang zu der neuen, industrieartigen Phase der Shoah. Mitte Dezember 1941 sagte Hitler in einer Rede an die nationalsozialistische Führungsschicht, da die Juden erneut einen Weltkrieg entfacht hätten, solle man sie auslöschen.

Es ist schwer zu sagen, ob Mitte Dezember tatsächlich die Entscheidung über die Ermordung der Juden fiel, da diese »Entscheidung« sich aus vielen Teilentscheidungen zusammensetzte, die im Rahmen eines dynamischen Entwicklungsprozesses gefällt wurden. Es gibt Hinweise, dass Hitler noch 1942 die Deportation der Juden nach Osten erwog, dass aber die Kriegsmisserfolge diese Möglichkeit ausschlossen. Andererseits sollte man darauf hinweisen, dass das Tabu des Massenmordes ganzer jüdischer Gemeinden zunächst in einer kleinen, dann einer größeren Region bereits früher gebrochen worden war. Wie der vor Kurzem verstorbene polnische Historiker Czesław Łuczak schrieb, waren in den Kleinstädten von Großpolen, in Mogilno, Kruszwica, Strzelno, Kcynia, Trzemeszno, Żnin und Szubin die Mitglieder der lokalen jüdischen Gemeinden seit den ersten Kriegstagen erschossen oder in den Synagogen verbrannt worden. In der ersten Hälfte des Jahres 1940 begannen die Massenexekutionen von Juden in den Kasimir-Wäldern bei Konin. Am 16. Juli 1941, also bereits während der Operation »Barbarossa«, schlug der Chef der Sicherheitspolizei in Posen, Rolf Höppner, Eichmann vor, die arbeitsunfähigen Juden aus dem Warthegau rasch zu ermorden. Dies sei »humanitärer«, wie er schrieb, als sie verhungern zu lassen. Bald nach dem 3. September 1941, als Höppner bei den Berliner Behörden nachfragte, mit welchem Ziel man die Juden in die Sowjetunion schickte – um sie zu vernichten oder überleben zu lassen –, müssen sich der Reichsstatthalter des Reichsgaus Wartheland, Arthur Greiser, und Himmler über das endgültige Schicksal von 300 000 Juden aus Großpolen verständigt haben. In Chełmno bei Łódź errichtete man das Vernichtungslager Kulmhof, in dem mehr als 200 000 Juden einer »Sonderbehandlung« unterzogen wurden, so Greiser im Mai 1942. Die Behörden des Warthegaus waren nach dem Erfolg dieses Unternehmens so ermutigt, dass sie sich mit dem Hinweis auf die Erfahrung des Personals und die freien Kapazitäten am 1. Mai 1942 an Himmler wandten, er solle unmittelbar danach die Umsetzung der Aktion gegen die Polen, die unter offener Tuberkulose litten, genehmigen. Himmler zog sich aber zurück, da er die Kirche und die Propaganda der feindlichen Sender befürchtete.

1942 und in der ersten Hälfte des Jahres 1943 lief die Vernichtung auf höchsten Touren. Die Massentötungen wurden fast gleichzeitig in den Vernichtungslagern Bełżec, Auschwitz, Sobibór, Treblinka und Majdanek aufgenommen. Das polnische Gebiet wurde dadurch zu einem riesengroßen jüdischen Friedhof. Innerhalb eines Jahres wurde mehr als die Hälfte der insgesamt mindestens 5,6 Millionen jüdischen Opfer getötet, während der Holocaust sich über einige Jahre erstreckte. Zugleich begann man die »Liquidierung der Zigeuner«. Später wurde das Töten aufgrund von fehlenden Arbeitskräften ein wenig verlangsamt. Niemals aber warf man erneut die Frage auf, ob man töten solle, man erwog nur, wie schnell und in welcher Reihenfolge.

Die Vernichtungsfrage wurde also zwischen September 1939 und spätestens Winter 1941 entschieden. Der Überfall auf Polen, die Massenerschießungen von Polen und Juden, insbesondere die umfangreichen Aussiedlungspläne gegenüber den Polen und die Ghettoisierung der polnischen Juden im Herbst 1939 und schließlich vor allem der Beginn der Euthanasieaktion gegen Geisteskranke – all dies bewirkte, dass fast alle Tabus gebrochen wurden, auch das banale Tabu, Wohnungen für Deutsche – zunächst für die aus dem Baltikum, dann für Ausgebombte – zu gewinnen und die »überflüssige« Bevölkerung zu deportieren, was zum ersten Mal auf dem Vorkriegsgebiet des Reiches im Februar 1940 in Stettin geschah.

Im besetzten Polen brodelte es bereits seit Juni 1941 von »brutalsten Maßnahmen«, sodass Mark Roseman nicht davor scheut zu behaupten, dies sei der »wahre Vorgeschmack der Vernichtung« gewesen. Daher vermutete auch Wolfgang J. Mommsen, die Ereignisse vom Herbst 1939 hätten dem Schwungrad des Holocaust den ersten Anstoß gegeben. Nun hätte es nur noch durch ein Wunder oder eine rasche Niederlage Deutschlands angehalten werden können. Die Zeit brachte aber den Deutschen einen Sieg nach dem anderen. Die ersten Erfolge im Krieg gegen die Sowjetunion im Sommer und Herbst 1941, als die deutsche Wehrmacht die Gebiete erreichte, die von Millionen polnisch-litauischen Juden bewohnt waren, beschleunigten die Drehungen dieses Rades enorm. Die Massenmorde erreichten sowohl im Generalgouvernement als auch in den früher von der Sowjetunion besetzten Gebieten eine bis dahin unbekannte Dimension. Dennoch waren die meisten Opfer zunächst unter den sowjetischen Kriegsgefangenen zu verzeichnen, die zu Millionen vor Hunger und Kälte starben oder erschossen wurden. Immer schlimmer wurden auch die Polen behandelt. Alles in allem also, wie kürzlich der amerikanische Historiker Christopher R. Browning konstatierte, schuf die koloniale Haltung der Deutschen gegenüber den slawischen Ländern in Ostmittel- und Osteuropa das Klima, das die Idee und ihre Umsetzung ermöglichte: den planmäßigen Mord der Juden und Millionen anderer.

Die Verortung von Auschwitz

Der oberschlesische »Oststreifen« im Zweiten Weltkrieg

von Frank Golczewski

Professor für Osteuropäische Geschichte an der Universität Hamburg

Als am 1. September 1939 durch den deutschen Überfall auf Polen der Zweite Weltkrieg begann, standen für die Nationalsozialisten mehrere Kriegsziele im Vordergrund. Eines war die Auslöschung des polnischen Staates, die gemeinsam mit der seit dem 28. September 1939 mit dem NS-Reich durch einen Freundschaftsvertrag verbundenen Sowjetunion betrieben wurde. Als Zweites wollte man die Entfernung aller Juden aus Deutschland, seiner näheren Umgebung und schließlich aus ganz Europa erreichen, wobei die Meinungen der Historiker auseinandergehen, ob dies noch als Vertreibung oder schon zu diesem Zeitpunkt als Ermordung geplant war. Und als Drittes galt es, dem deutschen Volk einen angeblich so notwendigen »Lebensraum« in den Weiten Osteuropas zu erwerben – ein Ziel, das der sowjetische Verbündete da noch nicht so ernst nahm und daher 1941 vom deutschen Angriff überrascht wurde.

Verwaltungsentwicklung

Oberschlesien, der südöstliche Zipfel des erst im 18. Jahrhundert zu Preußen gekommenen Schlesien, welcher jedoch durch die seit Mitte des 19. Jahrhunderts ausgebeuteten Kohlevorkommen zu einem bedeutenden Industriegebiet geworden war, hatte eine

Bevölkerung, die sich im Laufe der Jahrhunderte kulturelle Elemente der Gebiete angeeignet hatte, zu denen sie gehörte.

Waren Mittel- und Niederschlesien vollends germanisiert worden, so lebten in Oberschlesien vor allem auf dem Lande polnischsprachige Schlesier. Nach dem Ersten Weltkrieg hielt man am 20. März 1921 im östlichsten Teil des preußischen Schlesien eine Volksabstimmung ab, in der sich 59,5 Prozent der Abstimmungsberechtigten für Deutschland und 40,4 Prozent für Polen aussprachen. Oberschlesien wurde daraufhin (dazwischen inszenierten die Polen noch Aufstände) geteilt, allerdings nicht nach den Ergebnissen: Zwar bekam Polen etwa ein Drittel des Abstimmungsgebiets, aber da es auch einen Anteil an der Industrie bekommen sollte, waren darunter auch große Städte mit überwiegend deutschsprachiger Bevölkerung. Die Lage der Minderheiten (der Polen im deutschen, der Deutschen im polnischen Teil) wurde zunächst durch den Völkerbund, ab 1937 durch ein bilaterales deutsch-polnisches Abkommen geregelt.

Die deutsche Forderung nach der Rückgliederung von Ostoberschlesien war ungeachtet dessen ein zentrales Anliegen sowohl zu Weimarer als auch zu NS-Zeiten. Kein Wunder also, dass der Osten der preußischen Provinz Schlesien – Oberschlesien also – 1939 sofort dem Reich »eingegliedert« wurde. Kattowitz wurde durch den »Führererlass« vom 8. Oktober 1939 »über Gliederung und Verwaltung der Ostgebiete« Sitz eines eigenständigen Regierungsbezirks.[1] Zusammen mit dem Regierungsbezirk Oppeln wurde unter Auflösung der bisherigen preußischen Provinz Schlesien daraus im Januar 1941 durch ein Gesetz vom 20.12.1940 die Provinz Oberschlesien.

Aber man ging noch weiter: Über die Gebiete hinaus, die 1914 zum Deutschen Reich gehört hatten, wurde ein Streifen polnischen Landes von Blachownia im Norden über Będzin und Sosnowitz (bis 1915 russisch) bis Chrzanów, Oświęcim und Żywiec/Saybusch (bis 1918 im Bestand Österreichs) ebenfalls Oberschlesien zugeschlagen. Dieser »Oststreifen« wurde am 20. November 1939 durch eine Polizeigrenze abgetrennt, die den freien Verkehr mit dem Reichsgebiet von 1914 und dem Generalgouvernement (GG) einschränkte.

Die undurchlässige Polizeigrenze verlief bis Mai 1941, als sie formal aufgehoben (und durch andere Reisebeschränkungen ersetzt) wurde, weitgehend entlang der Reichsgrenze von 1914. Östlich von ihr, im sogenannten »Oststreifen«, entstand eine separate Zone: Im Unterschied zum GG galt hier die Reichswährung, aber sonst war vieles anders.

Die Lage der Juden in der ostoberschlesischen Zone ist erst in letzter Zeit eingehender erforscht worden. Eine Sammlung der Verfügungen des zuständigen Regierungspräsidenten zum Umgang mit den Juden existiert nicht, die Maßnahmen mussten auch durch das polnische Institut für Nationales Gedenken (IPN) mit verstreuten Akten in den Provenienzen der Empfänger rekonstruiert werden. Vollständigkeit kann daher bisher nicht angenommen werden, zudem verweist das IPN zu Recht darauf, dass »Ausführungsbestimmungen außerhalb der publizierten Anordnungen ergingen«.[2] Als eine wichtige Quelle fungiert immer noch die erste Monografie zum Thema aus dem Jahr 1946.[3] Danach gab es lange Zeit kaum Publikationen zur Judenverfolgung in Ostoberschlesien. Wenige Angaben enthielten die Veröffentlichungen der damaligen Hauptkommission für die Untersuchung der NS-Verbrechen in Polen.[4] Grundlegende Informationen über die Zentrale der Ältestenräte waren durch die Akten des Ältestenrats der Kultusgemeinde Dąbrowa im Staatsarchiv Kattowitz erschließbar.[5] Weitere relevante Angaben enthalten die einzige einschlägige deutsche Publikation von Sybille Steinbacher[6] und der Sammelband von Aleksandra Namysło, der vom Institut für Nationales Gedenken in Polen herausgegeben wurde.[7]

Abschiebung

Im Reichsgebiet, zu dem Ostoberschlesien gehörte, war die Errichtung von Ghettos zunächst nicht vorgesehen. Die Juden in den vor dem 1. September 1939 zum Reich gehörenden Gebieten

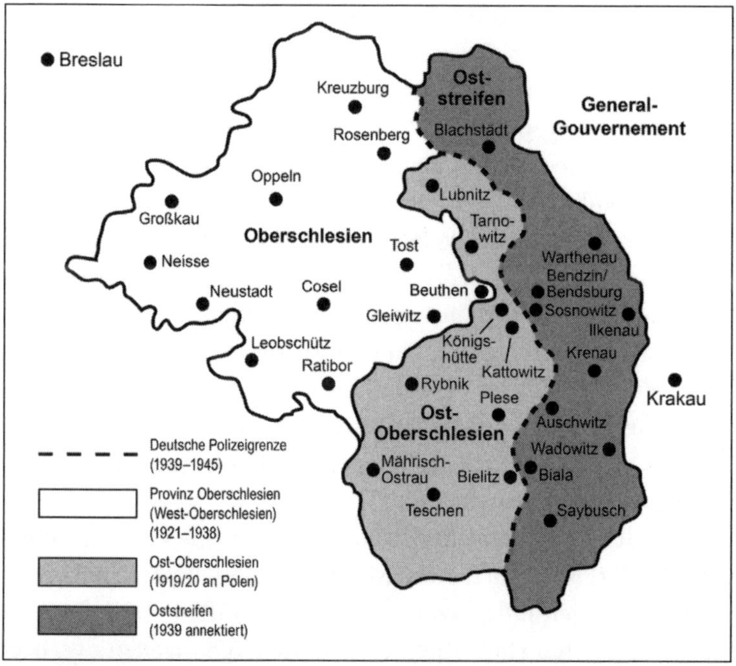

Oberschlesien im Zweiten Weltkrieg

Oberschlesiens wurden erst 1941 der Kennzeichnungspflicht unterworfen und zumeist 1942 nach Auschwitz deportiert, hier galten auch die deutschen Regelungen über »privilegierte Mischehen«. Die deutsch assimilierten Juden dieses Gebiets versuchten dabei, sich der Kooperation mit den Institutionen des »Oststreifens«, wo primär polnisch assimilierte und orthodoxe Juden zusammenkamen, zu entziehen.[8] Die Abgrenzung zwischen den sich kulturell verschieden wähnenden Gruppen entsprang der Hoffnung, dass es den deutschen Juden besser ergehen würde als den polnischen.

Tatsächlich gehörte diese Differenzierung auch zur Taktik der Nationalsozialisten. Nach dem Ende der Kriegshandlungen im September 1939 wurde zunächst versucht, die Juden der »eingegliederten Gebiete« zu vertreiben, wobei auch ein Entweichen in die sowjetisch annektierten Gebiete durchaus erwünscht war.

Aus Kattowitz wurden im Oktober 1939 zwei Transporte zu je 1 000 Juden an den Grenzfluss San gebracht, wo sie zum Überschreiten der Demarkationslinie in das sowjetisch beherrschte Gebiet gezwungen wurden.[9] Ähnliches hatte man eigentlich mit allen »eingegliederten Gebieten« vor, aber dieses Vorhaben scheiterte am Widerstand der Führung des GG und an den Transportmöglichkeiten. Als im Winter 1939/40 die Deportationen von Polen und Juden aus den »eingegliederten Gebieten« Westpreußens und des Warthelands in das GG gestoppt wurden, erfolgte auch in Ostoberschlesien, wo man damit noch nicht begonnen hatte, ein Umdenken, das dazu führte, dass man nun mit einer längeren Verweildauer der Juden rechnete, auch wenn die Behörden die durch Heydrich im September 1939 angekündigte »Umsiedlung« weiter erwarteten.

Aus den deutscherseits der Polizeigrenze annektierten Gebieten (Bielitz, Kattowitz, Königshütte, Myslowitz, Teschen) wurden die meisten Juden (von einigen Fachkräften abgesehen) im Laufe des ersten Halbjahres 1940 in den »Oststreifen« vertrieben, wo sie sich vor allem in den Orten Będzin, Dąbrowa, Olkusz und Sosnowitz anzusiedeln hatten. Damit ist das territorial recht kleine Gebiet dieses »Oststreifens« als »Zwischenlager« für Juden in gleicher Weise behandelt worden wie die von Heydrich in seinem Schnellbrief vom 21. September 1939 ausgewiesenen »Konzentrierungsstädte«, die bis zur »Endlösung« die Juden aufnehmen sollten. Steinbacher stellt den Sondercharakter dieses Gebietes heraus und nennt es eine »provinzinterne Abschubregion«[10].

Die Kennzeichnungspflicht für Juden begann im GG im November 1939. Da Ostoberschlesien nicht zum GG, sondern zum Reich gehörte, griff diese Kennzeichnungspflicht hier nicht. Sie wurde zentral am 21. Dezember 1939 durch eine Verfügung des für das Gebiet zuständigen und von Breslau aus operierenden Höheren SS- und Polizeiführers (HSSPF) Erich von dem Bach-Zelewski angeordnet, jedoch von den einzelnen Kreisen oder Städten uneinheitlich und zu verschiedenen Zeiten zwischen Dezember 1939 und Januar 1940 eingeführt.[11] Da die Juden im Reich erst im September 1941 den »Judenstern« tragen mussten, sehen wir schon hier die andersartige Behandlung dieses Territoriums. Die Kennzeichnung bestand anfangs aus einer weißen Armbinde mit einem Davidstern. Im September 1941 wurde die Kennzeichnung entsprechend der im ganzen Reich gültigen Verfahrensweise geändert: Von nun an war es verpflichtend, gelbe Sterne mit der Aufschrift »Jude« auf der linken Brust und dem Rücken zu tragen.[12]

Lebensverhältnisse im »Oststreifen«

Wie lebten die Juden in diesem »Oststreifen«? Es gab die Kennzeichnung, die Ausraubung, die rechtliche und wohnraumbezogene Bewegungsbeschränkung (die Hauptstraßen waren dem sogenannten »Judenbann« unterworfen und durften nicht betreten werden)[13], einen jüdischen Ordnungsdienst (Polizei), Wirtschafts- und Verkehrsbeschränkungen und Judenräte, die alle Verwaltungsangelegenheiten regelten und den Deutschen unmittelbar als Ausführungsorgane unterstanden und zuarbeiteten. Der Unterschied zu »geschlossenen« Ghettos bestand darin, dass es zunächst nur partiell zu einem Bevölkerungsaustausch (Auszug der Nicht-Juden aus dem Ghettobezirk, Einsiedlung der Juden aus dem übrigen Stadtgebiet) kam und dass trotz erlassener Beschränkungen diese nicht durch Mauer und Stacheldraht umgesetzt wurden. Szternfinkiel benutzte 1946 zur Beschreibung dieses Zustands den Begriff »moralisches Ghetto«.[14] Damit handelte es sich von der vollständigen Erfassung durch die Judenräte aufgrund von um den 10. September 1939 ergangenen Anordnungen an[15] um Organisationsformen, die denen der »offenen Ghettos«[16] und der »Dorfghettos« im GG ähnlich waren. Sybille Steinbacher schreibt dazu: »Eng zusammengepfercht lebten die Juden in den primitiven Wohnungen der infrastrukturell unterentwickelten Stadtteile, wo es zumeist weder Kanalanschluss noch elektrisches Licht gab. Die Judenbezirke Ostoberschlesiens waren jedoch keine geschlossenen Ghettos, und trotz strenger Reglementierung bestanden Kontaktmöglichkeiten nach draußen.«[17] Dies galt auch für die Stadt Auschwitz.[18]

In mehrfacher Hinsicht war der »Oststreifen« anders als das GG oder das eigentliche Reichsgebiet. Trotz »Judenbann« war die Freizügigkeit zwischen Sosnowitz sowie Będzin, Dąbrowa und Strzemieszyce gewährleistet, hingegen die Reise in die Gebiete jenseits der Polizeigrenze (Myslowitz, Kattowitz) verboten. Die Straßenbahn (wobei die Linien zwischen Sosnowitz und Będzin sowie zwischen Czeladź und Będzin die größte Bedeutung hatten) besaß anfangs durch Ketten abgetrennte Teile für Juden, dann durften Juden nur mehr auf den Plattformen fahren, und von 1941 an gab es, da sich die Fahrgäste nicht an die Absperrungen in den Wagen hielten[19], einen Straßenbahnwagen mit der Aufschrift »Nur für Juden«, der als letzter Waggon mitfuhr.

Auch die Judenräte wurden anders als im GG organisiert. Die Zentrale der Jüdischen Ältestenräte in Ostoberschlesien[20] mit Sitz in Sosnowitz wurde in den ersten Januartagen 1940 als Zentralstelle für die in den einzelnen Orten eingerichteten Judenräte gebildet, von denen es anfangs 25 gab. Sie war für das ganze Gebiet des »Oststreifens« zuständig, hatte ihren Hauptsitz im Haus des Sosnowitzer Rabbiners in der Marktstraße 12 und setzte Kommissare für die einzelnen Orte ein, die dort einheitlich und ihren Weisungen entsprechend die jüdische Bevölkerung verwalteten.

Aleksandra Namysło konnte nachweisen, dass die Einsetzung der Zentrale im Zusammenspiel zwischen ihrem Leiter (bis 1943) Moses Merin und dem Kattowitzer Judenreferenten der Gestapo Hans Dreier stattgefunden hat. Merin hatte sich beim Einmarsch der Deutschen in Sosnowitz dafür eingesetzt, auch angesichts der deutschen Ausschreitungen Ruhe zu bewahren. Am 6. September 1939 berief er dort ein »Komitee der jüdischen Kultusgemeinde« ein, im November 1939 reorganisierte er die jüdische Gemeinde in Będzin und bis zum Jahresende auch die Gemeinden von Olkusz und Zawiercie. 1940 unterstellte er sich auch alle anderen Gemeinden in Ostoberschlesien. Das Vertrauen der Deutschen schlug sich in zahlreichen Privilegien nieder: Merin wurde zum Leiter der Zentrale bestimmt[21], ihm wurden Freizügigkeit sowie ein Dienstwagen mit Fahrer gewährt (er weilte bis 1942 mehrfach in Łódź, Warschau, Krakau, Berlin und im Protektorat Böhmen und Mähren), und er hatte unbeschränkten Zutritt zu deutschen Amtsträgern. Diese Privilegien motivierten ihn zu seinem Einsatz für das Programm »Rettung durch Arbeit«, mit dem er die Juden des ihm unterstellten Gebiets vor der Vernichtung bewahren wollte.[22]

Als Person war Merin umstritten – sein Kurs der Zusammenarbeit mit den Deutschen wurde von orthodoxen Juden, von nationalpolitisch motivierten Zionisten und der radikaleren Jugend kritisiert, während die meisten jüdischen Bewohner des ihm unterstehenden Gebiets bis 1943 an einen Erfolg seiner Taktik glaubten. Merin baute für sein Gebiet eine einheitliche Verwaltung auf. Die seiner Zentrale unterstehenden jüdischen Gemeinden mit ihren Ältestenräten wurden zu acht Kreisinspektionen zusammengefasst. Sowohl in den einzelnen Orten als auch in der Zentrale in Sosnowitz entstand ein Verwaltungsapparat, der rasch wuchs und im Juli 1941 bereits 116 Beschäftigte hatte.

Zur Verwaltung gehörten eine Rechtsabteilung, eine Fürsorgeabteilung, die Volksküchen, Waisenhäuser und Krankenhäuser unterhielt, eine Gesundheitsabteilung, eine Schulabteilung, die auch die Umschulung der Einwohner zu »produktiven«, also am neuen Bedarf orientierten Berufen besorgte, eine Finanzabteilung und eine Zentrale Approvisationsabteilung; ab 1941 gab es eine Jugendabteilung und eine Wohnungsabteilung. Zur Zentralen Administrationsabteilung gehörte ab Ende 1940 auch die Jüdische Polizei (»Ordnungsdienst«). Am 1. August 1940 wurde eine Zentrale Arbeitsabteilung geschaffen, die nicht entlohnten Zwangsarbeitern (es gab auch entlohnte) geringfügige Löhne zahlte und darüber hinaus auch Gehaltszahlungen sowie die Arbeitssteuerung und -vermittlung besorgte.[23]

Wir haben einen Indikator dafür, dass die Lebensverhältnisse in Ostoberschlesien besser waren als etwa in den großen Ghettos des GG. Bis 1942 blieb die Zahl der Juden im Grunde konstant. Sie betrug im Mai 1940 90 323[24], im Oktober 1940 96 283, im März 1941 97 925 und im Juli 1941 97 400.[25] Durch die Auflösung kleinerer Gemeinden (am bekanntesten war diejenige von Auschwitz) wuchs die jüdische Bevölkerung einiger Städte im Krieg an.

Oświęcim/Auschwitz war zunächst eine Stadt wie andere auch in diesem »Oststreifen«. In der Nacht zum 30. November 1939 wurde die Synagoge durch die Deutschen in Brand gesetzt. Der Judenrat hatte den Deutschen Arbeiter zu liefern, darunter ab Mai 1940 auch etwa 250 Mann, die das Gelände der polnischen Artilleriekaserne in Ordnung bringen sollten. Im Oktober 1940 zählte die Stadt 11 209 Einwohner, davon 7 613 Juden. Die aus dem Gebiet jenseits der Polizeigrenze und aus kleineren Orten des »Oststreifens« vertriebenen Juden wurden hier angesiedelt. Die Wende erfolgte im Frühjahr 1941. Da die IG Farben die chemische Fabrik in Monowitz übernehmen sollte, brauchte man Wohnungen für die deutschen Ingenieure und Arbeiter. Es wurde also der Beschluss gefasst, alle Juden aus Auschwitz zu vertreiben, um ihre Wohnungen den Deutschen zur Verfügung zu stellen. Im März und April 1941 wurden alle Auschwitzer Juden nach Chrzanów, Sosnowitz und Będzin umgesiedelt. In der umgekehrten Richtung erfolgten Transporte jüdischer Menschen ab 1942 – nun aber in das Konzentrations- und Vernichtungslager Birkenau, die Stadt selber blieb »judenfrei«.

Arbeit im »Oststreifen«

Nicht nur durch die makabre Aufschrift »Arbeit macht frei« über dem Haupttor des KZ Auschwitz wurde der Zusammenhang zwischen der Verfolgung und der Ausbeutung der Juden durch die Deutschen deutlich. Noch bevor die Wannsee-Konferenz im Januar 1942 die »Vernichtung durch Arbeit« als Ziel formulierte, machten sich die Nationalsozialisten daran, Juden für sich arbeiten zu lassen. Auch dabei spielte der »Oststreifen« eine Sonderrolle. Von September 1939 an hatte man Juden eine normale Wirtschaftstätigkeit zunehmend verboten und ließ nur wenige Einrichtungen zur Selbstversorgung bestehen.

Am 15. Oktober 1940 wurde der »Sonderbeauftragte des Reichsführers SS und Chefs der Deutschen Polizei für fremdvölkischen Arbeitseinsatz in Oberschlesien«, SS-Oberführer (ab Juli 1942 SS-Brigadeführer) Albrecht Schmelt[26] (1899–1945) eingesetzt, dessen Behörde zum 31. Oktober 1940 in Sosnowitz offiziell tätig wurde.[27] Schmelt war seit 1934 Breslauer Polizeipräsident und dann auch Regierungspräsident in Oppeln. Steinbacher unterscheidet sehr einleuchtend drei Einsatzbereiche der ostoberschlesischen Juden:

Am Beginn stand der Zwangsarbeitereinsatz am Bau der Reichsautobahn Berlin-Breslau-Gleiwitz-Krakau, der schon vor der Einrichtung der Schmelt-Dienststelle lief und von Schmelt übernommen wurde. Schmelt trug dabei der Zentrale der Ältestenräte die Zulieferung von Arbeitskräften auf und stellte ihr deutsche Schutzpolizisten und volksdeutsche Hilfspolizisten zur Verfügung, um die Arbeiter auszuheben. Vermutlich handelte es sich hier um den einzigen Fall, in dem deutsche Hoheitsträger einem Judenrat unterstellt wurden, was aber auch die spezielle Lage in Ostoberschlesien und Merins Rolle deutlich macht.[28] Dieser Einsatz lief mit 25 Lagern bis zum Sommer 1942, als der Autobahnbau kriegsbedingt eingestellt wurde. In der Zusammenstellung vom August 1942 wies die Zentrale der Ältestenräte in Sosnowitz 6516 Juden in Reichsautobahn-Lagern nach.[29] Schmelt ließ »seine« Arbeiter daraufhin zu Betonierern und Maurern umschulen und gliederte sie seinen Arbeitslagern bei Industrieunternehmen ein.[30]

An zweiter Stelle kam eben dieser Zwangsarbeitereinsatz in »betriebsgebundenen Lagern von Industrieunternehmen«, der sehr unterschiedlich aussehen konnte und meistens mit kleinen Lagern in Oberschlesien und im Sudetenland operierte. Die

»Schmelt-Juden« wurden auch an die IG Farben – damit auch an das Werk in Monowitz – vermittelt, wo sie aber getrennt von den jüdischen Kräften aus dem späteren Konzentrationslager (Auschwitz III) gehalten wurden.[31]

Bei diesen beiden Vermittlungsformen handelte es sich um einen von Schmelt organisierten »bezahlten Arbeitskräfteverleih«, bei dem er bei den Unternehmen pro Arbeitstag sechs Reichsmark für einen Facharbeiter und 4,50 Reichsmark für einen Hilfsarbeiter kassierte. Die von Schmelt abgeschlossenen Kollektivverträge entzogen die beim Autobahnbau eingesetzten Juden der Reichsarbeitsverwaltung, die anfangs für halbwegs erträgliche Bedingungen (Postverkehr, Kantinennutzung) gesorgt hatte, und umgingen das geltende Tarifrecht; sie sahen erheblich erschwerte Arbeitsbedingungen und keinerlei Sozialleistungen mehr vor. Im Oktober 1941 erhielten diese Zwangsarbeiter neben der Verpflegung, für die 90 Reichspfennig pro Tag in Rechnung gestellt wurden, noch ein Taschengeld von 50 Reichspfennig pro Tag. Schmelt ließ sich auch die Arbeitnehmer- und Arbeitgeberanteile zur Sozialversicherung ausbezahlen, was im Schnitt 18 Prozent des Bruttolohns der »Arbeitsjuden« ausmachte.[32] Es ist davon auszugehen, dass bis auf das Verpflegungsgeld und das »Taschengeld« der von den Unternehmen gezahlte Lohn auf dem Schmelt-Konto landete. Auch wenn hierüber bisher kaum Forschungen vorliegen, waren die Lebensumstände in den Autobahn- und Arbeitslagern durchweg schlechter als im ostoberschlesischen »Oststreifen«. Anfangs dürften sich zu diesen Arbeiten noch Freiwillige gemeldet haben, die Zur-Verfügung-Stellung von bewaffneten Eintreibern und Geiseln[33] weist aber schon darauf hin, dass es Ende 1940 das Bestreben gab, sich diesem Arbeitseinsatz zu entziehen. Seitens der Zentrale der Ältestenräte war aber auch dieser Arbeitseinsatz zunächst noch erwünscht, da auf diese Weise die »Nützlichkeit« des ostoberschlesischen Judengebiets belegt und eine immer noch drohende Abschiebung »in den Osten« vermeintlich verhindert wurde. Später konnten nur noch mit Zwang Arbeiter gefunden werden, weil die Alternative der Arbeit am Ort erheblich positiver war.[34]

Daher ist der dritte Einsatzbereich ostoberschlesischer Juden, den Schmelt ebenfalls monopolisierte, anders zu bewerten: die Einrichtung von »Wehrmachtsfertigungsstätten« im »Oststreifen« Oberschlesiens. Während der Einsatz beim Autobahnbau und in Industrie-Arbeitslagern die Trennung von der Familie und eine oft auch mit Postsperre verbundene Deportation bedeutete, erfolgte die Arbeit in den »Shops« genannten Werkstätten vor Ort. Sie war außerdem mit Lohnzahlung, einem Arbeitsausweis, manchmal mit der Genehmigung zum Betreten eigentlich für Juden gesperrter Straßen sowie Verpflegung verbunden. Wie im GG war die Meinung sowohl bei den Judenräten als auch bei den Arbeitern verbreitet, die Arbeit für die Wehrmacht demonstriere den Wert der Juden und sichere ihnen daher ein Überleben mit einem größeren Grad von Normalität.

Die Dienststelle Schmelts, die von den Shops ähnlich profitierte wie von den Autobahn- und Industrielagern, war bei der Ansiedlung und Unterstützung dieser Betriebe sehr aktiv. Im Februar 1941 nahm mit den »Schlesischen Wäsche- und Bekleidungswerken« des Berliner Unternehmers Hanns Held der erste »Shop« in Sosnowitz mit 2000 Arbeitskräften seine Arbeit auf.[35]

Der Arbeitslohn in den Shops wird von Szternfinkiel mit 20 bis 35 Reichsmark im Monat angegeben, amtliche Dokumente der Wirtschaftskammer Oberschlesien nennen für Oktober 1942 für Männer in Schneiderwerkstätten 70 Reichsmark, für Frauen 50 Reichsmark monatlich, was etwa der Hälfte der Tariflöhne für Deutsche entsprach.[36] Der Regierungspräsident von Kattowitz sah für »die in Frage kommenden Arbeitsgebiete (z. B. Maler, Schneider, Tapezierer, Tiefbauarbeiter, Kräfte für den Hausarbeiter- und Reinmachedienst usw.)« die Vergütung nach den geltenden Tarifen bzw. »im sonst ortsüblichen Rahmen« vor. Die Organisation Schmelt beanspruchte davon 30 Prozent Lohnabzug für eine »Aufbaukasse«. Diesen Betrag hatten die Firmen neben den »eingesparten Arbeitgeber- und Arbeitnehmeranteilen von 18 Prozent« auf das Schmelt-Konto zu überweisen. Der restliche Lohn sollte ohne weitere Abzüge direkt an die jüdischen Arbeiter ausbezahlt werden. Theoretisch wäre damit auch ein Abzug an die Judenräte unmöglich. Die faktische Durchführung mag jedoch über die Judenräte gelaufen und anders gewesen sein.[37]

Der Gewinn Schmelts wurde zur Unterstützung der Witwen gefallener SS-Männer und zur Anlage von Mustergütern verwendet; nach Steinbacher soll Schmelt auch nicht unerhebliche Summen auf sein Privatkonto umgeleitet haben.[38] Zu betonen ist, dass der Abzug von 30 oder 48 Prozent im Vergleich zu den 80 Prozent vom Nettolohn, die den Łódźer Juden abgezogen wurden, relativ niedrig war.

Bis zu den Deportationen im Mai 1942 ging man davon aus, dass ledige Arbeitende auch ihre Eltern, verheiratete ihre Ehepartner und unmündigen Kinder vor einer Deportation schützten.[39] Bis August 1943, schreibt Amalie Reichmann, »war ihr Glaube gerechtfertigt«.[40] Schmelt versuchte, seine Organisation »auszubauen« und erhielt sogar die Genehmigung, in Cosel für Auschwitz bestimmte Transporte nach 10 000 Arbeitsfähigen für seine Betriebe zu durchsuchen, was ihm vom am Profit interessierten Himmler gestattet wurde, aber zu einem Interessenkonflikt mit dem Auschwitz-Kommandanten Höss führte. Es ist nicht klar, ob diese aus den Transporten ausgesuchten Juden in die ostoberschlesischen Shops oder in die Arbeitslager Schmelts kamen. Allerdings baute Schmelt sein »Imperium« im »Oststreifen« ebenfalls aus – im November 1941 wurden dort fünf neue Sammelwerkstätten unter seiner Ägide eröffnet.[41]

Arbeitsstellen gab es in der Schwer- und Rüstungsindustrie sowie in ehemals jüdischen Betrieben, die von deutschen »Treuhändern« übernommen wurden. Zu ihnen gehörten in Będzin und in vielen anderen Orten die Sammelwerkstätten, die der Treuhänder Alfred Rossner leitete. In Będzin bestand ein ähnlicher Betrieb des Treuhänders Leutsch, den faktisch der jüdische Techniker Silberschatz führte. In Sosnowitz gab es die bereits erwähnten, im Februar 1941 eingerichteten »Schlesischen Wäsche- und Bekleidungswerke«, die von Hanns Held aus Berlin geführt wurden und Uniformen sowie Damenunterbekleidung produzierten.[42] Im Sattlerei-Shop Gerhard Schwedler stellten 1 200 Juden Militärrucksäcke, Koffer und Handtaschen her. In der Kammgarnspinnerei Dietel produzierten fast 3 000 Juden[43] Mäntel und Pelze. In den Werkstätten von Wilhelm Goretzki produzierten etwa 2 000 Juden Bürsten und Körbe. Im Tischler-Shop Hubert Land arbeiteten 600 Menschen, in der ähnlichen »Blech- und Holzwarenfabrik« von Josef Skopek waren 400 Juden beschäftigt, die Möbel für das Militär herstellten. In Sosnowitz gab es außerdem weitere kleinere Betriebe, die nach derselben Struktur arbeiteten: »Express«-Kofferherstellung Riemer (250 Beschäftigte); ein Uhrmacherbetrieb, Głowackiego-Str. 9 (100 Beschäftigte); eine Wäschefabrik »Renoma«, Modrowgasse 8 (300 Beschäftigte); das Technische Büro Rudolf Irmler, Sudetenstr. 28 (37 Beschäftigte); und in Będzin daneben den Elektrobetrieb Schmatloch (150 Beschäftigte).

Von Bedeutung war die von dem Breslauer Rudolf Braune geführte »Werkstätte für die Verarbeitung von Filz- und Lederabfällen«. Sie hatte drei Arbeitsstellen in Będzin (ca. 1 800 Beschäftigte), Sosnowitz (500–600)[44] und Dąbrowa (vermutlich unter 500). Mit den Abfällen wurden hier Militärstiefel repariert und Kinderschuhe hergestellt. Die Braune-Sammelwerkstätten galten bei den Juden als die »sichersten«, die einen wirksamen Schutz vor der Deportation nach Auschwitz boten.[45] Ebenfalls als kriegswichtig eingestuft waren die Altwaren- und Papiersammler, die in Ostoberschlesien für die Firma Keßler und Dombrowski unterwegs waren.[46]

In Sosnowitz arbeiteten vor dem Sommer 1942 ca. 13 000 Juden in solchen Einrichtungen, also ungefähr die Hälfte der jüdischen Einwohner. Eine Aufstellung der Wirtschaftskammer Oberschlesien vom Oktober 1942 nennt für den ganzen »Oststreifen« 20 000 Beschäftigte in den Shops, davon 8 750 in der Textilbranche.[47]

Die Vernichtung der Juden des »Oststreifens«

Auch wenn sich die deutsche Ausbeutungsverwaltung im »Oststreifen« 1941 etabliert zu haben schien und im Verhältnis zu anderen besetzten Gebieten eine relative Ruhe eingekehrt war, trog dieser Eindruck. Wenige Wochen nach dem Überfall auf die Sowjetunion hatte der unverhüllte Massenmord der Juden auf dem besetzten sowjetischen Gebiet eingesetzt. Im Herbst 1941 war die Kennzeichnung der Juden im deutschen Reichsgebiet eingeführt worden und parallel begann deren Deportation in die Ghettos des GG, nach Riga, Minsk, Łódź und Theresienstadt. Nördlich von Łódź hatte im Dezember 1941 in Kulmhof die erste Einrichtung ihren »Betrieb« aufgenommen, deren alleiniger Zweck die Ermordung von Juden war. 1942 folgten die Vernichtungsstätten im GG – Bełżec, Treblinka und Sobibór. Im Frühjahr 1942 begann auch der Massenmord an Juden im nahen Auschwitz. Und 1942 begann man auch – unterstützt durch die dortigen Verwaltungen und Polizisten – aus dem besetzten Westeuropa die Juden in die Vernichtung zu deportieren.

Dabei konnte der »Oststreifen« nicht lange ausgespart bleiben. Wahrscheinlich war aber der Profit, den die SS aus der Ausbeutung der jüdischen Arbeitskräfte bezog, dafür verantwortlich, dass man zunächst an der Aufrechterhaltung der Lage interessiert war. Trotzdem wurden bereits zwischen Mai und Sommer 1942 vor allem Nicht-Arbeitsfähige, aber auch einige Beschäftigte der Sammelwerkstätten in das nahe Vernichtungslager Auschwitz deportiert, in das zwischenzeitlich auch Juden aus anderen Gebieten und dem Ausland verschickt wurden. Für den »Polizeibereich Sosnowitz« lässt sich eine Dimensionierung dieses Vorgangs dokumentieren. Wegen des Fehlens einer Transportliste nur »annähernd«, aber insgesamt glaubhaft ermittelte die Zentrale der Ältestenräte eine Zahl von 15 485 »Ausgesiedelten« aus dem Sosnowitzer Gebiet zwischen Mai und August 1942.[48]

Ab Herbst 1942 wurden die bis dahin existierenden kleineren Judensiedlungen im »Oststreifen« aufgelöst (durch die Einsiedlung in die größeren oder durch die Deportation nach Auschwitz) und in den zentralen Städten die Juden aus den Stadtzentren an die Stadtränder vertrieben und dort in nunmehr »geschlossenen« Ghettos untergebracht. »Schließung« bedeutete hier, dass nun nicht mehr Nicht-Juden und Juden nebeneinander leben durften – die Juden durften die abseits liegenden Viertel nur zur Arbeit verlassen. Damit entstanden im »Oststreifen« eigentlich erst ab Ende 1942 Ghettos, wie sie aus anderen besetzten Gebieten bekannt sind.

In das neue Ghetto von Sosnowitz im Stadtteil Schrodel wurden nach den Akten der Stadt 21 204 Juden umquartiert.[49] Die offizielle Bekanntgabe der Ghettobildung erfolgte auf einer Sitzung am 8. Oktober 1942.[50] Zuvor wurde die jüdische Einwohnerschaft einer ärztlichen Untersuchung (durch die jüdischen Ärzte der Gemeinde) unterzogen und gemäß ihrer Arbeitsfähigkeit klassifiziert. Das Ghetto für die arbeitsfähigeren Bewohner (»die in irgend einem Werk oder bei einer Behörde in kriegswichtiger Beschäftigung stehen«) grenzte in Schrodel/Środula fast an das Ghetto von Będzin, das kleinere lag in Alt-Sosnowitz, einem Stadtteil westlich des Stadtzentrums im Bereich von Brinitza- und Breslauer Straße.

Der Umzug erfolgte schleppend in Schüben von jeweils 150 Familien und zog sich bis zum März 1943 hin. Das Ghetto in Alt-Sosnowitz wurde am 1. Mai 1943 aufgelöst und die arbeitsfähigen Bewohner ebenfalls in das »große Ghetto« von Schrodel gebracht. Die Zuführung der Arbeitskräfte in die Shops erfolgte nun unter Eskorte des jüdischen Ordnungsdienstes. Das neue Ghetto durfte durch Nicht-Juden nicht betreten werden – Juden durften es nur auf der Grundlage der Passierscheine und zur »Arbeitsverrichtung« verlassen. Es war aber nicht mit einer Mauer, sondern nur mit entsprechenden Schildern versehen.[51]

Steinbacher führt die Schließung der Ghettos auf die Initiative der Stadtverwaltungen zurück, die wegen des Ziels der Germanisierung ihrer Kommunen sowohl gegen die Sammelwerkstätten (Shops) als auch gegen die Freizügigkeit der Juden in weiten Teilen ihrer Städte gewesen seien. Namysło folgte den Erinnerungen des Lehrers Paul Wiederman, wonach die Zentrale der Ältestenräte die Auslagerung der Judenbezirke und Schließung der Ghettos initiiert oder mindestens unterstützt habe, um damit den Deutschen »aus den Augen« zu kommen und so ihr Interesse an der »Judenfrage« abzuschwächen. Daneben sollten so die Kontakte mit der nicht-jüdischen Bevölkerung – nach Merin die Ursache des Unglücks der Juden – minimiert werden.[52] Beide Vermutungen sind problematisch, weil den lokalen und gar den jüdischen Instanzen eine so weitgehende Kompetenz kaum zukam. Die Stadt und die Zentrale Merins mögen jedoch aus voneinander abweichenden Erwägungen heraus die Maßnahme begrüßt und unterstützt haben.

Die geschlossenen Ghettos bestanden ab Frühjahr 1943 vor allem für die arbeitende Bevölkerung und ihre Familien. In Będzin gab es nach dem Bericht des Judenrats vom 30. April 1943 noch 18 670 Juden, von denen 13 000 in Shops und ca. 3 800 in Arbeitslagern arbeiteten. (Die letzteren wurden offenbar noch als Bewohner Będzins geführt.)[53] Sie sollten jedoch nicht mehr lange bestehen, weil Himmler am 21. Mai 1943 den Befehl gab, bis zum 30. Juni alle Juden aus dem Reichsgebiet und dem Protektorat in den Osten oder nach Theresienstadt »umzusiedeln«. Auch wenn dieser Termin nicht eingehalten wurde, ist er die Basis für die im Sommer 1943 durchgeführte Vernichtung der ostoberschlesischen Juden gewesen. Die Handels- und Handwerksbetriebe, die noch bestanden, mussten bis zum Juni aufgelöst werden. Bis auf das Liquidierungslager in Sosnowitz, das noch bis Januar 1944 bestand und in dem u. a. die Angehörigen des Jüdischen Ordnungsdienstes eine letzte Lebensfrist erhielten, wurden die Judenwohnbezirke in Ostoberschlesien nun im Juli und August 1943 liquidiert.

Zu etwa der gleichen Zeit wurden um die 5 000 arbeitsfähige Juden in Arbeitslager in Deutschland (Groß-Rosen) deportiert. Als in den ersten Augusttagen 1943 das Ghetto in Schrodel liquidiert wurde, kamen ca. 300 Juden (Angestellte, Beschäftigte der

Gemeinde, Mitglieder des Ordnungsdienstes) nach Annaberg, etwa 10 000 wurden nach Auschwitz verbracht, 300 vor Ort erschossen. Auf dem Ghettogelände wurden zuvor schon bestehende Arbeitsbetriebe mit Insassen eines auf dem ehemaligen Ghettogelände eingerichteten Arbeitslagers weitergeführt.[54] Als auch dieses Lager im Januar 1944 liquidiert wurde, kamen die Insassen zum größten Teil nach Auschwitz.

Schmelt hatte nach der Liquidierung der Ghettos seine Funktion in Ostoberschlesien verloren. Er fungierte weiter als Regierungspräsident in Oppeln. Seine Industrielager wurden den bestehenden Konzentrationslagern Groß-Rosen und Auschwitz unterstellt.

Fazit

Der »Oststreifen« Oberschlesiens war – wie das Gebiet um das in Litzmannstadt umbenannte Łódź – ein Sondergebiet innerhalb des deutsch besetzten Osteuropas. Anfangs durch eine Polizeigrenze vom Reich und eine weitere vom GG getrennt, blieb es auch nach der formellen Aufhebung der Polizeigrenze 1941 ein Gebiet, zu dem der Zugang reglementiert war. In beiden Gebieten blieben Ghettos (sieht man von Theresienstadt ab) länger als anderswo bestehen – im »Oststreifen« bis 1943, in Łódź sogar bis zum Sommer 1944. Und in beiden Gebieten operierten mit Kulmhof 1941/43 und 1944 und Auschwitz zwischen 1942 und Oktober 1944 Vernichtungsstätten, wie es sie sonst nur in abgelegenen polnischen Waldgegenden gab. Produktion und Menschenvernichtung waren die Zwischenfunktionen dieser Gebiete – erstere pragmatisch, letztere ideologisch motiviert. Dass das ideologische Ziel nicht zugunsten des pragmatischen aufgegeben, sondern nur zeitweise relativiert wurde, erscheint heute insofern immanent, als diese unmittelbar »eingegliederten« Gebiete »eingedeutscht« werden sollten. Damit stand allen bisherigen Einwohnern, die nicht für die »Deutsche Volksliste« qualifiziert waren, so oder so das Verlassen des Gebiets bevor. Für die Juden war das Ziel Auschwitz und die Ermordung, für die Nicht-Juden eine Deportation, bestenfalls ein Helotendasein. In das Wartheland transportierte man die aus dem Baltikum, Galizien, Wolhynien und Bessarabien »heim ins Reich« geholten Deutschen, die 1944/45 nach Westen fliehen mussten. Für den »Oststreifen« Oberschlesiens fand man nicht einmal unter ihnen Willige, der Judenmord wurde dennoch hier vollendet. In seiner ideologischen Verblendung hatte das NS-Reich den letzten Rest seines kausalen Denkens aufgegeben. In diesem »Oststreifen« lag die Vernichtungsstätte, deren Name zum Synonym für die industrielle Ermordung von Menschen wurde.

Das Unverstehbare verstehen[1]

Der Holocaust und die Rechtsgeschichte

von Michael Stolleis *von 1992 bis 2009 Direktor am Max-Planck-Institut für Europäische Rechtsgeschichte in Frankfurt am Main*

Die folgenden Überlegungen zu einem der schwierigsten Gegenstände der Geschichtswissenschaft seien mit einer persönlichen Bemerkung eingeleitet: Seit 1969 studiere ich, mit großen Unterbrechungen und in immer wieder erneuten Anläufen, das Rechts- und Unrechtssystem des Nationalsozialismus. Es war das Thema meiner Generation, die um 1960 auf die Universitäten kam und sah, dass hier etwas getan werden musste, was die akademischen Lehrer nicht tun konnten oder wollten. Es war weniger ein »linker« als ein moralischer Impetus, der dazu antrieb. Zugleich sollte es aber keine moralisierende Geschichtsschreibung sein, die bei den Vätern nur das Versagen und bei den Zeitgenossen nur die Verdrängung erkennen konnte. Moralisierende Haltungen waren auf diesem Feld eine zu leichte Pflichtübung für jemanden, der vom Holocaust nichts miterlebt hatte und bis in seine Schulzeit davon auch fast nichts wusste. Es sollte also methodisch angeleitete, kritische, distanzierte Geschichtsschreibung sein. Distanz freilich nur bis zu einem gewissen Grad; denn die Empathie mit den Opfern blieb erhalten, es war gar nicht anders möglich. Der für dieses Thema ungleich berufenere Saul Friedländer hat vom »Primärgefühl der Fassungslosigkeit« gesprochen.[2] Und: »… was uns angetan wird, ist nicht begreifbar«, heißt es in einem Brief aus Tarnopol vom 7. April 1943.[3]

Im Laufe der Jahre hat sich dieses Primärgefühl der Fassungslosigkeit weiter verstärkt und ist intensiver geworden. Je mehr das Wissen über die Details anwächst, je mehr die Zeit vergeht und man selbst älter wird, desto schwerer verständlich und »fremder« wird das Verbrechen des Holocaust. Wir sehen die reale Hölle der Konzentrationslager, die Berge von Toten und die endlosen Namenslisten wie auf den Schwarz-Weiß-Fotos unserer Jugend. Die Chiffren des Grauens scheinen immer schwerer lesbar zu werden. Wir alle wissen, es war Realität, unendlich viel schlimmer noch als auf diesen Schwarz-Weiß-Bildern. Aber wir müssen auch hinnehmen, dass die Stimmen der Opfer leiser werden. Diejenigen, die alles noch miterlebt haben und im Rahmen ihrer Möglichkeiten davon »Zeugnis ablegen für alle Zeit«, sprechen manchmal mit Melancholie und Furcht von einer Zukunft, in der niemand mehr »authentisch« davon wird berichten können. Doch bleiben die Briefe unvergängliche Texte der Menschheit.[4] Schließlich gibt es »gegenläufige Gedächtnisse« der Opfer und der Täter (samt ihren Nachkommen), der Beteiligten und Unbeteiligten, der Nähe und der Distanz.[5]

Es ist kein Widerspruch hierzu, wenn ich sage: Der wissenschaftliche Impetus, endlich zu »verstehen«, warum es zur massenhaften Tötung von Juden, »Zigeunern«, Homosexuellen, »Geisteskranken«, »Asozialen«, politischen Feinden und anderen Unschuldigen, die in keine dieser Kategorien fallen, in so aberwitzig großen Zahlen kommen konnte, wird gleichzeitig stärker.[6] Es kann, so denkt man, nicht möglich sein, sich jahrzehntelang mit diesen Ereignissen zu befassen und sie dennoch nicht zu verstehen. Das berührt das Selbstverständnis der Wissenschaften, in denen man einen kleinen (sehr kleinen) Beitrag zu liefern hofft. Sollen alle diese Anstrengungen, durch Lektüre von Quellen und durch Nachdenken endlich zu »verstehen«, was der Holocaust gewesen ist, was ihn aus dem damals noch harmlos scheinenden gewöhnlichen bürgerlichen Antisemitismus der Zwanzigerjahre in die Gesetzgebung und in die diskriminierende Praxis trieb, bis er sich am Ende ins Wahnsinnige vergrößerte und erst im Zusammenbruch des ganzen Systems zum Stillstand kam – sollen alle diese Anstrengungen vergeblich gewesen sein?

Der Holocaust-Begriff

Wie kann man also den Holocaust »verstehen«? Zunächst muss man sich darauf verständigen, was mit »Holocaust« gemeint ist – so überflüssig dies klingen mag. Normalerweise verwenden wir »Holocaust« oder »Shoah« oder (pars pro toto) »Auschwitz« als allgemeine Chiffre für eine von Deutschland ausgehende politische Bewegung zur Verdrängung, Entrechtung und schließlich systematischen Vernichtung der jüdischen Minderheit aus dem gesellschaftlichen und politischen Leben, zunächst in Deutschland, dann in ganz Europa, soweit sich der Machtbereich Hitlers erstreckte. Aber das ist in mehrfacher Hinsicht zu eng gesehen. Es waren nicht nur die Juden, sondern mit ihnen alle Minderheiten, die das Regime mit Hass verfolgte: an der Spitze natürlich politische Gegner (Sozialisten, Kommunisten, Christen, aber auch Konservative, die sich nicht vereinnahmen ließen), »Zigeuner« (Sinti und Roma), Homosexuelle, »Asoziale«, »Berufsverbrecher«, geistig oder körperlich Behinderte als »unnütze Esser«, ernste Bibelforscher und sonstige »Verweigerer« des Militärdienstes.[7] Man muss also, um das Phänomen insgesamt zu erfassen, alle Begrenzungen von Gruppenidentitäten, alles Rivalisieren um den angemessenen Platz in der Geschichte des Erinnerns beiseite lassen. Natürlich war Hitler seit seiner Wiener Zeit besessener Antisemit, ebenso die meisten der führenden Leute in »Staat« und »Bewegung«. Natürlich war die »Vernichtung der europäischen Juden« (R. Hilberg) spätestens seit der Wannsee-Konferenz das zentrale Ziel. Aber der zugleich politisch und biologistisch gespeiste Wahn nach »Reinigung des Volkskörpers« umfasste alle genannten Gruppen, und dieser Zusammenhang muss als Ausgangspunkt zugrunde gelegt werden.

Eine zweite Begrenzung muss man ebenfalls aufgeben. Die in vielen west- und osteuropäischen Gesellschaften latent oder offen vorhandenen Antisemitismen wurden durch den Nationalsozialismus und die ihn begleitenden Mordaktionen geweckt, ermutigt und unterstützt. Das reicht von der Kollaboration westeuropäischer Gruppen oder Politiker bei der Verschleppung von Juden in die Vernichtungslager bis zu den Massenmorden in Litauen, Ungarn oder in Galizien,[8] umschließt aber auch die italienische Rassengesetzgebung und Diskriminierungspraxis.

Um das Phänomen als Ganzes zu fassen, muss man aber nicht nur von einem weiten »Holocaust«-Begriff ausgehen und somit die von der NS-Herrschaft angeregten Gehilfen und Mittäter außerhalb Deutschlands einbeziehen, sondern bei der Erklärung des ganzen Komplexes auch offen sein für alle methodisch ernsthaften wissenschaftlichen Hypothesen. Auch hier müssen die für Wissenschaftler nicht untypischen Tendenzen, die eigene These in den Vordergrund zu schieben oder sogar für die einzige zu erklären, möglichst zurückgehalten werden. Ohne irgendeinen Primat sind für ihre jeweiligen Sektoren alle zuständig: die Psychoanalyse und die »Psychologie der Massen«, wenn es um Phänomene der affektiven Identifikation, aber auch der Angst und der Unterordnung geht. Weiter: die Wissenschaftsgeschichte der Biologie, insbesondere der Evolutionstheorien und der Rassenlehren, der Eugenik, auch der Rechtswissenschaft (im Zusammenwirken mit der Eugenik). Sie können uns zeigen, dass die brillante Erfolgsgeschichte der Naturwissenschaften im 19. Jahrhundert auch ihre monströse Rückseite hatte. Von herausragender Bedeutung ist ohne Zweifel auch die Soziologie, die sowohl die Institutionen und ihre internen Dynamiken untersucht als auch die Phänomene der Aufteilung von Verantwortung in viele kleine, fast nicht mehr wahrnehmbare Teilchen, die Phänomene der Identifikation mit Leitbildern, »Führern« oder vagen, nur intuitiv erfassbaren Zielen. Vielleicht sind künftig sogar die Hirnforscher ein Teil dieses Teams von Wissenschaftlern, wenn sie herausfinden sollten, wie »Mordlust« oder »Blutrausch« im Gehirn ihre Spuren hinterlassen, und für die Zeit nach 1945 könnte uns die Hirnforschung belehren, wie Erinnerung kreativ verformt und umgebogen wird, damit sie (so sagt die Psychologie) für den Einzelnen psychisch erträglich bleibt. Schließlich spielte die Ökonomie eine erhebliche Rolle für die Eroberungspolitik und die Kriegsführung insgesamt, sei es im Zugriff auf Rohstoffe und Finanzen, sei es als Mittel zur »Belohnung« der Heimatfront.[9] Für den Holocaust ist die Ökonomie dagegen unwesentlich; denn er traf Menschen, die militärisch, ökonomisch oder politisch ohne Bedeutung waren. Er band erhebliche logistische Kräfte, arbeitete der Kriegspropaganda der Alliierten in die Hände und musste zudem vor der eigenen Bevölkerung möglichst verborgen bleiben.

Biologisch begründeter Antisemitismus

Um das Unverstehbare zu verstehen, sollte man mit dem dominanten Zug, dem biologisch begründeten Antisemitismus beginnen. Viele bürgerliche Deutsche glaubten bei den Maßnahmen gegen die Juden nach 1933 zunächst, es gehe um eine maßvolle Reduzierung des Einflusses von Juden im öffentlichen, kulturellen und wissenschaftlichen Leben. Man war sich im traditionellen bourgeoisen Milieu weithin einig: Es gebe im Verhältnis zu den absoluten Zahlen zu viele jüdische Schriftsteller, Schauspieler, Künstler, Frauenärzte, Rechtsanwälte, Fabrikanten, Beamte – das wollte man »reduzieren«, und zwar möglichst in Bahnen des Rechts.[10] Spätestens mit den Nürnberger Rassengesetzen von 1935 zeigte sich aber, dass dies nur ein für die bürgerlichen Kreise inszeniertes Vorspiel gewesen war, deren Neidinstinkte und Aversionen allmählich befriedigt waren. Nun schob sich die biologistische Argumentation nach vorne, die des »Blutes«. Niemand verstand exakt, was das bedeuten sollte, obwohl es Hitler in »Mein Kampf« klar gesagt hatte. Nun wollte man eine religiöse Minderheit, die seit dem Mittelalter in Deutschland gelebt hatte, nicht mehr nur »reduzieren«, sondern als rassisches Element in irgendeiner Form »beseitigen«. Eine Wahnidee, gewiss, widersinnig zumal in einem geografischen Raum, in dem sich seit über tausend Jahren die Völker vermischt hatten. Aber sobald sich Wahnideen im Zentrum der Macht festsetzen, verwandeln sie sich in furchtbare Realität. Nun begann das Forschen nach der »jüdischen Großmutter«, der staatliche Zwang, Ahnenlisten zu erstellen, nun ging die Angst gerade in bürgerlichen, großbürgerlichen und adligen Familien um, auf der falschen Seite zu sein. Die Radikalen unter den Nationalsozialisten waren Pseudobiologen, um es milde auszudrücken. Sie glaubten an das »Blut« und verachteten alle Versuche rechtlicher Begrenzung, eben weil sie das »Blut« absolut setzten. Wer an das »Blut« glaubte, musste ausrotten. Selbst alte Menschen, von denen biologisch nichts mehr zu fürchten war, kamen nun unter die Räder.[11] Weil nur die Tötung die eigentliche »Erlösung« bringen konnte, wurden auch andere, weniger radikale Wahnideen, wie etwa die Verpflanzung aller Juden nach Madagaskar, sofort verworfen.

Diese biologistische Vorstellungswelt ist im späten 19. Jahrhundert entstanden. Sie ist ein Produkt des in ganz Europa verbreiteten Sozialdarwinismus, der Vererbungslehren und der populären Rassetheorien, die ihrerseits in die Naturwissenschaften des 18. Jahrhunderts zurückreichen.[12] Das Wissen um die Hauptrassen der Menschheit gehörte zum Standardwissen; in jedem Konversationslexikon war es nachzulesen. Man glaubte – wohl in ganz Europa – an die Zusammenhänge von Aussehen, Schädelform und Charakter. Zur Wahnidee, eine Weltverschwörung des semitischen Judentums zur Zerstörung des Ariertums zu erkennen und diese nun in letzter Minute aufdecken zu müssen, war es nur noch ein kleiner Schritt.

Ebenfalls aus dem 19. Jahrhundert stammte die Vorstellung, der biologische »Volkskörper« weise gesunde und kranke Elemente auf. Im Gefolge der »Sozialen Frage« forschte man über Alkoholismus, Kriminalität, Unterernährung und Erbkrankheiten. Bürgerlichen Kreisen, aber auch Sozialisten erschien es plausibel, in diesen dunklen Nischen der vom »Fortschritt« beherrschten Gesellschaft regulierend einzugreifen: Nicht nur durch positive Hilfen, sondern auch durch Erleichterung der Abtreibung, durch Sterilisation und letztlich durch Tötung »lebensunwerten Lebens«. Diese Formel, populär gemacht durch den Mediziner Hoche und den Juristen Binding, fasste nur zusammen, was man längst diskutierte.

Der wahnhafte rassistische Antisemitismus des Ariertums und die selbsternannten Ärzte am Sozialkörper der Nation waren sich darin einig, dass einzig der »Nutzen« für das Volk, die Nation, die Gesamtheit entscheidend sei. Damit wurden alle Sperren der Zivilisation und Kultur, der Moral und des Rechts durchbrochen. Das Recht war als Sperre nicht mehr brauchbar, seit es als »bloßes Gesetzesrecht«, das jederzeit geändert werden konnte, diffamiert war. Die Moral war durch Nietzsche als Instrument der Schwachen verhöhnt worden; der Starke brauche sich nicht an sie zu halten.

Die »Volksgemeinschaft«

Ein zweiter wesentlicher Grund, der nach 1933 zur Jagd auf Minderheiten führte, war die halb unbewusste, halb zynisch-bewusste Mobilisierung der »Volksgemeinschaft«. Hitlers Urerlebnis war die Gemeinschaft der Soldaten an der Front. Viele der Soldaten setzten diese Lebensform in den Freikorps fort – sie waren als »Landsknechte« für eine Rückkehr in die Zivilgesellschaft oft verdorben. Nun, nach dem Ersten Weltkrieg, redeten alle von Gemeinschaft. Das Bürgertum sehnte sich nach einer Überwindung der Klassenkämpfe in einer »Volksgemeinschaft«. Die Sozialisten träumten ebenfalls von einer die Klassen übersteigenden Gemeinschaft. Die bürgerliche und die sozialistische Jugendbewegung hatten nebeneinander und gleichzeitig ihre Lieder gesungen und an den Lagerfeuern gesessen. Staatstheoretiker wie Rudolf Smend hofften auf Überwindung der permanenten Staatskrise durch »Integration«. Aber auch Carl Schmitt, Erich Kaufmann und Hermann Heller suchten, jeder auf seine Weise, nach einer »Einheit« des Gemeinwesens, und es war klar, dass der bürgerliche Liberalismus des 19. Jahrhunderts sie nicht mehr leisten konnte.

Diese in der Weimarer Zeit unablässig wiederholten Reden von Einheit, Volksgemeinschaft und Integration wurden nun nach 1933 von den Nationalsozialisten aufgenommen und radikalisiert. Da Hitler die Parteien verachtete und so schnell wie möglich zerstören wollte, brauchte er eine Zielprojektion, die Einheit der (nun rassisch definierten) Nation. Nach seinen Front- und Kampferfahrungen war es nur möglich, machtvoll aufzutreten, wenn man die Massen hinter sich vereinte. Als Leitbild und Leitmotiv zugleich diente dazu nun die »Volksgemeinschaft« mit ihren Einheitsritualen. Es schmeichelte der Arbeiterschaft mit der Diskreditierung der Intelligenzberufe, es demütigte das Bürgertum und forderte es zugleich auf, sich einzugliedern, es verhöhnte die Eliten der Wissenschaft, des Adels, der Kirche als »lebensfremd«, »verkalkt«, »klerikal«.

Auf dieser Grundlage war es relativ einfach, in einem nächsten Schritt die Volksgemeinschaft als »rassische« Einheit zu definieren. Von da an gab es also nur die homogene Gesamtheit der Arier und eine Reihe von Gruppen, die nicht »integrierbar« waren: die verhassten Juden, die Sozialisten, die unverbesserlichen Liberalen, die gegenüber der Gemeinschaft reservierten Christen und andere religiöse Gruppen, die unheilbar Kranken und die ihnen gleichgestellten Homosexuellen. Sie alle waren durch Exklusion »gemeinschaftsfremd«. Es ist bezeichnend, dass das Justizministerium unter dem radikalen Nationalsozialisten Thierack mitten im Krieg noch ein Gesetz gegen »Gemeinschaftsfremde« plante. Bestraft bzw. eliminiert werden sollte generell, wer sich gegen die Volksgemeinschaft stellte.[13]

Mit anderen Worten, die Kampfgemeinschaft des Ersten Weltkriegs und des politischen Akteurs Hitler wurde nun zur rassisch definierten Volksgemeinschaft. Sie war nur herstellbar durch Jagd auf Minderheiten; denn erst diese Jagd erzeugte das Gefühl, in der Gemeinschaft auf der richtigen Seite zu sein.[14] Dieser psychologische Aspekt erklärt auch, dass die radikalsten Täter des Holocaust typischerweise kleinbürgerlicher oder bäuerlicher Herkunft waren. Sie konnten am stärksten die Gefühle permanenter sozialer Benachteiligung durch das nun mögliche Auftreten als »Herrenmenschen« kompensieren. Bekanntlich kann sich ein Mensch mit Minderwertigkeitskomplexen dramatisch wandeln, wenn man ihn mit einer Uniform, mit Reitstiefeln, Peitsche und vor allem mit der Macht zu töten ausstattet.

Der Verlauf von Revolutionen

Ein dritter Grund für die Entwicklung von 1933 bis zum Holocaust liegt meines Erachtens darin, dass es einen fast gesetzmäßigen Verlauf von Revolutionen zu geben scheint. Es ist oft beobachtet worden, dass revolutionäre Brüche mit der bisherigen sozialen Ordnung und Rechtsordnung eine ihnen eigene Dynamik entfalten. Exemplarisch sieht man dies bei der wohl berühmtesten Revolution, der französischen von 1789. Sie beginnt als systemimmanente Revolte, Reformen werden angeboten, die Forderungen erhöhen sich, die Radikalen setzen sich durch, die Temperatur steigt, und zwar so sehr, dass schon der kleinste Verdacht oder die haltloseste Verleumdung tödliche Folgen hat. Dann frisst die Revolution ihre Kinder, die Welle überschlägt sich und geht in eine neue Ordnung über. Sie heißt dann »Reaktion« oder »Restauration«.

Nun war die Machtübergabe an die Nationalsozialisten kein Staatsstreich oder Putsch, sondern eine zunächst noch legale Regierungsbildung. In wenigen Wochen wuchs sie sich aber zu einer Revolution aus – vorausgesetzt man reserviert diesen Begriff nicht nur für die »moralisch guten«, vom Volkswillen getragenen Umwälzungen.[15] Diese NS-Revolution begann legalistisch, sie nutzte das vertraute Instrument der Gesetzgebung und der Verordnungen. Ein Gesetz folgte dem anderen. Die Juristen kommentierten diese Gesetze, die Gerichte wandten sie an. Man blieb formal im Rahmen des Gewohnten. Das Regime baute eine Fassade des Rechts auf, um sich die Loyalität des bürgerlichen Beamten- und Justizapparats zu sichern. Der Justizminister Gürtner war kein Nationalsozialist, er konnte vielmehr als Garant der deutschnationalen Tradition gelten.[16] Die Einrichtung der ersten »wilden« Konzentrationslager wurde eingedämmt, die Revolution wurde als beendet erklärt, die auf ihrem Anteil an der Beute beharrenden SA-Führer im Juni 1934 erschossen. Das war zwar ohne Zweifel rechtswidrig, beruhigte aber dennoch die bürgerlichen Kreise. Auf deren Zustimmung war Hitler noch angewiesen. Sobald dies aber nicht mehr der Fall war, etwa seit 1935 und 1936, setzte eine neue Radikalisierung ein: eine aggressive Außenpolitik, eine forcierte Aufrüstung, Wachstum des inoffiziellen SS-Imperiums und der Gestapo. Der Machtkampf zwischen Staat und NSDAP entbrannte auf allen Ebenen. Auch die nützlichen Idioten des Systems, einschließlich des »Kronjuristen« Carl Schmitt 1936, wurden nun abgestoßen.[17]

In diesem Rhythmus entwickelten sich auch die Entrechtung und Ausgrenzung der Juden und anderer Minderheiten sowie die Verfolgung der Gegner. Einer wilden ersten Phase folgte eine Phase der Beruhigung und der Legitimierung, vor allem durch die Nürnberger Rassengesetze von 1935, die man in bürgerlichen Kreisen auch deshalb akzeptierte, weil nun Klarheit, Abgrenzung und Rechtssicherheit erreicht schienen. Deren Umsetzung ging aber gerade den radikalen Kräften viel zu langsam, und sie erschien ihnen auch zu milde, zu »juristisch«. Man wartete auf eine Gelegenheit. Sie kam im November 1938 und führte zu dem großen Pogrom, dessen Folgen als Signal für den moralisch-rechtlich-politischen Dammbruch noch viel einschneidender waren als die materiellen. Jetzt nutzte man jede Gelegenheit zur Erpressung, verlangte »Kontributionen«, ließ sich die Transporte jüdischer Kinder ins Ausland bezahlen, raubte jüdisches Vermögen in großem Stil. Aber die innere Dynamik trieb weiter. Die noch größere Gelegenheit bot sich im Krieg. Nun konnte man im Vorfeld und im Hinterland der Kampfhandlungen beginnen »wirklich« zu töten, erst ohne rechten Plan,[18] dann immer konsequenter und mit einer Effizienz, für die Deutschland berühmt und berüchtigt ist.

Mit anderen Worten: Es gab zwar keinen von Anfang an verfolgten Generalplan der Judenvernichtung, weder bei Hitler noch bei einem der Mächtigen in seiner Umgebung. Aber es gab Dispositionen zu Gewalt, zur Verachtung von bürgerlichen »Hemmungen« und von rechtlichen und moralischen Schranken. Diese Dispositionen lagen bereit, wurden aus politischen Gründen immer wieder aufgeladen, nicht zuletzt von Hitler selbst und seinem Einpeitscher Goebbels.[19] Die Bereitschaft zum Rechtsbruch, zu Erpressung und Gewalt, letztlich zum Mord, fand sich oben und unten, bei Führungspersonal und Mannschaften gleichermaßen. Die Führung versicherte sich ständig, sie sei »ohne Skrupel«, sie werde »gnadenlos« durchgreifen und sich nicht von juristischen Zwirnsfäden die Hände binden lassen. Weder moralische noch rechtliche Einwände sollten greifen. Die ehemaligen Soldaten, die Mitglieder der Freikorps und die Schläger der SA hatten nur Gewalt erlebt, und sie gedachten, sie fortzusetzen. In diesem Klima der Selbstberauschung durch Sprache in einem Vokabular der Gewaltsamkeit steigerte sich das Geschehen stufenweise. Was zunächst aus Rücksicht auf das bürgerliche Ambiente noch formal »rechtsförmig« ablief, wurde bald offene Gewalt, die dann, als alle Welt auf das Kriegsgeschehen starrte, auch kaum noch kaschiert werden musste. Der Holocaust ist deshalb ein sehr komplexer, stetig eskalierender Prozess, in dem sich schrittweise die Radikalen durchsetzten, während Gegner oder »Gemäßigte« schrittweise verstummten. Zu diesem Verstummen trug wesentlich bei, dass der eigentliche Durchbruch zu Massentötungen (Euthanasie, Einsatzgruppen, Arbeits- und Vernichtungslager) im Schatten des Krieges erfolgte, teils im Verborgenen,[20] teils in weiter Entfernung von der »Heimat«.

Die technische Moderne

Dass die Eskalation sich von den Worten zu einzelnen Taten und von da zu einer systematischen Ausrottung »aufschaukeln« konnte, hat einerseits mit der technischen Moderne an sich, aber auch mit deutschen Eigentümlichkeiten zu tun. Mit »technischer Moderne« ist die Entwicklung der Technik seit der Mitte des 19.

Jahrhunderts gemeint. Sie brachte zum einen nicht nur immer komplexere Maschinen, sondern mechanisierte auch den Krieg, etwa durch die Erfindungen des Maschinengewehrs, der fahrenden Tanks, der Unterseeboote, der immer größeren Bomben.[21] Zum anderen war sie durch jene Entwicklung zur Arbeitsteilung gekennzeichnet, die es dem Individuum immer schwerer machte, die konkreten Folgen seines Handelns zu erkennen. Die Produktion am Fließband (Fordismus, Taylorismus) erlaubte auch das industrielle Töten am Fließband. In den gigantischen Schlachthäusern von Chicago wurden erstmals in der Geschichte täglich Zehntausende von Tieren getötet und am Fließband verarbeitet.[22] Jeder Arbeiter war nur für einen einzelnen Handgriff verantwortlich. Die »Schuld« der Massentötung löste sich in individuelle Verrichtungen auf. Das war ein unheilvoller Vorbote für die Massentötung von Menschen. Ich bin überzeugt, dass hier keine kausalen, aber strukturelle Zusammenhänge bestehen. Auch die SS experimentierte, welche Technik des Tötens die effizienteste sei, das Maschinengewehr, das Kohlenmonoxyd von Autos, das Giftgas oder die Vernichtung durch Arbeit.[23]

Der Holocaust war nicht nur rassistischer Massenmord im Krieg oder bei Gelegenheit eines Krieges, sondern auch Produkt einer riesigen Administration und ausgefeilten Logistik. Die oberen Täter dirigierten die unteren Täter, aber sie dirigierten auch das Personal der Eisenbahnen und der Post, der Versorgung mit Material und Verpflegung. Ihre Leitfigur war der NS-Funktionär und Schreibtischtäter Adolf Eichmann. Hannah Arendt traf den Kern, wenn sie in ihm die Inkarnation der »Banalität des Bösen« sah.[24] In diesen Apparaturen verliert sich die persönliche Verantwortlichkeit. Sie wird so weit zerkleinert, dass der Handelnde jeweils nur einen Sektor des Geschehens wahrnimmt und auf diese Weise nicht mehr zu reflektieren braucht, was insgesamt geschieht.

Insofern waren es »ganz normale Männer«, die da mordeten – mit allen Ambivalenzen, die dieser furchtbaren Formulierung innewohnen.[25] In Eichmann, Heydrich, Kaltenbrunner und

Himmler, um nur diese zu nennen, erkennt man aber auch einen spezifisch »deutschen« Typus.[26] Es ist gewiss an der Grenze dessen, was man wissenschaftlich aussagen und belegen kann, es ist auch gefährlich nahe an den alten, seit Jahrhunderten überlieferten Klischees, aber ich wage doch die Behauptung, dass der Typus des gehorsamen und überaus effizienten Funktionärs in den zentralistischen großen Staaten Preußen und Österreich mit besonderer Konsequenz ausgebildet wurde. Gesetz ist Gesetz, Befehl ist Befehl, aber auch: Die Erreichung des Ziels – gleich mit welchen Mitteln – ist entscheidend. Dieser Typus entspricht nicht dem selbstverantwortlichen freien Bürger, der sich seine eigenen politischen, moralischen und rechtlichen Gedanken macht und das Risiko seines Handelns selbst trägt. Preußen und Österreich haben, trotz aller Unterschiede, nicht auf das liberale Bürgertum, sondern auf die Kaste der Beamten und der Militärs gesetzt und dort bestimmte Verhaltensformen ausgebildet. Anders ausgedrückt: Das Bürgertum regierte nicht, es wurde regiert. Es hielt sich von der Politik fern; gerade seine besten Vertreter waren stolz darauf, Abstand zur »schmutzigen« Politik zu halten.

Dass der Nationalsozialismus den alltäglichen Durchschnitt dieses Typus des Staatsdieners ohne große Schwierigkeiten für seine Verbrechen instrumentalisieren konnte, ist die eine Seite. Dass gleichzeitig gerade aus dem höheren Beamtentum und dem Offizierskorps der bedeutende und ehrenhafte Widerstand des 20. Juli 1944 erst nach langen inneren Kämpfen aufbrach, ist die andere. Beides widerspricht sich nicht, sondern zeigt nur die traditionelle Schwäche der deutschen Zivilgesellschaft.

Das Regime und das Recht

Das hier skizzierte Bild wäre nicht vollständig ohne einen Blick auf das Verhältnis des NS-Regimes zum Recht. Bei den wichtigsten Akteuren des Regimes war das »Recht« nicht mehr als eine negative Chiffre: Hemmnisse, Bedenken, juristische Sophistik, Schwierigkeiten. Das Recht war Herrschaftsinstrument, dessen man sich so lange bediente, wie man nolens volens noch ein Bürokratentum und Gerichte brauchte. Auch in den besetzten westlichen Ländern bemühte man sich, den positiven Schein von rechtsförmigen Verfahren möglichst zu nutzen, wie etwa neuere Untersuchungen zum Vichy-Regime zeigen.[27] Im Osten war dies anders. Hier glaubte man an das Recht des Stärkeren und praktizierte es ohne Hemmungen, vor allem im Umgang mit Juden oder slawischen »Untermenschen«.

Was die Tausenden von Richtern und Staatsanwälten angeht,[28] so kann man über deren Vorstellungen von »Recht« keine generellen Aussagen treffen. Es gibt auf allen Rechtsgebieten vom Geist des Nationalsozialismus erfüllte Urteile, es gibt ebenso zahllose Urteile, in denen die Maschinerie der Gerichte »normal« funktionierte, wie zuvor auch, und es gibt Urteile, in denen hier und da ein Widerspruchsgeist gegen das Regime aufblitzt.[29] Die Analyse solcher Urteile und der Funktionsweise der Justiz insgesamt (einschließlich des Volksgerichtshofs, der Sondergerichte und der Wehrmachtsgerichtsbarkeit) ist Gegenstand intensiver Forschungen. Das Gesamtbild ist heute sehr viel differenzierter geworden. Aber zum Thema Holocaust gehören diese Forschungen nicht; denn was in den KZ geschah, was die Folterer der Gestapo verübten, was die SS in Majdanek oder Auschwitz tat, war unerreichbar für die Justiz, teils weil die Handlungen der Gestapo per Gesetz von der Kontrolle der Gerichte freigestellt waren, teils weil im Herrschaftsbereich der SS ohnehin »Anomie« herrschte, also nicht nur ein Vakuum des Rechts, sondern eine Attitüde der Überheblichkeit, sich um irgendwelche »Vorschriften« nicht kümmern zu müssen.

Der »Herrenmensch«

Diese Hybris des vermeintlichen »Herrenmenschen« hat viele Wurzeln, sei es in der beschädigten individuellen Biografie, sei es in bestimmten Milieus (etwa des Auslandsdeutschtums), sei es in der Lektüre sektiererischer Literatur oder von Autoren wie Paul de Lagarde (1827–1891), Houston Steward Chamberlain, Julius Langbehn (1851–1907), des sogenannten »Rembrandtdeutschen«, oder eben von Nietzsches »Zarathustra«, der in den dafür disponierten Köpfen wahre Verheerungen anrichten konnte.[30] Um 1900 wimmelte es in Europa von Philosophen und Pseudophilosophen, Religionsstiftern und Scharlatanen, halbgebildeten Politikern und Militärs, die sich nur darin einig waren, dass sie den bürgerlichen Rechtsstaat und die parlamentarische Demokratie verachteten. Solange sich diese Haltung in den literarischen Cafés und Salons, in geheimnisvollen »Orden« und Landkommunen auslebte, war sie Ausdruck des Krisengefühls im Fin de Siècle des späten 19. und frühen 20. Jahrhunderts. Es waren Zerfallsprodukte der bürgerlichen Welt. Sie wären – unter glücklicheren politischen Umständen – ohne weitere Wirkung geblieben. Aber der Weltkrieg und die politische Torheit von »Versailles« spülten diese Elemente in die Zentralen der Macht, und von da an konnten individuelle Wahnideen zur Staatsideologie aufsteigen. Am Ende schloss man von der Größe des Verbrechens auf die Größe der weltpolitischen Aufgabe, die gerade den Deutschen gestellt sei. Himmler, diese triste Inkarnation aller dieser Züge, predigte seinen SS-Leuten den Heroismus der Brandstifter und Mörder, weil ihm dieser ein Indiz für ihre weltgeschichtliche Sendung zu sein schien. Und Hitler selbst sah am Ende ein brennendes Walhall vor sich, in das er sein Volk, das sich seiner nicht würdig erwiesen hatte, hineinzustürzen gedachte.

Das Primärgefühl der Fassungslosigkeit

Die bisherige Skizze ist mit dem Gegenstand »Holocaust« vielleicht etwas zu verkürzt umgegangen, nicht in moralischer, sondern in wissenschaftlicher Hinsicht. Ich habe versucht, Ergebnisse der Forschung zu integrieren, wie eingangs angedeutet. Dabei ist insgesamt ein Eindruck entstanden, es habe sich wesentlich um ein »deutsches« Phänomen gehandelt. Historisch trifft dies zu. Das Hitler-Regime, das völkerrechtlich wirksam für das Deutsche Reich auftrat, und zwar vom 30. Januar 1933 bis zum 8. Mai 1945, hat gehandelt. Es hat den Krieg begonnen und den Holocaust vollzogen. Rückblickend sieht man auch, welche kollektiv-psychischen, ökonomischen und politischen Faktoren zusammenkommen mussten, um das hervorzubringen, was nun »Holocaust« genannt wird. So intensiv die Forschung diese Faktoren auch herausgearbeitet hat, es bleibt für die Nachgeborenen doch jenes »Primärgefühl der Fassungslosigkeit«. Darin steckt nicht nur das Gefühl der Hilflosigkeit vor dem moralisch schlechthin nicht Nachvollziehbaren, sondern auch die intuitive Einsicht, dass das Phänomen in weiten Bereichen für die beteiligten Wissenschaften unzugänglich bleiben wird. Die Interaktion der verschiedenartigen persönlichen, kulturellen und rechtskulturellen Faktoren während einer Diktatur und unter den besonders extremen Verhältnissen eines Krieges ist zu komplex, um jemals vollständig entschlüsselt werden zu können. Dies festzustellen, bedeutet nicht Resignation der Wissenschaft, sondern auch Respekt vor den Abgründen, die sich bei den Akteuren, aber auch in uns selbst auftun.

Sich dem Blick in den Abgrund stellen

Aktion Sühnezeichen Friedensdienste: Ein Porträt

von Elisabeth Raiser

Vorsitzende von Aktion Sühnezeichen Friedensdienste

und Christian Staffa

von 1999 bis 2012 Geschäftsführer von Aktion Sühnezeichen Friedensdienste

So wie die Möglichkeit der Errichtung der Internationalen Jugendbegegnungsstätte in Auschwitz (IJBS) 1986 mit einem 15-jährigen Vorlauf an Diskussion, Auseinandersetzung und gründlicher Planung ein Wunder war – geschah dies doch inmitten des real existierenden Sozialismus und der real existierenden Verdrängungswünsche der deutschen Gesellschaften in Ost und West –, so sehr gilt diese Bezeichnung »Wunder« für Aktion Sühnezeichen als Ganzes. Gegründet in einer Phase extremer Leugnung von Täterschaft und Verantwortung in beiden deutschen Staaten (es waren ja – vereinfacht gesagt – jeweils die anderen), waren viele Reaktionen eindeutig und aggressiv: Einsprüche wie »Landesverrat« oder »Mahnung der zerbombten deutschen Städte« spiegelten die Selbstgewissheit des eigenen Opferstatus und den Unwillen, auf die Opfer nationalsozialistischer Gewaltherrschaft in den Nachbarländern zuzugehen, eindrücklich wider.

Wie aber porträtiert man Wunder wie solche bewegungsreichen Geschehen wie Aktion Sühnezeichen, die – zunächst gesamtdeutsch gegründet – verschiedene Arbeitsformen und Traditionen ausbildeten? Wie zeichnen wir in dieses Porträt die Jugendbegegnungsstätte ein, die sehr viel länger dem gesamtdeutschen Sühnezeichen zugehört als dem allein westdeutschen?

Denn sie ist auch Kristallisationspunkt der Unterschiede und Differenzen in den beiden deutschen Ansätzen, einen angemessenen Weg zur Versöhnung in einem sozialistischen Land zu finden.

Es werden nun also Versatzstücke sein, hoffentlich solche, die zum Anlass des 25-jährigen Jubiläums der von Aktion Sühnezeichen Friedensdienste (ASF) gegründeten IJBS etwas sichtbar machen von dem Wunder wie auch von der Komplexität der Aufgabe von ASF und der konkreten Praxis.[1]

»... aber man kann es einfach tun!«

Am 30. April 1958 bat Lothar Kreyssig, ein Jurist, der in der Bekennenden Kirche aktiv war, insbesondere die Sowjetunion, Polen und Israel um die Erlaubnis »etwas Gutes zu tun«. Zu Nazizeiten hatte er sich dem Mord an Menschen mit Behinderungen widersetzt und nach seiner Entlassung als Amtsrichter in Brandenburg an der Rettung von Juden mitgewirkt. Nach 1945 war er einer der wenigen, die das ganze Ausmaß der Verbrechen und des Versagens der deutschen Gesellschaft bekannte.

»Dass unbewältigte Gegenwart an unbewältigter Vergangenheit krankt, dass am Ende Friede nicht ohne Versöhnung werden kann, das ist weder rechtlich noch programmatisch darzustellen. Aber man kann es einfach tun. Quäker, Mennoniten und andere machen es uns schon lange vor.« So leitete Kreyssig die Verlesung der Gründungserklärung vor der Synode der Evangelischen Kirche in Deutschland am 30. April 1958 ein. Der Akzent liegt auf dem »tun«. Zum einen, weil eben in der Nazizeit zu wenig vom Richtigen getan wurde, zum anderen, weil tatsächlich der komplizierte, aber lebendige Zusammenhang der eigenen Gegenwart mit der Geschichte allein im Tun, in der Begegnung, im Zugehen auf den Anderen erfahrbar wird.

Bei diesem Zugehen auf den Anderen handelt es sich nicht einfach um die Beziehung zweier Gleichberechtigter, sondern auch um die Beziehung von vergangener oder gegenwärtiger

Herrschaftsgeschichte. Hier treffen sich Menschen, die auf unterschiedlichen Seiten Gewalt erfahren, ausgeübt, mitgetragen oder auch sich dagegen gewehrt haben. Es ist also so einfach nicht. Wir haben es bei den Begegnungen mit komplizierten Mechanismen menschlicher Gewalt und deren Aufarbeitung zu tun. Aber Kreyssig verweist mit dem »einfach« darauf, dass hier kein Perfektionsanspruch weiterhilft, keine Vorab-Sicherheit zu haben ist und auch keine Hybris aus der Tatsache entstehen darf, dass wir es zu tun versuchen – anders als so viele andere. Wir tun es einfach, ohne Schnörkel oder Selbstverliebtheiten – zumindest versuchen wir das. Kreyssig verweist darauf, dass »einfach« begonnen werden muss, ein Weg sich finden wird, wenn wir nur den Mut haben, den Anfang zu machen. Es wird Fehler geben, aber nur so kann auch etwas entstehen, was uns dem Frieden und der Völkerverständigung näher bringt. Und es ist entstanden.

Auch wenn wir heute als Aktion Sühnezeichen Friedensdienste nicht davon ausgehen, dass in Sachen Bearbeitung der Folgen der Geschichte alles getan sei, wäre es nicht richtig zu behaupten, dass sich nichts verändert hat in den Beziehungen von ASF und seinen Projektpartnern. Die Bitte um Vergebung, die Lothar Kreyssig im Gründungsaufruf an Menschen in den Gastländern richtete, wurde aufgenommen. Diese Bitte hat Kommunikation und Partnerschaft ermöglicht und ermöglicht sie noch. Dies ist gelungen, weil das »Sühnezeichen« auf den unermesslichen »angerichteten Schaden« und die bleibende Verantwortung dafür »handgreiflich« verweist und ihn auch in den Folgewirkungen nicht leugnet. Das ist kein abgeschlossener Vorgang, sondern »das Vertrauen ist immer wieder neu zu erringen«, wie Grit Keller, eine ehemalige Israel-Freiwillige, schreibt.

Der Blick auf den »angerichteten Schaden« ist allen zugänglich und ermöglicht gemeinsames Tun, wie wir es verstärkt durch das Deutschlandprogramm mit internationalen Freiwilligen und das deutsch-polnische Freiwilligenprogramm in Großbritannien wie auch seit September 2009 mit einem deutsch-ukrainischen Freiwilligenprogramm in Polen zeigen. Ein Tun, das sich für die

Folgen der NS-Zeit öffnet, wie auch für andere Gewalterfahrungen in den Partnerländern sensibilisiert.

Sühnezeichen ist Friedensdienst. Denn die praktisch gewonnene Erkenntnis, dass die Vergangenheit nicht hinter uns, sondern vor uns liegt, macht gesprächs-, macht friedensfähig. Erica Brooks aus den USA, ASF-Freiwillige in Deutschland 2003/2004, beschreibt dies so: »Vergangene Fehler (Vergangene Verletzungen) können nicht richtig (geheilt) werden, aber sie können wahr- und angenommen werden. Zerstörung kann nicht immer ungeschehen gemacht, aber Beziehungen können wieder aufgebaut werden. Ich glaube, dieses Konzept gilt nicht nur für Nationen, sondern auch für Individuen, und es ist die einzige mögliche Grundlegung für Frieden.«

Heute entsendet ASF jährlich aus mehr als 300 Bewerbern und Bewerberinnen 190 Freiwillige für 12 Monate in 13 Länder, veranstaltet Sommerlager mit ca. 350 internationalen Teilnehmern und bietet einen sechs Monate währenden Freiwilligendienst in Israel sowie Auszubildenden-Kurzzeitpraktika in den ASF-Projektländern an. Zudem baute ASF einen Projektbereich Interkulturalität auf, der zur Aufgabe hat, Menschen mit anderen kulturellen und nationalen Hintergründen, die in Deutschland leben, in die gemeinsamen und damit sich verändernden Lernerfahrungen einzubeziehen.

Historische Mosaiksteine zur Arbeit von ASF in Polen und zur IJBS[2]

»Sie sind doch, lieber Herr Präses, der erste Deutsche gewesen, der dem Gedanken der Versöhnung die nützliche Gestalt gegeben hat. Sie haben die Organisation ‚Sühnezeichen' zum Leben berufen und die Vertreter dieser Bewegung waren die ersten Deutschen, die zu uns als die Boten der guten Nachricht der Versöhnung gekommen sind. Die Haltung dieser Leute, ihren Mut und ihr ehrliches Bekenntnis der alten Schulden und ihr Einsatz in unserem Lande haben für die polnische Bevölkerung überzeugend gewirkt und machten tiefen Eindruck. Es verlangte aber viel Mut, den ersten Schritt zu wagen und wir wissen es gut, dass Sie am Anfang nicht viel Unterstützung gefunden haben. Ebenso sah die Lage bei uns aus – man musste gegen den Strom schwimmen. Desto höher sind die Arbeiten der frühen Stunde zu schätzen.«[3]

Diese Worte des Journalisten und Politikers Stanisław Stomma stehen für die Wertschätzung polnischer Intellektueller, die in Teilen auch Protagonisten demokratischer Entwicklung in Polen waren, wie Władysław Bartoszewski, oder Tadeusz Mazowiecki. Sie gehen zurück auf die frühzeitigen Bemühungen von Aktion Sühnezeichen Ost wie West, etwas für die deutsch-polnische Verständigung zu tun. Die Pilgerfahrt von 1965 von Sühnezeichen DDR ist ein Markstein dieser frühen und fruchtbaren Bemühungen. 1964 begannen die offiziellen Sühnezeichen-Reisen aus dem Westen, um die man sich schon seit 1958 bemüht hatte. Evangelische Industriejugend, IG Metall und andere Organisationen waren hier Partner von ASF.

»Im Augenblick der Reflexion passieren jene Begebenheiten mein Gedächtnis, aus deren Konsequenz ich mich als Freiwilliger meldete: Die Art meines Geschichtslehrers, wie er euphemistisch den Zweiten Weltkrieg verniedlichte und das Martyrium der Juden zur Lachparade verzerrte (…) Die entlarvende Borniertheit vieler Politiker, bei bestimmten Anlässen deutschnationale Ohrfeigen an die Länder Osteuropas auszuteilen und meine daraus entwachsende Opposition gegen diese Gesellschaft, die ihre guten Vorsätze aus den ersten Nachkriegsjahren nur zu gerne vergaß. Herr Szymański, von schlichter Erscheinung, mit schlohweißem Haar und umschatteten Augen, stellt sich uns vor als ›Häftling P 20034‹. Er kam mit 22 Jahren wegen politischen Widerstands in dieses Lager. Sachlich und ruhig spricht er zu uns in unserer Sprache, öfters fährt er sich mit fahrigen Bewegungen über die Augen, als ob ihm die Erinnerung an jene schreckliche Zeit Schmerzen bereitet. Seine Güte und sein Verstehen für unsere Sprache macht ihn uns allen gleich sympathisch.«[4]

Für viele Sühnezeichen-Freiwillige wurde Tadeusz Szymański zum wunderbaren und freundlichen Begleiter auf dem Weg, sich dem Blick in den Abgrund zu stellen. Damit wurde er auch ein wichtiger Partner des Projekts Internationale Jugendbegegnungsstätte, wie Zofia Boharecka und so viele weitere Überlebende, deren Namen an anderer Stelle einmal vollständig gesammelt werden sollten.

Realisiert wurde die IJBS in einem deutsch-polnischen Gespann von Architekten, das selbst schon ein Stück intensiver Verständigung am Rand des Grabens darstellt: Helmut Morlok, ein Architekt aus Isny, der ASF auch später bei der Jugendbegegnungsstätte in Israel beraten hat, und Alfred Przybylski, über den Morlok schreibt: »Mit dem 1. Transport ins KZ-Auschwitz eingeliefert, erhielt er dort die Nummer 471; Überlebender von Auschwitz, Groß-Rosen und Buchenwald; nach dem Krieg Student der Architektur und dann Architekt in Warschau. Bei seiner Vorstellung betonte er, dass er in Abstimmung mit der polnischen Architektenkammer anwesend sei. Dank seiner Autorität wurde er zum Sprecher der polnischen Delegation. Als Architekt und als Überlebender stellte er sich hinter den mit meinem Bürokollegen, Edwin Heinz, ausgearbeiteten Entwurf.«[5]

Die Realisierung dieses Entwurfes verwirklichte in einer wunderbaren, offen gestalteten Weise eine Begegnungs- und Tagungsmöglichkeit für nunmehr 150 Menschen. Der Fortschritt gegenüber einer Unterbringung in den Baracken der SS-Wachmannschaften ist fast nicht in Worte zu fassen. Einfach ein Wunder!

Perspektiven

Die internationale Bedeutung von Auschwitz nicht nur als Metapher für die Gräueltaten NS-Deutschlands, des Zivilisationsbruchs, des Geschehens, bei dem schon das Aushalten des Blicks darauf Hoffnungsschimmer generiert, wurde nach der Wende 1989 immer deutlicher. »Auschwitz« ist das Wort, das internatio-

Alfred Przybylski

nal die Menschheitserfahrung mit Völkermord, Antisemitismus, Antiziganismus und Rassismus symbolisiert, aber sie natürlich noch nicht produktiv macht. Ja, manchmal mag es mehr verstellen als öffnen. Weil wir angeblich das alles ja schon kennen – und doch kennen wir weiterhin so wenig von den Abgründen oder lassen wenig davon an uns heran, weil es das Bild vom Menschsein so bis zum Zerreißen ambivalent ohne Ausweichmöglichkeit vor seiner Gewaltförmigkeit aufscheinen lässt.

Am Ende dieses kleinen Artikels soll gleichsam zusammenfassend für Geschichte, Gegenwart und Zukunft der Jugendbegegnungstätte ein Dokument ausführlich zitiert werden, in dem der Stiftungsrat der IJBS und Aktion Sühnezeichen Friedensdienste Entwicklung und Perspektive der gemeinsamen Arbeit an der Internationalen Jugendbegegnungstätte Auschwitz formulieren:

»Die Internationale Jugendbegegnungsstätte Auschwitz wurde von ASF initiiert und gemeinsam mit polnischen Partnern aufgebaut. Inhaltlich zielte ASF auf die Wahrnehmung der Verbrechen des Nationalsozialismus gegenüber Polen und deren Folgen jenseits der Logik des Kalten Kriegs und auf das Gewinnen neuen Vertrauens durch Zusammenarbeit. Ersteres wurde durch eine sorgsame historisch-politische Bildungsarbeit insbesondere für deutsche Gruppen realisiert, wobei die Wahrnehmung und die Begegnung mit Überlebenden von Auschwitz eine zentrale Bedeutung hatte. Letzteres fand seinen Ausdruck in dem Bau der Internationalen Jugendbegegnungsstätte im Jahr 1986 und in der Übergabe des Gebäudes an die Stadt Oświęcim sowie in der 2001 verabschiedeten deutsch-polnischen Stiftungssatzung, welche die Selbständigkeit und die deutsch-polnische Partnerschaft zur Führung der Stiftung rechtlich sicherte.

Die Stiftung für die Internationale Jugendbegegnungsstätte Auschwitz sieht sich dem Wunsch nach Versöhnung durch Begegnung und Zusammenarbeit verpflichtet, welcher sowohl von den Initiatoren der Jugendbegegnungsstätte wie den Überlebenden ausgesprochen wurde. In den Gremien der Stiftung sind die Stifter Stadt Oświęcim und Aktion Sühnezeichen Friedensdienste sowie weitere für die Zusammenarbeit wichtige Vertreter der Zivilgesellschaft von polnischer und deutscher Seite in gleicher Anzahl vertreten. Die Internationale Jugendbegegnungsstätte Auschwitz arbeitet eng mit der Gedenkstätte Auschwitz und einer Vielzahl von Kooperationspartnern vor allem in Polen, Deutschland, Israel und vielen weiteren Ländern zusammen. Das Netz der Kooperationspartner reicht von Jugendbildungsstätten, Jugendverbänden, den Verbänden der Überlebenden bis hin zu Partnern in Stiftungen und Wirtschaftsunternehmen. Für die Stiftung ist die Zusammenarbeit mit Aktion Sühnezeichen Friedensdienste von herausragender Bedeutung, um gemeinsam mit den Länderbeauftragten (von ASF) die Kooperation im internationalen Bereich zu verstärken. Darüber hinaus ist es für die Stiftung von elementarer Bedeutung, in der Stadt Oświęcim und im regionalen Umfeld als Ort der Begegnung und Verständigung präsent zu sein.

Aktion Sühnezeichen Friedensdienste arbeitet in Polen, um mit verschiedenen Partnern – Gedenkstätten, erinnerungspolitischen Initiativen, sozialen Einrichtungen – neue Wege der Kommunikation zu entwickeln. ASF sucht diese Wege im Bewusstsein der deutschen Schuld und Verantwortung, im Austausch der deutschen und polnischen Perspektiven zu den Gewalterfahrungen des 20. Jahrhunderts und mit dem Wunsch, sich aktuellen sozialen und politischen Herausforderungen zu stellen und zukunftsweisende Beziehungen in Europa aufzubauen.

Die Jahre nach der politischen Wende 1989 machten deutlich, dass die IJBS zunächst nur von dem bundesrepublikanischen Teil der nun vereinigten Aktion Sühnezeichen Friedensdienste als ein Kristallisationspunkt der ASF-Arbeit in Polen verstanden werden konnte. Bis heute besteht noch die Aufgabe, die unterschiedlichen Ausprägungen der ASF-Arbeit in der DDR und der BRD in Polen miteinander in Kommunikation und in einen gemeinsamen Arbeitszusammenhang zu bringen.

Nicht erst seit dem Beitritt Polens zur EU im Jahr 2004 ist deutlich, dass die IJBS neben der deutsch-polnischen Verständigung einen internationalen Stellenwert hat bzw. sich diesen Stellenwert in bildungspolitischen Kontexten weiter erarbeiten muss. Zum einen weil in Auschwitz Menschen aus vielen Ländern ermordet wurden, zum anderen weil Auschwitz auch in verschiedenen nationalen, religiösen oder kulturellen Kontexten zu einem Symbol für die jeweilige historische Gewalterfahrung geworden ist, sicher am deutlichsten für Juden, Roma und Sinti wie auch für Polen.

Für die westeuropäischen Länder und die USA wie auch die UNO ist Auschwitz zum Symbol menschenverachtenden und zivilisationsfeindlichen Handelns geworden. Es steht für historische Gewalterfahrungen vor allem in Europa, ohne die das heutige, wie auch das zukünftige Europa, nicht zu denken ist.

Somit soll in Zukunft die Zusammenarbeit von IJBS und ASF von einem Zusammenspiel deutsch-polnischer und internationaler Kooperation nicht nur im Bereich der Jugendarbeit gekennzeichnet sein. Zudem bietet sich die Chance, durch diese Zusammenarbeit die je gegenwärtigen Bearbeitungen dieser Erfahrung in Polen und Deutschland zu verfolgen und als Kompetenzerweiterung für die erinnerungspolitische Bildungsarbeit von ASF und der IJBS und anderen Bildungsfachleuten zu nutzen sowie sich in europäischen wie auch außereuropäischen Konstellationen in der Begegnung die unterschiedlichen erinnerungspolitischen Diskurse verständlich zu machen.«[6]

Sicher ist das kein leichter, kein einfacher Weg gewesen und wird es sicher auch nicht werden. Heute ist Auschwitz eine in so vielen Kontexten ge- und leider auch missbrauchte Metapher, dass es sicher Menschen gibt, die auf die Idee kommen könnten, diesen Ort nicht mehr zu betreten, weil er doch wieder nur instrumentalisiert werden wird für unterschiedliche geschichtspolitische Interessen. Aber gerade diese Interessen formen Gegenwart und formen Kommunikation zwischen den Gesellschaften und Kulturen. Deshalb wollen und müssen wir uns auf die Begegnung auch differierender Geschichtsbilder und Gegenwartsherleitungen einlassen, ja wollen wir die Spannung, das Spannende darin entdecken, um Zukunft zu gewinnen. Das kann man einfach tun und wir müssen es tun um unserer Zukunft willen.

Du sollst dich erinnern an den ganzen Weg[1]

Eine Spurensuche in der Familie

von Dieter Bingen *Direktor des Deutschen Polen-Instituts Darmstadt*

Eine Flucht

Amsterdam, März 1940: Die Großeltern meines Vaters, Aron und seine im niederländischen Zutphen geborene Frau Roosje, suchten in der Haarlemmermeerstraat 102 Zuflucht, im Wohnungsregister gemeldet seit dem 26. März. Die Zuflucht wurde zur Falle, denn nur sechs Wochen später überfiel die deutsche Wehrmacht die Niederlande. Am 16. Mai rückten die deutschen Truppen in Amsterdam ein. Die sechsjährige Besatzungsherrschaft begann.

Für meinen Vater, damals elf Jahre alt, war die Wohnung der Eltern seiner Mutter am Rande der Kölner Altstadt bis zu deren Ausreise wie ein zweites Zuhause gewesen. Manchmal hatte der Großvater den Enkel am Sabbat in die liberale Synagoge in der Roonstraße mitgenommen, bevor der mächtige neo-romanische Bau in der Reichspogromnacht verwüstet wurde.

Das Leben in Deutschland war nach der Machtübergabe an Adolf Hitler und die Nationalsozialisten am 30. Januar 1933 für politisch und rassisch nicht genehme Kategorien von Menschen Monat für Monat bedrohlicher geworden, z. B. für diejenigen in Deutschland, in deren Adern kein oder zu wenig »arisches Blut« floss – und das war der Makel der Großeltern meines Vaters. Und doch hatten sie so lange wie möglich ein »normales« bürgerliches Leben führen wollen. Ihr Entschluss, Köln im hohen Alter von fast 80 Jahren noch zu verlassen und ohne ihre Familie in eine fremde Stadt zu ziehen, muss ihnen sehr schwer gefallen sein.

Eine Rückkehr

Friedland, November 1955: Meine Mutter, ihre Schwester, meine Großmutter mütterlicherseits und mein Vater empfingen meinen Großvater Heinz, der mit einem der letzten Kriegsgefangenentransporte aus Polen in dem Durchgangslager nahe Göttingen eingetroffen war. Der »Heimkehrer« sah seinen Schwiegersohn, meinen Vater, zum ersten Mal. Von seiner Frau und den beiden Töchtern war er getrennt gewesen, seitdem er am 12. Juni 1945 in Mühlhausen/Thüringen von Agenten des Nachrichtendienstes (CIC = Counter Intelligence Corps) der US Army auf offener Straße festgenommen worden war. Die Schlüssel und Ausweise, die er bei sich hatte, musste er bei seiner Verhaftung abgeben. Er wurde im ehemaligen NS-Konzentrationslager Dachau, dessen Häftlingslager und SS-Kasernen die US-Army nunmehr für die Inhaftierung von NSDAP-Funktionären und Angehörigen der SS nutzte, gefangen gehalten, bis er kurz vor der Auflösung des Lagers im Februar 1947 an die polnischen Strafverfolgungsbehörden ausgeliefert wurde. Im November 1947 stand er im 1945 polnisch gewordenen Breslau vor dem Kreisgericht, im Februar 1948 wurde er für schuldig befunden wegen seiner Stellung als Propagandaleiter auf Breslauer Ortsgruppenebene (als »leitende Funktion« in der Partei eingestuft!) der NSDAP und wegen seiner Stellung als Abwehrbeauftragter im Breslauer Rüstungsbetrieb Rheinmetall Borsig. Dort war er verantwortlich gewesen für die Überwachung der polnischen, tschechischen und anderen Zwangsarbeiter und hatte der Gestapo Bericht zu erstatten. Das Gerichtsurteil lautete: acht Jahre Gefängnis.

Großvater Heinz lebte nach der Rückkehr aus der Gefangenschaft noch 16 Jahre in Köln und verstarb im Juli 1971.

Keine Rückkehr

Meines Vaters Großvater (der, der ihn manchmal in die Synagoge mitgenommen hatte) wurde am 12. Februar 1943 – in seinem

83. Lebensjahr »unbrauchbares Menschenmaterial« – in Auschwitz-Birkenau direkt in den Tod geschickt, unmittelbar nachdem der Transport von Juden aus dem niederländischen Übergangslager Westerbork im Vernichtungslager eingefahren war. Dokumentiert wurde er in der Namendatei des Lagerarchivs Auschwitz unter dem Namen Albert Moses, mit welchem er schon im Kölner Greven's Adressbuch erschien, obgleich ihm von seinen Eltern der Vorname Aron gegeben worden war. Seine Frau Roosje war zwei Jahre nach der Emigration am 6. Mai 1942 verstorben und wurde zwei Tage später auf dem Jüdischen Friedhof Diemen am östlichen Stadtrand von Amsterdam beigesetzt. Der Grabstein ist erhalten. Aron Moses hatte sogar eine kleine Todesanzeige in der einzigen noch erscheinenden jüdischen Wochenzeitung »Het Joodsche Weekblad« vom 15. Mai 1942 setzen können:

> Heden overleed onze geliefde Vrouw, Moeder, Behuwd-,
> Grootmoeder en Zuster, Roosje Moses, geboren Marcus,
> in den ouderdom van 80 jaar
> Uit aller naam: A. Moses
> A' dam, 6 Mei, 19 Ijar, Haarlemmerm.str. 102[2]

Heinz, mein Großvater mütterlicherseits, hatte Aron, den Urgroßvater väterlicherseits, nicht gekannt. Meine Eltern hatten sich erst zwei Jahre nach dem Ende des Zweiten Weltkriegs kennengelernt.

Ungestellte Fragen und Rätsel

Es war 1967, Mitte Oktober, ich war 15 Jahre alt, als meine Eltern mir und meiner knapp drei Jahre jüngeren Schwester Monika eröffneten, dass wir zur Beerdigung meines Großonkels Julius nach Mannheim fahren und einen jüdischen Friedhof aufsuchen werden. Ich war verwirrt. Onkel Julius jüdisch? Das hieß doch, dass meine Großmutter, die Mutter meines Vaters, auch jüdisch sein musste – nun gut, sie war katholisch, aber was hieß das? Und wenn meine Großmutter aus einer jüdischen Familie kam, dann war mein Vater ja auch … ja, was?

Für mich tat sich eine bisher völlig unbekannte Tür auf; eine Tür ins Beschwiegene …

Warum wusste ich nichts davon? Warum hatten die Eltern nie darüber gesprochen? Andererseits: Von was hätten sie, mein Vater – ein »Überlebender« –, meine Mutter, die Tochter eines unter ganz anderen Umständen »Überlebenden«, erzählen sollen, erzählen können?

In den ersten Jahren ihres Zusammenseins überschritten sie, ohne dies offensichtlich bewusst getan zu haben, einen tiefen und breiten Abgrund. 1947 waren sie sich erstmals begegnet, verliebten sich bald, über die Geschichten ihrer Familien sprachen sie kaum. Meine Mutter erfuhr erst später, dass ihre Schwiegermutter jüdisch geboren und ihr Schwiegervater Sohn eines Juden und einer Katholikin war. Ihres Mannes Großvater, Sigmund Bingen, war nach der Auswanderung 1893 und der Eheschließung mit seiner katholischen Verlobten aus dem Rheinland im brasilianischen São Paulo der jüdischen Religion treu geblieben. Die Familie kehrte zwei Jahre nach der Geburt meines Großvaters nach Deutschland zurück. Mein Vater erfuhr soviel von seiner Braut, dass sein zukünftiger Schwiegervater unter im wahrsten Sinne des Wortes kaum vorstellbar harten Bedingungen in mehreren Gefängnissen im stalinistischen Polen, zuletzt in Gollnow bei Stettin, von einer Rückkehr zu seiner Familie träumte.

Ich erinnere mich, dass wir uns im elterlichen Wohnzimmer in den 1960er Jahren Dokumentationen über die NS-Zeit im Fernsehen anschauten. Ich erinnere mich nicht, dass mein Vater zu den Bildern und Informationen Kommentare abgab. Er verfolgte all das, was ihn verfolgt hatte, sehr genau, er sprach aber in der Familie nicht darüber.

So gab es auch für mich schon in jüngsten Jahren Rätsel: ein kleiner goldener Anhänger, mit einem ausgestanzten pausbäckigen Engelskopf auf der einen Seite und mit meinem Namenszug und einem darüber eingravierten Davidstern auf der anderen

Seite. Ein Geschenk für mich von der Schwester meiner Großmutter väterlicherseits. Es gab zwei Seiten eines Medaillons, aber eine Erklärung gab es für mich nicht. Ich nahm es so an und ich stellte auch keine Fragen. Ich habe nicht verstanden, dass es sich um eine – bewusst oder unbewusst übermittelte – Botschaft an den kleinen Jungen handelte, deren Dechiffrierung seine persönliche Aufgabe sein sollte.

Die beiden Familien, in die ich hineingeboren wurde, sind gut miteinander ausgekommen, man duzte sich, hat miteinander gefeiert, fröhlich geplaudert, gelacht und getanzt. Großvater Heinz (der 1955 aus der polnischen Gefangenschaft gekommen war) rauchte bei den Familienfeiern Zigarette auf Spitze. Großvater Jules, eigentlich Julius, (der 1935 nach dem Inkrafttreten der sogenannten Nürnberger Gesetze seine Anstellung in der Verwaltung des Stärkeproduktehherstellers Maizena verloren hatte) qualmte Zigarre, was Großmutter Ely, die Frau von Heinz, so gerne in den Gardinen roch und so männlich fand. Es waren die Fünfziger-, Sechzigerjahre. Kein Wort über das Unsägliche. Im Frieden und beschwiegen.

Ähnliche Geschichten, tragischere und weniger tragische, gab es in Nachkriegsdeutschland unzählige. Es war insbesondere die Geschichte des kollektiven und des individuellen Verdrängens, des Vergessenwollens, des Wiederaufbaus im Großen wie im Kleinen. Die 1950er Jahre kennzeichnete – und das war die Bedingung für einen neuen Optimismus und das »Wirtschaftswunder« in Westdeutschland – die »Unfähigkeit zu trauern«. Die wissenschaftlichen Abhandlungen und Darstellungen der öffentlichen Debatten über deutsche Vergangenheitsverdrängung und -aufarbeitung und kollektive Gewissenserforschung füllen mittlerweile ganze Bibliotheken – darum soll es hier nicht gehen. Denn geschah es auch tausendfach – wissenschaftlich, publizistisch, künstlerisch –, so ist es doch die Geschichte eines jeden einzelnen Individuums, das mit der Last der Verdrängung und den nicht gestellten Fragen und nicht gegebenen Antworten fertig werden musste.

Du sollst dich erinnern

Ich wusste so vieles nicht über meine Familie. Die Jahre 1933 bis 1945 und das Leben der Familien meiner Eltern blieben schemenhaft. Ich wollte wissen, wie die Kindheit und Jugend meines 1929 geborenen Vaters und meiner 1927 geborenen Mutter verlaufen war. Die Herrschaft des Naziregimes bestimmte das Leben meiner Eltern auf sehr unterschiedliche Art und Weise, die ein Zueinanderkommen im höchsten Grad unwahrscheinlich sein ließ. Das war das Lapidarste, was dazu zu sagen war, und wurde für mich zugleich zu der Erklärung dafür, dass sie nicht weiter »darüber« sprachen. Es war nicht die Wunde, die nach schmerzhaftem, aber reinigendem Auswaschen verheilen konnte. Es gab keine erzählte Geschichte. Dagegen kamen meine Fragen; ich gab mich immer weniger zufrieden mit dem, was ich wusste, wurde ungeduldiger … und machte mich auf einen langen Weg mit vielen Umwegen. Ich hatte etwas zu erledigen. Aber was?

Es war zu Beginn nur eine Ahnung, dass die in den frühen 1970er Jahren entdeckte Sehnsuchtslandschaft Polen, dieses aufgewühlte, mir liebenswürdig erscheinende, endlich Ruhe suchende Land mit dem von den Nazis auserkorenen deutschen Ort der absoluten Negation der Menschlichkeit: Auschwitz – dass dieses Land etwas mit mir zu tun hatte, mit der eigenen Familie, mit Harmoniebedürfnis, Verdrängen und Vergessen, mit Fragen, Trauer, mit Erkennen und Einsehen, mit Selbstreflexion, mit Vergebung und Versöhnung.

Die Fragen, der Wunsch nach mehr Wissen und nach dem »irgendwie« Zusammenführen nahmen ihren Ausgangspunkt im Oktober 1967 mit dem Begräbnis des Großonkels Julius auf dem jüdischen Friedhof in Mannheim. Ein späterer Ort der »Begegnung« war der jüdische Menschenfriedhof Auschwitz.

»Verständigung mit Polen«, »Versöhnung zwischen Deutschen und Polen«. Wie vielen aus meiner Generation hat sich bei mir das Bild des vor dem Warschauer Ghettodenkmal niederknienden Willy Brandt in das Gedächtnis eingegraben. Da hatte einer Verantwortung auf sich genommen, der »nicht schuldig« war. Die verschlungene, verwobene Geschichte der Deutschen und Polen ließ mich nicht los. Damals, Anfang der 1970er Jahre, hatte ich das noch ganz unbestimmte Gefühl, dass mich mit dem deutsch-polnischen Verhältnis zugleich persönliche Verhältnisse berührten. Den Schlüssel zu diesem unbestimmten Gefühl hatte ich längst, trug ihn an mir, ohne ihn wirklich zu »be-greifen«: Was hatte es mit den beiden Seiten dieses kleinen Anhängers auf sich?

War es einfach Zufall, dass ich gerade, als ich meine Dissertation eingereicht hatte, die sich mit den polnisch-deutschen politischen Beziehungen nach 1945 beschäftigte, anstatt mich intensiv auf das bald anstehende Rigorosum vorzubereiten, Nachforschungen in Personenstandarchiven betrieb, um nach einem biografischen Datengerüst, nach Geburten, Heiraten und Todesfällen meiner Vorfahren aus beiden Familien zu suchen? Die von der Familie ausgelegten Zeichen, Symbole wollten zusammengeführt werden.

Die Verständigung zwischen Deutschen und Polen – für mich sind das die persönlichen Begegnungen, langen Fachgespräche, durchdiskutierten und durchzechten Nächte, währende Freundschaften, von denen Ende der 1970er Jahre die ersten geknüpft worden waren. In Polen suchte ich aber auch die Begegnung mit der eigenen Geschichte, mit der Geschichte der Angehörigen meiner Familie von Vaters und Mutters Seite (lag doch Breslau jetzt in Polen). Der Besuch des deutschen Konzentrations- und Vernichtungslagers Auschwitz-Birkenau war zugleich der Besuch des Todesorts meines Urgroßvaters und zahlreicher Verwandter.

Rettung und Verdrängung

Durch glückliche Fügung war mein Vater nicht in Auschwitz, er verlor dort nicht sein Leben, auch nicht in anderen Todesfabriken.

Im Februar 1943 waren mein Vater und seine Eltern aus ihrer Wohnung in der Geisbergstraße in Köln-Klettenberg vertrieben worden, mussten, nur mit dem Nötigsten versehen, in das sogenannte Judenlager in Köln-Müngersdorf ziehen. Das befand sich im Fort V, einem Teil der preußischen Festungsanlagen aus dem späten 19. Jahrhundert. Die Großmutter Bertl arbeitete dort in dem Büro der »Bezirksstelle Rheinland der Reichsvereinigung der Juden in Deutschland«, wo die Listen für die Todestransporte in den vollgepferchten Güterzügen »nach dem Osten« zusammengestellt wurden – nach Theresienstadt, nach Auschwitz, Majdanek, Łódź (1940–45: Litzmannstadt), Minsk, Riga. Den Großeltern war das, was ihnen täglich drohte, allgegenwärtig. Tagsüber durfte mein Vater das Fort verlassen, gezwungen, »draußen« den gelben Stern gut sichtbar zu tragen. Er ließ ihn einfach in der Hosentasche verschwinden, während ein Freund, mit dem er zog, den Stern trug.

Der Vater überlebte. Der 1940 nach Amsterdam emigrierte Großvater war unmittelbar nach der Ankunft des Transports aus dem niederländischen Lager Westerbork im Vernichtungslager Auschwitz-Birkenau getötet worden. Aber mein Vater überlebte, und seine Eltern ebenso. Das war die Geschichte eines ungeheuren Glücks, des Glücks, kein deutscher Reichsbürger gewesen zu sein.

Und das kam so: Mein Urgroßvater Sigmund Bingen war schwer asthmakrank mit seiner Familie im Jahr 1904 nach Deutschland zurückgekehrt. Sie hatten den Hausstand und bescheidenen Wohlstand, den er sich in São Paulo mit einem Telefon- und Elektrogeschäft erworben hatte, hinter sich lassen müssen. Nicht einmal zwei Jahre nach der Rückkehr und ununterbrochenem Aufenthalt in einer Lungenklinik im Taunus starb er gerade 42-jährig, ließ eine Mutter mit drei kleinen Kindern zurück. Was er darüber hinaus Wertvolles hinterließ? Die Familie meines Großvaters besaß die brasilianische Staatsbürgerschaft! Die gab mein Großvater Jules zeit seines Lebens, das bis 1988 währte, nicht auf – vielleicht aus Dankbarkeit für das, was ihn und seine Familie gerettet hat. Welchen Grund sollte es für ihn gegeben haben, sie gegen die deutsche einzutauschen? Die Schäbigkeit deutscher Gesundheitsämter, des Justiz- und Wiedergutmachungsapparats von den 1950er bis in die 1970er Jahre, von der seine Familie ein garstiges

Lied singen konnte, wird ihn darin bestärkt haben, die Staatsangehörigkeitssache auf sich beruhen und den brasilianischen Pass regelmäßig erneuern zu lassen. Durch die Heirat 1926 kam Großmutter Bertl ebenfalls unter den Schutz Brasiliens, auch ihr einziges Kind, mein Vater. So befand sich im Lager Müngersdorf eine brasilianische Familie. Sie waren Staatsangehörige eines Feindstaates. Mein Großvater bemühte sich aus dem Lager heraus, das er und andere Lagerinsassen tagsüber verlassen durften, um einen Kontakt zu dem schweizerischen Konsul Franz-Rudolph von Weiss, der seit 1928 das Eidgenössische Generalkonsulat in Köln leitete. Eigentlich vertrat Portugal die Interessen des im Krieg mit Deutschland befindlichen Brasilien. Und es ist unklar, wieso von Weiss und das Schweizerische Generalkonsulat in Köln mit der Angelegenheit befasst wurden. Allerdings war der Konsul als gegenüber dem jüdischen Leiden besonders sensibel bekannt.[3] Wie der Kontakt zustande kam, bleibt im Dunkeln. Meinem Vater ist von Weiss als die Person erinnerlich, der es zu verdanken war, dass die Familie nicht deportiert wurde. Stattdessen hatte sie ein unwahrscheinliches Glück. Nach einem halben Jahr wurden mein Vater und seine Eltern aus dem Fort V entlassen und fanden bis zum Ende der Naziherrschaft zuerst bei nahen Verwandten, später bei einer christlichen Familie in der Nähe von Köln Unterschlupf.

Ich habe in Archiven geforscht, habe Gespräche geführt, wo es nicht schon zu spät war, um die Geschehnisse zu rekonstruieren, wie die Geschichte von meinem Großvater und dem Konsul von Weiss. Ich wollte den Angehörigen Namen geben, an die Vergessenen, Verdrängten, Beschwiegenen erinnern: die Urgroßeltern, die jüdischen Verwandten, die in Auschwitz, Theresienstadt, Riga, Minsk und anderen Synonymen für Vernichtung geblieben sind. Ich verspürte die innere Verpflichtung, ihnen die Würdigung und die Würde, die ihnen durch das Millionengrab im Osten genommen werden sollte, zuteil werden zu lassen. Ihnen sollte ein Platz in der Erinnerung gegeben werden, durch das »Darüber-«Sprechen. Es galt auch die Scham von Überlebenden zu überwinden. Denn wie war es? Viele, die den Judenstern tragen mussten, die sich gar nicht mehr der jüdischen Glaubensgemeinschaft angehörig fühlten, nicht religiös waren, ausgetreten oder zu einer christlichen Konfession übergetreten waren, schämten sich, ausgestoßen worden zu sein aus der »Volksgemeinschaft«. Sie schienen auch noch – eine weitere Perversion im Prozess der Umwertung der Werte im NS-System – durch ihre Beschämung, eben nicht durch die Reaktion von Empörung und Stolz, den Verbrechern Recht zu geben, indem sie sich geradezu schuldig fühlten dafür, nicht »dazuzugehören«.

Schuldig fühlte sich mein Vater nicht. Auf seine eigene Art – ohne Worte – stand er zu seiner Lebensgeschichte. Vergessen wollen und erinnern müssen, das hat ihm sein Leben lang zu schaffen gemacht. Ich habe bemerkt, dass er – der gläubige Katholik – eine Zeitlang einen silbernen Davidstern trug. Er erinnert sich an viele Einzelheiten und Begebenheiten: dass seine Mutter eines Tages verzweifelt aus der Wohnung stürzte und im nahegelegenen Klettenbergpark umherirrte, er ihr nachrannte und sie eindringlich anflehte, nach Hause zurückzukehren. Sie, die Jüdin, fühlte sich »schuldig« am Schicksal ihres Mannes und ihres Sohnes. Das war noch, bevor sie die Wohnung in der Geisbergstraße verlassen mussten. Mein Vater erinnert sich an den Konsul von Weiss; die »Ausflüge« aus dem Übergangslager in die Stadt gemeinsam mit dem Jungen namens Sänger, dessen Vorname ihm entfallen ist und der den Judenstern trug, während mein Vater sich weigerte, ihn anzustecken; früher, in den 1930er Jahren, an den Gang mit dem Großvater zur Synagoge, andere Begebenheiten aus der Verfolgungszeit und aus der Zeit davor. Es sollte bis Anfang der 1990er Jahre dauern, bis wir Fragen stellten, von denen wir zu wissen glaubten, dass auf sie zu antworten ihm nicht leicht fallen würde. Mein Vater erzählte. Es fiel ihm schwer, sehr schwer – aber er erzählte, stockend, um Worte ringend, ohne Verbitterung, ohne Anklage.

Die polnische Schriftstellerin Magdalena Tulli, Mitte der 1950er Jahre geborene Tochter eines italienischen Vaters und einer Holocaust-Überlebenden, beschrieb die Zerrissenheit in einem Gespräch mit dem *Welt*-Korrespondenten Gerhard Gnauck: »Neben dem Zorn gab es die Scham. Meine Mutter schämte sich vor sich selbst dafür, wie man sie behandelt hat. Wenn das Leid wirklich groß ist, will das Opfer nur eines: vergessen. Aber das kann es nicht. Und so geht das Trauma auf die nächste Generation über und dauert fort, solange diese nichts damit anfängt. Die Geschädigten haben immer eine schwere Arbeit zu leisten. Sie müssen ihr Leid akzeptieren. Wenn sie es nicht tun, werden sie bis zu ihrem Tode leiden und hinterlassen diesen Salat ihren Nachfahren.«[4]

Polen, das war, wenn es um die Lebens- und Todeswege meiner Familie ging – und das klingt wie ein Widerspruch in sich: das *deutsche* Auschwitz – Synonym für Vernichtung und die Trauer über die Toten der Familie, meinen Urgroßvater, zahlreiche Onkel und Tanten meines Vaters, Geschwister, Cousinen und Cousins meiner Großeltern. Aber es gab nicht nur Auschwitz.

Erinnern an Breslau, erinnern in Wrocław

Da gab es auch das deutsche Breslau mit seinen Zwangsarbeitern aus Polen und anderen besetzten Ländern, u. a. in dem Rüstungsbetrieb Rheinmetall Borsig, wo mein Großvater mütterlicherseits Abwehrbeauftragter war. Und da war das polnische Breslau nach 1945, der Ort, an dem sich Großvater Heinz nach der Zwischenstation Dachau vor einem polnischen Gericht zu verantworten hatte. Das, was er tat und unterließ, und das, was ihm angetan wurde, das war auch ein Symbol dafür, dass das NS-Regime nicht nur Juden und andere »Lebensunwerte« der menschlichen Würde zu berauben beabsichtigte, bevor ihnen das Leben als solches genommen wurde. Das NS-Regime machte sich die menschlichen Schwächen der Mitglieder der sogenannten »Volksgemeinschaft« zunutze und die Menschen zu fügsamen »Rädchen« in der Gewaltmaschinerie.

Was ich nach der Durchsicht der Prozessakten meines Großvaters im Breslauer Kreisgericht mitnahm, war die Hoffnung, dass es wahr sein möge, dass er aus dem folgenden Grunde im

Frühjahr 1944 aus Breslau ins Rüstungsministerium nach Berlin versetzt worden war: Es sei zu einer »scharfen Auseinandersetzung« mit dem Abwehroffizier des Generalkommandos der Wehrmacht in Breslau gekommen, weil er »nicht scharf genug« gegen die Zwangsarbeiter vorgegangen sei. So steht es in der ergänzenden Erklärung meines Großvaters zum amerikanischen Fragebogen vom 30. Juni 1945. Angeklagt war er wegen der Anwendung physischer Gewalt gegenüber Zwangsarbeitern und der Verantwortung für die Deportation von Einzelnen. Verurteilt wurde er »nur« wegen der Zugehörigkeit zu einer verbrecherischen Naziorganisation (Abwehrbeauftragter im Dienste des Reichsführers-SS und Chefs der Deutschen Polizei) und einer »leitenden Stellung« in der NSDAP, in der er nach der Anklageschrift u. a. Plakate und Kinokarten verteilt hatte. Noch etwas nahm ich mit aus dem Breslauer Gerichtsgebäude am 19. April 1995: drei Haus- und Wohnungsschlüssel und zwei Ausweise, die meinem Großvater bei seiner Verhaftung von der US-Army abgenommen, in einen ockerfarbenen DIN A4-Umschlag gesteckt und im Februar 1947 an die polnischen Behörden übergeben, dann in Breslau einbehalten worden waren. Bei der Entlassung aus dem Gefängnis im Spätherbst 1955 wurde ihm die persönliche Habe nicht ausgehändigt und fristete weitere 40 Jahre ihr herrenloses Dasein in der Breslauer Gerichtsakte, bis mir im April 1995 bei der Öffnung des Aktenordners die Schlüssel vor die Füße fielen. Meiner Bitte, diese Habseligkeiten an mich nehmen zu dürfen, wurde von dem freundlichen Archivdirektor ohne Umstände entsprochen. Ich quittierte die Aushändigung an mich auf dem amerikanischen Umschlag. Da der Großvater bereits vor einem Vierteljahrhundert verstorben war, übergab ich die fünf Dinge meiner Mutter zur Aufbewahrung.

Meine Mutter ging ein Stück des »Erinnerungsweges« mit mir. Drei Jahre nach meinem Fund im Gerichtsarchiv lud ich sie ein, mich nach Breslau zu begleiten. Sie wollte Abschied nehmen von der Stadt, mit der sie Erinnerungen an eine Jugend verband, die von den Schrecken des Zweiten Weltkriegs erst drei Monate vor dessen Ende eingeholt wurde. Gemeinsam mit ihrer Mutter und Schwester hatte sie Breslau am 21. Januar 1945 fluchtartig verlassen – sogar noch mit einer gültigen Fahrkarte versehen, um nach einem kurzen Zwischenaufenthalt auf einem Matratzenlager im Rüstungsministerium in Berlin für kurze Zeit in Suhl/Thüringen Zuflucht zu finden, dort, wo wenige Kilometer entfernt die Nachkriegsodyssee ihres Vaters begann. Wir suchten ihre persönlichen Breslauer Erinnerungsorte auf. Unangemeldet in der Herdainstraße 36, jetzt Gajowa 36, 1. Etage rechts. Mit einem Blick vom Balkon »ihrer« Wohnung auf »ihre« Straße konnte sie begleitet von den jetzigen Bewohnern, einer alten Dame und deren Sohn, endgültig – dieses Mal nicht fluchtartig – Abschied nehmen, befreit von einer großen Last. Überwältigt war meine Mutter von der Gastfreundschaft ihr und mir völlig unbekannter Personen, die uns bei Kaffee und Kuchen im ehemaligen elterlichen Wohnzimmer erzählten, dass ihnen nach der Flucht aus Lemberg im Februar 1947 diese Wohnung zugewiesen worden war, deren aufgeräumtes und einladendes Ambiente den Eindruck vermittelte, als sei unser Besuch erwartet worden. Sie entschuldigten sich dafür, dass das Parkett an der Stelle, wo früher der große Kachelofen gestanden hatte, nicht zu dem gut erhaltenen alten deutschen Parkettboden passte.

Was fällt mir zu der Erklärung der alten Dame aus Lemberg ein? Wer den ganzen Weg erinnert, kann sich frei machen für Mit-Menschlichkeit, für Empathie. Die äußert sich in der kleinen Geste, in der Nuance. Ebenso wie die Dichtung haben Menschen mit ihrer Würde die Monstrosität dessen überlebt, was sich mit dem Wort »Auschwitz« verbindet.

Auschwitz ist das Synonym für das Menschheitsverbrechen des 20. Jahrhunderts. Auschwitz ist der Un-Ort der deutschen Geschichte und von Millionen Einzelschicksalen. »Auschwitz« – das ist auch die Aufforderung, sich zu erinnern, das Schweigen zu brechen, Verantwortung zu übernehmen, zu vergeben und Versöhnung zu suchen – im Großen und im Kleinen –, ohne dass der Trost in einer Antwort auf die Frage nach dem *Warum* zu finden ist.

Spuren in der Familie

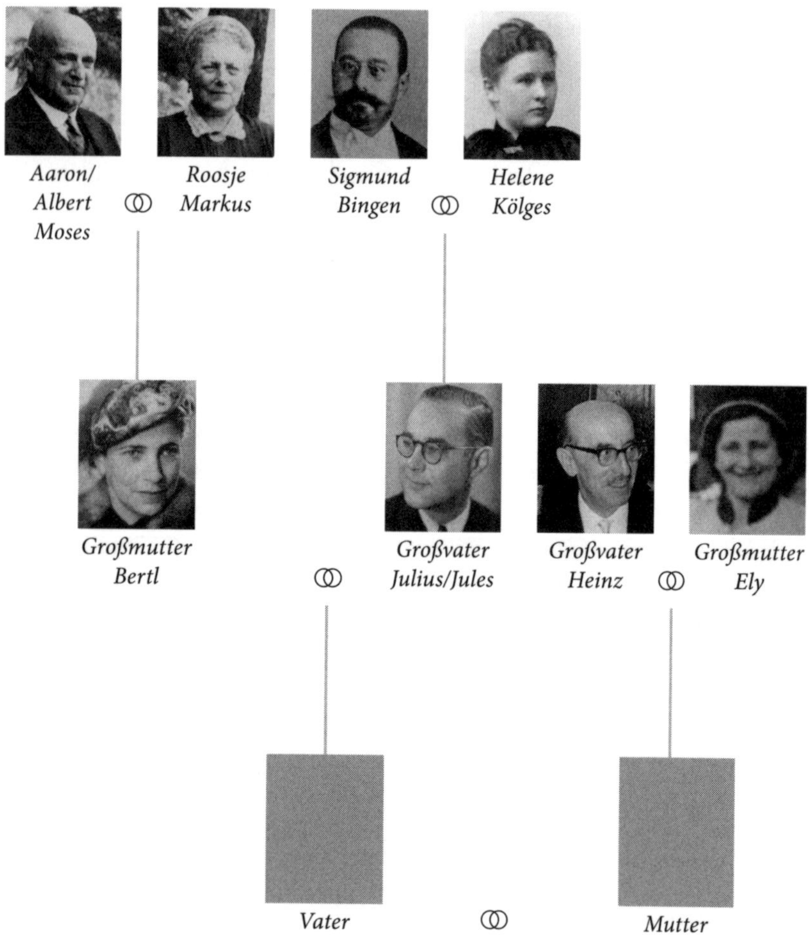

Neue Einblicke durch Erweiterung der Perspektiven

Die Darstellung des Holocaust im Museum des Zweiten Weltkriegs in Danzig

von Daniel Logemann

wissenschaftlicher Mitarbeiter am Museum des Zweiten Weltkriegs in Danzig

Am 29. Mai 2012 überreichte Barack Obama dem polnischen Widerstandskämpfer Jan Karski posthum die Freiheitsmedaille des amerikanischen Präsidenten. Karski hatte im Zweiten Weltkrieg als Sendbote der polnischen Untergrund- und Exilregierung den Westen über den nationalsozialistischen Judenmord im besetzten Polen unterrichtet. Doch seine Appelle an Mitglieder der britischen Regierung und zuletzt an Roosevelt verhallten. Sie scheiterten am Unglauben der Gesprächspartner und an politischen Entscheidungen der Alliierten, die ihre Kriegsziele nicht zugunsten der europäischen Juden korrigieren wollten.[1] Jan Karski geriet trotz seines Buchs »The Secret State« über den polnischen Untergrundstaat in Vergessenheit. Erst in Claude Lanzmanns Film »Shoah« wurde seine Rolle gewürdigt. Inzwischen hat er im polnischen wie internationalen Gedächtnis einen festen, wenn auch vergleichsweise unscheinbaren Platz.

In Polen geriet die Vergabe der Medaille jedoch fast in Vergessenheit, da Obama in seiner Rede von »Polish death camps« gesprochen hatte, was eine Verantwortung der Polen an der Vernichtung der Juden suggerierte. Obwohl es sich hier wohl eher um eine Ungeschicklichkeit denn um eine Schuldzuweisung gehandelt hatte, forderten zahlreiche polnische Politiker und Publizisten eine Entschuldigung des amerikanischen Präsidenten. Dieser rückte die Verhältnisse zunächst durch Statements seiner Sprecher und dann in einem Brief an den polnischen Präsidenten Bronisław Komorowski wieder zurecht.[2]

Diese auf den ersten Blick paradoxe Situation, in der der berechtigte Stolz auf einen großen Polen im Streit um einen Fauxpas unterging, zielt ins Zentrum der Problematik des sich nach 1989 in Polen neu sortierenden Geschichtsbildes und -bewusstseins. Der politische Umbruch hatte zur Folge, dass alte und anscheinend unumstößliche Wahrheiten sich immer mehr als Mythen entpuppten. Die Debatten um die eigene Geschichte standen insbesondere seit dem Jahr 2000 oftmals im Mittelpunkt der öffentlichen Aufmerksamkeit.[3] Gerade an den neuralgischen Punkten des polnischen Opferbewusstseins und des nationalsozialistischen Judenmords entflammten immer wieder neue Konflikte. Zum einen machte die zunehmende Präsenz jüdischen Gedenkens dem polnisch-katholischen bzw. dem vormaligen kommunistisch-nationalistischen Gedenkritual gerade an Gedenkstätten wie in Auschwitz Konkurrenz. Zum anderen wurde die Meistererzählung der polnischen Nation als Opfer nationalsozialistischer und stalinistischer Besatzung im Zweiten Weltkrieg durch die Forschungen amerikanischer und polnischer Historiker infrage gestellt, die nachweisen konnten, dass sich auch Polen an Mord und Beraubung der jüdischen Bevölkerung aktiv beteiligt hatten.[4] Dieser Zwiespalt zwischen Gut und Böse, dem (guten) Polnischen und dem (bösen) Anderen scheint auch in der Debatte um die »polnischen Todeslager« wieder auf.

Dieser Aufsatz möchte dementsprechend beleuchten, wie das Museum des Zweiten Weltkriegs mit dem Holocaust umgehen möchte.[5] Außer Frage steht, dass von deutscher Schuld und Verantwortung gesprochen werden muss. Doch die Zuweisungen und Kausalketten des Geschehens müssen für ganz Europa mit größerer Differenziertheit behandelt werden, als dies noch vor einigen Jahren der Fall gewesen wäre. Eingebettet in eine Narration über den Zweiten Weltkrieg als zentraler Katastrophe des 20.

Jahrhunderts geraten andere Konstellationen in den Blick als eine alleinige Konzentration auf deutsche Täter und jüdische Opfer.[6] Die europäischen Gesellschaften, die Zeugen und manchmal Mithelfer der Morde wurden, müssen stärker mit berücksichtigt werden. Und dies gerade vor einem ostmitteleuropäischen Hintergrund, der sich durch eine Vielzahl neuer Forschungsergebnisse und damit einhergehender Verunsicherungen und Selbstfindungsprozesse innerhalb neuer erinnerungspolitischer Strukturen auszeichnet.

So kreist dieser Aufsatz um folgende Fragestellungen: Wie erzählt ein Großprojekt polnischer Geschichtspolitik wie das Museum des Zweiten Weltkriegs vom Mord an den europäischen Juden? Wie wird auf die Abnutzung von Mythen der Erinnerung und auf neue Erkenntnisse der Historiografie reagiert? Und zuletzt: Welchen Beitrag soll die Ausstellung über den Holocaust in der polnischen und darüber hinaus europäischen Gedenklandschaft leisten?

Dieser Aufsatz durchschreitet das Konzept der Ausstellung zum Holocaust anhand von fünf Themenblöcken, die bei der Entwicklung der Narration eine wichtige Rolle spielen.

Der Ort – Wo wird Geschichte erinnert?

Pierre Nora hat betont, dass Erinnerung an Orte und Geschichte an Ereignisse gebunden sei.[7] Das Museum des Zweiten Weltkriegs versteht sich als Geschichtsmuseum, das den zukünftigen Besuchern einen möglichst globalen Überblick bieten möchte. Andererseits soll aber durch Inhalt und Gestaltung der Ausstellung sowie durch die Architektur des Museumsgebäudes ein Symbol des Gedenkens entstehen. Nun entsteht das Museum zwar in der Stadt, in der der Zweite Weltkrieg seinen Anfang nahm und auch eine jüdische Gemeinde samt ihrer prächtigen Synagoge ausgelöscht wurde – Danzig ist jedoch kein Ort, der mit der Vernichtung der europäischen Juden unmittelbar in Zusammenhang gebracht würde.

Weltweit gilt sicherlich Auschwitz als symbolischer Ort der Judenvernichtung. Die Geschichte wird hier durch die »Autorität einer authentischen Realität« immer wieder aufs Neue beglaubigt. Die Realien, aber auch die mit ihnen verknüpften »emotionalisierten Bilder« gelten gleichsam als »Ikonen der Vernichtung«.[8] Auschwitz ist somit ein universaler Ort, der als Originalschauplatz und Erinnerungsort eigentlich allen Menschen zugeeignet ist.[9] Auf dem heutigen polnischen Staatsgebiet sind mit den Todeslagern der Aktion Reinhard oder Kulmhof und vielen Städten, in denen sich jüdische Ghettos befanden, noch unzählige weitere Schauplätze der Vernichtung vorhanden. An einigen Orten, so zum Beispiel im ehemaligen Warschauer Ghetto und dem dort entstehenden Museum der Geschichte der polnischen Juden oder im Vernichtungslager Bełżec, wird die Geschichte mit Denkmälern und modernen Ausstellungen aufgearbeitet.

Während jedoch alle diese Mahnmäler, Denkmäler oder Gedenkstätten an mehr oder weniger authentischen – wenn auch oft überformten Orten – liegen, wird in Danzig ein Neubau an einem neutralen Ort entstehen. Während es so scheinen mag, als könne das Unfassbare des Judenmords besonders an originalen Schauplätzen greifbarer und verstehbarer werden, wird im Museum des Zweiten Weltkriegs Geschichte an einem eigens dafür geschaffenen Ort implementiert. Dies birgt die Gefahr, dass die religiös aufgeladenen Begriffe »Shoah« und »Holocaust« abseits der Originalschauplätze noch weiter der historischen Erklärbarkeit entrückt werden und in eine nur noch symbolische Formsprache abwandern.

Im Museum des Zweiten Weltkriegs wird auf unterschiedliche Weise auf diese Herausforderung reagiert. Bereits das architektonische Projekt lässt sich als symbolisches Mal verstehen, in dem die Ausstellungsräume – und damit die Vergangenheit – komplett unterhalb der Erde liegen. In die »Zukunft« ragt ein schiefer Turm, an dessen Spitze ein Blick auf das alte und neue Danzig möglich ist. Allerdings ist das Gebäude trotzdem relativ deutungsoffen: Es kann weder mit einem bestimmten historischen

Ereignis assoziiert noch auf eine eindeutige Interpretation reduziert werden.

Die unterirdische Ausstellung erschließt das Geschehen des Weltkriegs thematisch. Die Ermordung der Juden Europas liegt als eigenständige Ausstellung im Mittelteil des Museums. Die Szenografie (also das rein äußerliche Erscheinungsbild des Ausstellungssaals) versucht, die Singularität der Vernichtung der Juden auch darstellerisch zu verdeutlichen. Farbgebung und Materialien sollen den Besuchern einen atmosphärischen Eindruck von den Ereignissen geben, die eigentlich jenseits ihrer Vorstellungskraft bleiben müssen. Zudem ist die Holocaustausstellung der einzige Teil des Museums, an dem jenseits der historischen Vermittlung ein eindeutiges Denkmalselement zur Besinnung und zum Gedenken im Anschluss und als Ergänzung der Ausstellung entstehen wird.[10] Wie jedoch soll es gelingen, Geschichte lebendig werden zu lassen und den Besuchern die komplexen Ereignisse zu erklären?

Die Realien – Wodurch wird Geschichte fassbar?

Ein wesentlicher Teil dieses Versuchs ist es, in der neu entstehenden Ausstellung an möglichst vielen Stellen originale Exponate in die Narration einzubinden. Museen verstehen sich seit jeher als Medium der Ausstellung. Der Wert der Ausstellung (und Sammlung) historischer Museen wird aber weniger an der ästhetischen Wirkung als an der Authentizität der Exponate bemessen.[11] Realien von Originalschauplätzen gelten gemeinhin als Beweise des Vergangenen und sollen eine Verbindung zur Geschichte herstellen. Sie haben eine dingliche Dimension, sind aber auch Träger von Bedeutungen, besitzen eine sinnliche Qualität.[12]

Gegenstände, die von der Vernichtung der europäischen Juden zeugen können, sind aufgrund ihrer vergleichsweisen Seltenheit und der emotionalen Aufladung des Themas wohl noch mehr als andere Exponate von dieser Zweiteilung betroffen. Viele der ausstellbaren Gegenstände – seien dies Judensterne, Koffer,

Schuhe oder Ähnliches – sind bereits zu Chiffren und Ikonen des Holocaustgedenkens geworden. Ihre Authentizität, sinnliche Aufladung, aber auch Glaubwürdigkeit ist vielfach erprobt, aber auch bezweifelt worden. Ihre üblichen Kontextualisierungen und die Möglichkeiten ihrer Darstellbarkeit sind vielen bereits vor dem Besuch einer Ausstellung vertraut. Es besteht durchaus die Gefahr, dass vermeintlich Bekanntes (dies betrifft die gezeigten Gegenstände wie die dargestellte Geschichte) einem gewissen Abnutzungseffekt unterliegt. So steht die Ausstellung zum Holocaust im Museum des Zweiten Weltkriegs vielleicht noch deutlicher vor der Frage an die Gestalter historischer Ausstellungen, ob Exponate »in ihrer Qualität als Einzelstücke und Originale oder als Illustration zum Thema gewählt werden«.[13]

Im neuen Museum werden Objekte ausgestellt, die von zentraler Bedeutung für die jeweiligen Themen und Erzählstränge waren. Soweit möglich, sollen die Exponate nicht nur zum »Thema passen«, sondern noch mindestens zwei weitere Funktionen erfüllen. Trotz aller historischen und emotionalen Aufladung sollen die Exponate erstens nicht als Sakralien präsentiert werden. Zweitens ist geplant, die Exponate an die Geschichte zurückzubinden. Sie sollen eine »Geschichte erzählen«, mit konkreten menschlichen Schicksalen in Verbindung gebracht werden, ihre eigene Objektgeschichte haben und eben nicht isoliert und für sich allein ihre Geltung erreichen.

Wenn etwa ein Metallteller tschechischer Juden gezeigt wird, der im Tausch gegen Lebensmittel einer polnischen Familie in Izbica übergeben wurde, so wird diese Geschichte ausdrücklich miterzählt. Dadurch, dass Hintergründe überschaubar, Kontexte erschlossen, neue Fragen an die Objekte aufgeworfen und Antworten angeboten werden, soll eine symbolische Überhöhung der Artefakte zumindest ansatzweise verhindert werden.

Die Mikrogeschichte – Wie wird Geschichte nachvollziehbar?

Wenn auch Exponate nicht dezidiert als Einzelstücke gezeigt werden, so sollen sie andererseits nicht der puren Illustration dienen. Der Mittelweg soll die Einbindung in die Erzählung des Museums selbst sein.

Bereits aufgrund der Breite des Themas und des begrenzten Platzes im Museum ist die Ausstellung zum Holocaust so konzipiert, dass sie die Problematik über Schwerpunkte erschließt. Dabei sollen immer wieder Mikrogeschichten erzählt werden, die sich auf Orte, Biografien oder beides konzentrieren. Diese Vertiefung der Narration anhand von Beispielen, an denen die Multiperspektivität des Geschehens, seine Ursachen und Folgen für einen kleinen Bereich ausgeleuchtet werden, soll den Besuchern helfen, sich Geschichtsverläufe vorzustellen. Es wird darauf verzichtet, die Besucher mit Fakten zu überfordern und ihnen einen vermeintlich kompletten Überblick zu bieten. Das Herunterbrechen auf die lokale und persönliche Ebene soll gewährleisten, dass Geschichte konkretisiert wird und nicht im Abstrakten verbleibt.

Die Geschichte des Vernichtungslagers Auschwitz-Birkenau wird zum Beispiel nicht auf den Lagerkomplex und die Massentötung beschränkt. Anhand von Lebensläufen der Opfer wird deren Leben vor Verfolgung und Tod geschildert. So wird die Geschichte von Wilhelm H. erzählt, der vor dem Krieg Besitzer eines Weinladens in Baden/Österreich war.[14] Obwohl wir nicht viel über ihn wissen, geht zum Beispiel aus einem Zeitungsartikel hervor, dass sein Geschäft bereits in den Dreißigerjahren bei einem Akt antisemitischen Vandalismus' verwüstet wurde. Ferner sind in der Lokalzeitung geschaltete Anzeigen für sein Geschäft oder etwa der Grundbrief seines Besitzes aus dem Jahr 1917, mit allen wesentlichen Familiendaten, überliefert. Wilhelm H. wurde über Theresienstadt nach Auschwitz deportiert und dort ermordet. Gerade das Bruchstückhafte und doch Unerbittliche dieses

Schicksals ist emblematisch und lehrreich zugleich. Das grausame Ende vieler Menschenleben in Auschwitz wird anhand solcher Beispiele mit konkreten Gesichtern und Biografien verknüpft.

Mit der Methode der Mikrogeschichte wird auch Jedwabne aufgeschlüsselt. Jenseits der oben angedeuteten Konfliktpositionen wird um den offensichtlichen Mord an 340 jüdischen Bewohnern von Jedwabne[15] eine Geschichte der Ursachen und Folgen rekonstruiert. Dargestellt wird die Vorkriegsgeschichte einer nicht konflikt- und gewaltfreien Koexistenz, die aber erst unter den Bedingungen der vormaligen sowjetischen Besatzung und der deutschen Aggression 1941 fatal endete. Zu Wort kommen insbesondere Zeugen der Ereignisse – sowohl Überlebende des Pogroms als auch in Prozessen angeklagte Tatverdächtige. Die Mechanismen eines Pogroms, die so ähnlich auch in anderen Orten des vormals sowjetisch besetzten Ostpolens griffen, sollen erkennbar, ideologisierte Argumentationen jedoch vermieden werden. Bezugspunkt ist der neueste Forschungsstand, der oftmals eben auch von den noch immer anhaltenden Befindlichkeiten des gesellschaftlichen Selbstverständnisses abweichen kann.

Die innere Aufbau – Wann fand Geschichte statt?

Die jeweiligen Mikrogeschichten sollen sich wie Puzzleteile zu einer großen – und im Wesentlichen chronologischen – Erzählung über die Ermordung der europäischen Juden zusammenfügen. Die meisten Besucher werden mit Vorwissen ins Museum kommen, gerade zum Holocaust werden bereits vorliegende Kenntnisse und Überzeugungen bei der Rezeption der Ausstellung eine Rolle spielen. Die chronologische Anordnung soll daher vor allem zweierlei bewirken: Zum einen soll sie die schrittweise Radikalisierung der deutschen Politik gegenüber den Juden veranschaulichen. Und zum Zweiten soll deutlich werden, dass Auschwitz nicht notwendig war. So ist in der Forschung herausgearbeitet worden, dass »die weltanschaulich motivierte nazideutsche Politik den Juden gegenüber in Richtung Vernichtung« drängte, sie aber »nicht programmatisch angeleitet gewesen sein« muss.[16] Deshalb sollte der Besucher verstehen, wie es innerhalb der deutschen Gesellschaft und während des Zweiten Weltkriegs zum Zivilisationsbruch der Vernichtung der europäischen Juden kommen konnte. Dieser Zivilisationsbruch umfasste immer radikalere Schritte der deutschen Politik, die allesamt als Wege zur Lösung eines »Problems« gesehen wurden.[17]

Die Ausstellung zum Holocaust beginnt mit dem deutschen Überfall auf die Sowjetunion im Sommer 1941. Wichtig erscheint es zunächst zu zeigen, wie sich die ideologischen Prämissen in kalkulierten Massenmord transformierten. Daher sind die Massenerschießungen zunächst der männlichen und dann der gesamten jüdischen Bevölkerung in der besetzten Sowjetunion der Schwerpunkt des ersten Ausstellungssaals. Hier werden Massaker aus verschiedenen Regionen vor allem anhand der Beispiele Babij Jar, Liepāja oder Kamenetsk Podolsk beleuchtet.

Der zweite Saal umfasst zwei Themen, in denen sich der Mord an den polnischen Juden und der Beginn der Vernichtung der europäischen Juden überschneiden. Zum einen wird die sogenannte Aktion Reinhard mit den Vernichtungslagern in Treblinka, Bełżec und Sobibór thematisiert. Hier ist wichtig, die regionalen Konstellationen des Generalgouvernements und des Distrikts Lublin mit der organisatorischen Zentrale um das Konzentrationslager Majdanek herum mit den umliegenden Ghettos und der Berliner Politik in Verbindung zu setzen. Mechanismen auf dem Wege zur Vernichtung werden auch am Beispiel vom Ghetto in Łódź/Litzmannstadt und dem Todeslager Kulmhof als zweitem Thema dieses Ausstellungsbereichs aufgezeigt.

Am Ende der thematischen Ausstellung zum Holocaust wird das Vernichtungslager Auschwitz-Birkenau in den Mittelpunkt gerückt. Chronologisch kann man Auschwitz durchaus als »letztes« Vernichtungslager begreifen, in dem zudem der Vernichtungsprozess zu seinem perfiden Höhepunkt gelangte. Auschwitz ist ohne die Vorgeschichte nicht zu verstehen, die Schicksale der

Mehrheit der ermordeten Juden – die eben nicht in Auschwitz starben – sollen nicht verdeckt, sondern miterzählt werden. Die Ausstellung zu Auschwitz soll es den Besuchern nicht erleichtern, sich selektiv zu informieren oder gar selektiv zu gedenken und damit einhergehend eigentlich zu vergessen. Mittels einer sachlichen Argumentation soll Sorge getragen werden, dass die historischen Zusammenhänge nicht hinter der »Ikone Auschwitz« verschwinden. Dieser Weg der historischen Argumentation soll vor allem dadurch beschritten werden, dass die Besucher die Ereignisse jeweils aus der Perspektive der handelnden und betroffenen historischen Subjekte nachvollziehen können.

Die Dreiteilung der Perspektive – Wer macht Geschichte?

Radikal formuliert behauptet die Ausstellung, die Ermordung der europäischen Juden sei eine Tat, an der alle Teil hatten und die – abgeschwächt – zumindest alle etwas angeht. Bereits zu Beginn der Ausstellung werden drei Perspektiven eingeführt, die während der gesamten Ausstellung zum Holocaust präsent bleiben: der Täter, das Opfer und der Zeuge (aus dem Englischen *perpetrator*, *victim* und *witness*).[18] Somit ist die Ausstellung in jedem der behandelten Themen und vor allem in den Mikrogeschichten aus einer oder mehreren Perspektiven zu erschließen. Dies soll nicht bewirken, dass sich die Besucher mit einer der Perspektiven identifizieren, sondern ihnen verdeutlichen, dass in der Situation des Völkermordes mindestens drei Positionen unterschieden werden können.

Dabei wird Wert darauf gelegt, dass auch innerhalb einer Position wiederum unterschiedliche Schattierungen vorliegen können. Am eindeutigsten scheint die Situation der Opfer, aber auch hier sind jüdische Polizei, Judenräte oder Mitglieder der Sonderkommandos freiwillig oder unfreiwillig zu Tätern geworden. Bei den deutschen Tätern gab es sicherlich Überzeugungstäter, aber auch Mitläufer. Vor allem ist aber in den letzten Jahren immer deutlicher geworden, wie weitgehend sich auch die Bevölkerungen der okkupierten Gebiete am Judenmord beteiligt haben.[19] Die Zeugen lassen sich zumindest grob in verhältnismäßig gleichgültige Beobachter, Mittäter oder als Helfer der Opfer unterteilen. Diese Schattierungen werden in der Ausstellung aufgegriffen, ohne sie moralisch zu bewerten. Wichtig ist vor allem, dass sich der Besucher über die Rollen klar wird.

Die Einbindung der verschiedenen Perspektiven in die Narration der Ausstellung soll in unterschiedlicher Weise erfolgen. Denkbar ist, dass neben der Schilderung von verschiedenen Ereignissen auf der Erfahrungsebene der Opfer jeweils deutsche Dokumente als komplementäres Material eingeflochten werden. So würden die tragischen Folgen mit deren oft kaltblütigen Planung integriert. Die Semantik der deutschen Dokumente, die von »Umsiedlung«, »Sonderbehandlung« oder »Endlösung« und nicht von Massenmord sprechen, würde dann zum Beispiel mit Tagebuchaufzeichnungen oder privater Korrespondenz von Juden und Zeugen konfrontiert.

Die Mikrogeschichte zum lettischen Liepāja ist eines der Beispiele, an denen die unterschiedlichen Perspektiven sichtbar gemacht werden. In Liepāja umfasst die Dokumentation alle Perspektiven. Von den Massenerschießungen jüdischer Männer im Juli 1941 gibt es einen Amateurfilm, der von einem Wehrmachtssoldaten aufgenommen wurde. Von der Exekution von Frauen und Kindern am Strand der Ostsee gibt es Aufnahmen (wahrscheinlich eines SS-Fotografen), die von einem jüdischen Zwangsarbeiter vervielfältigt wurden und so bis heute erhalten geblieben sind[20]. Jener jüdische Arbeiter konnte sich während des Krieges mit anderen Juden bei einem lettischen Ehepaar verstecken und überlebte den Krieg. Aus dem Versteck ist das Tagebuch eines weiteren Überlebenden erhalten.[21] Der lettische Retter der Juden kam noch während der deutschen Besatzung gewaltsam ums Leben. Diese dichte Überlieferung von Tathergängen bzw. Tätern, Zeugenschaft, Hilfeleistung und Überleben kann zudem durch deutsche Dokumente ergänzt werden. So »schmückte« der Leiter der Einsatzgruppe A, Franz Walter Stahlecker, einen Bericht an Heydrich mit einer Zeichnung aus: Auf einer Landkarte zeichnete er dabei fünf Särge, neben denen er die Anzahl der erschossenen Juden notierte.

Besondere Sorgfalt ist geboten, wenn die Rolle der Zeugen zum Thema wird. Oftmals berichteten Menschen über das, was sie sahen, manche fotografierten es sogar. Viele blieben gleichgültig, manche versuchten, Profit aus dem Schicksal der Juden zu schlagen. Viele entschlossen sich aber auch zur Hilfe. Einer von ihnen war der eingangs erwähnte Jan Karski. Dass gerade seine Augenzeugenberichte von den Morden an den Juden ungehört verhallten, hat er wohl nie verwunden. Karskis eigentlich tragischem Schicksal wird in der Ausstellung eine Geschichte seines Lebens und seiner Bemühungen gewidmet. Durch Karskis Geschichte bekommt der Besucher Einblick in dessen Engagement, die Gleichgültigkeit vieler anderer Polen und vor allem in den Unglauben und die Tatenlosigkeit der westlichen Alliierten. Sicherlich könnte man auch anmerken, dass Karski in der Ausstellung ein Stück weit die Rolle zukommt, die polnische Beteiligung an der Ermordung der polnischen Juden mit einem Gegenbeispiel zu kontrastieren. Hier wird das kathartische Element sichtbar, das vielen hauptsächlich narrativen Ausstellungen eingeschrieben ist.

Fazit

Das Museum des Zweiten Weltkriegs versucht einen Mittelweg zwischen zwei Fragen an die Ermordung der europäischen Juden zu beschreiten. Die Frage nach dem *Wie*, die zumeist von der Historiografie über die Täter gestellt wird, und die Frage nach dem *Warum*, die die Historiografie zu den Opfern interessiert.[22] Die Ausstellung soll eine Art Bilanz sein, die das heutige Wissen berücksichtigt. Sie soll aber auch Fragen aufwerfen und wunde Punkte berühren, die entweder im öffentlichen Diskurs noch nicht einstimmig beantwortet werden oder nicht zum Kanon des allgemeinen Wissens gehören. Die Ausstellung verhandelt ein europäisches Thema, insofern die Opfer aus fast allen europäischen Ländern und auch die Mittäter aus fast allen Gesellschaften stammten. Sie setzt aber aus mehreren Gründen einige polnische Schwerpunkte. Polnische Juden waren von der Vernichtung in besonders hoher Zahl betroffen; das heutige Polen wurde als deutsch besetztes Land zum Schauplatz der Verbrechen; der Judenmord prägt bis heute das öffentliche Leben in Polen, sei es in Stadtbildern oder in Debatten um das Thema. Daher greift die Ausstellung sowohl die dunklen Seiten der polnischen Beteiligung an den Verbrechen als auch die hellen der polnischen Hilfe für die Verfolgten auf.

Aus vielen Mikrogeschichten heraus soll ein europäisches Mosaik geschaffen werden. Mit Hilfe der Dreiteilung der Perspektive und der bewussten Einbindung originaler Exponate soll die Narration aufgebrochen und vielfältig gestaltet werden. Möglicherweise wird nicht mit allen Mythen nationaler Geschichtsschreibungen (verschiedener Länder) aufgeräumt, vielleicht werden auch einige neue und vereinfachende Formeln geschaffen. Die Hoffnung ist jedoch, dass Besucher möglichst vieler Länder Kenntnis von der Katastrophe der europäischen Juden im Zweiten Weltkrieg erlangen. Wer die Täter waren und wer die Opfer, bleibt dabei in einer Art Schwarz-Weiß-Schema von Anfang an ohne Zweifel. Es soll aber dahingehend sensibilisiert werden, dass die Geschichte eines Massenmordes immer viele Grauzonen hat. Alle Besucher sollen sich angesprochen fühlen, weder nach einfachen Zuschreibungen zu suchen noch in Pathos zu verharren, sondern die Strukturen der Geschichte hinter der Oberfläche gesamteuropäisch wahrzunehmen.

Von Auschwitz nach Oświęcim

Auschwitz als Metapher

Ein Gespräch über die Schwierigkeiten, das Vermächtnis von Auschwitz für künftige Generationen wachzuhalten

von Christoph Heubner (H)

geschäftsführender Vizepräsident des Internationalen Auschwitz Komitees

und Andreas Eberhardt (E)

geschäftsführender Vorstand des Deutsch-Israelischen Zukunftsforums

E: In einer Emnid-Studie, die im Mai 1997 im gesamten Bundesgebiet durchgeführt wurde, wurden zwei Fragen bezogen auf das KZ Auschwitz gestellt: 7,4 Prozent der 14- bis 50-Jährigen und 3,6 Prozent der über 50-Jährigen wissen ohne Antwortvorgabe nicht, wer oder was Auschwitz ist. Bei den 14- bis 17-Jährigen waren es sogar 23 Prozent. Wenn gleichzeitig gesagt wird, Auschwitz ist eine Metapher. Wie passt das zusammen?

H: Mit der zeitlichen Distanz wächst in der jüngeren Generation eine Wissenslücke, die in verschiedenen Altersgruppen größer ist. Gleichwohl gilt der Begriff »Metapher«, da Auschwitz mit seinen Bildern, mit dem berühmten Tor »Arbeit macht frei« sowohl ein Begriff als auch ein Ort ist, der weltweit für das Verbrechen steht, das dort begangen wurde. Ich denke, es gibt zwei Begriffe – »Auschwitz« und »Hiroshima« –, die die große Mehrheit der Weltbevölkerung doch wird zuordnen können zu ganz bestimmten historischen Fakten. Wie groß das spezifische Wissen dieser tatsächlichen Fakten dann ist, wird im Einzelfall zu überprüfen sein.

E: Ich möchte noch einen Augenblick bei der jüngeren Generation bleiben. 2007 hat der mehrfach ausgezeichnete Film »Am Ende kommen Touristen« Aufsehen erregt. Das Bild, das man als Zuschauer von der Gedenkstätte erhält, ist ein sehr differenziertes. Die allgemeinen Eindrücke, den Hintergrund, den man dort sieht, vermitteln eher eine touristische Betriebsamkeit. Überzeichnet könnte man sagen, es handelt sich um ein Touristenziel wie einen Freizeitpark. Welche Erfahrungen hat das Internationale Auschwitz Komitee und hat auch die Internationale Jugendbegegnungsstätte mit den Besucherinnen und Besuchern der Gedenkstätte?

H: Zum Ansatz der Frage: Adorno hat relativ bald nach der Befreiung von Auschwitz formuliert, »man könne nach Auschwitz gar keine Gedichte mehr schreiben«. Heute kann ein junger Deutscher über Auschwitz einen Film drehen, der ungefähr die Zusammenhänge so darstellt, wie Sie sie geschildert haben, also, am Ende kommen Touristen. Wenn eine Voraussetzung bleibt, dass Menschen lernfähig sind und dass sie Emotionen mit Lernen verbinden können, dann ist Auschwitz ein Ort, an dem dieses geschieht. Ich halte nichts davon, sich in diesen Tourismusdebatten zu verlieren, sich über Postkartenstände aufzuregen. Ich möchte mir eher die Gesichter der Besucher ansehen. Natürlich gibt es welche, die durch die Gedenkstätte gehen und wenig verstehen, und dann gibt es aber doch sehr viele, die mit Betroffenheit registrieren, was geschehen ist und in dieser Betroffenheit auch immer ein Erschrecken über sich selbst finden. Es gilt noch immer, was die polnische Dichterin Zofia Nałkowska sehr früh nach der Befreiung gesagt hat: »Denkt immer daran, Menschen haben Menschen dieses Schicksal bereitet, Auschwitz ist menschenmöglich.« Dies betont auch Imre Kertesz immer wieder. Dies ist der große Spannungsbogen, den Besucher vielleicht zum ersten Mal erahnen oder erspüren, wenn sie diese Gedenkstätte besuchen. Dass ein Besuch, ein Blick in diesen Abgrund menschlicher Möglichkeiten sie kalt lässt, das beobachte ich selten.

E: Wir sagen, wir benötigen eine individuelle Auseinandersetzung mit diesem Menschheitsverbrechen, für das Auschwitz steht, empfinden aber gleichzeitig die Monstrosität des Verbrechens an diesem Ort möglicherweise als erdrückend. Wie kann in einer Jugendbegegnungsstätte an diesem Ort tatsächlich eine individuelle Auseinandersetzung mit diesem Menschheitsverbrechen stattfinden?

H: Man muss darüber sprechen. Man darf in Auschwitz stumm bleiben, aber diese Stummheit darf sich nicht erstrecken auf die Zeit danach. Es muss geredet werden über das, was man gesehen hat, was man an Fakten erfahren hat bei manchmal natürlich sehr schnellen Führungen. Auch das beobachte ich nach vielen Jahren Auseinandersetzung mit diesem Ort: Die Menschen beginnen in den Gruppen miteinander zu reden. Selbst Gruppen, die in Bussen anreisen, die eher touristisch orientiert sind. Nach der Führung sieht man sie in Gesprächen zum Bus gehen. Nachdenkliche Gespräche. Für die, die länger da sind, die als Gruppe einen Schwerpunkt haben sich mit diesem Ort und mit dieser Thematik zu befassen, hat die Internationale Jugendbegegnungsstätte mittlerweile Angebote entwickelt, auch für Gruppen Jugendlicher. Immer noch der wichtigste zentrale Punkt einer solchen Phase des Sprechens ist für die Jugendlichen das Gespräch mit einem der Überlebenden, die natürlich immer weniger werden.

E: Auch unsere Vereinigung »Gegen Vergessen – Für Demokratie e.V.« bekommt zahlreiche Anträge für Gedenkstättenfahrten. Die klassische Fahrt ist immer die Fahrt nach Auschwitz, möglicherweise zurückzuführen auf »Schindlers Liste«. Meine Rückfrage ist dann oft, ob es auch Überlegungen gibt, Gedenkstätten/Lager in der Nähe zu besichtigen. Hier kristallisiert sich heraus, dass ein großes Unwissen darüber herrscht, was in der eigenen Region stattgefunden hat und was man vielleicht dort entdecken könnte. Überdeckt Auschwitz das, was bei uns stattgefunden hat?

H: Wenn die Entwicklung im Ganzen so wäre, dann wäre das sicherlich ein Grund zur Sorge, weil Auschwitz dann in einem gewissen Sinne eine exterritoriale Funktion bekäme – das Böse weit vor unserer Haustür. Deswegen ist der Hinweis darauf, dass die Menschen aus ihrem Lebenskreis herausgerissen und nach Auschwitz gebracht worden sind, als Bürger einer Stadt, eines Dorfes, als Mitbewohner, als Nachbarn, ein immer wichtiger und zentraler Beweis. Auschwitz begann damals nicht am Tatort, sondern dort, wo die Ausgrenzung der Menschen, ihre Diskriminierung, ihre Demütigung und ihre Verfolgung stattfanden. Insofern ist Auschwitz tatsächlich eine Metapher für Zusammenhänge um den Tatort herum. Der Tatort Auschwitz ist regional zu fixieren. Das deutsche Konzentrationslager und Vernichtungslager Auschwitz ist auf polnischem Boden gelegen. Lernort »Auschwitz« ist nicht der Tatort allein, sondern ebenso der Ort, wo die Menschen zu Hause lebten und wo Auschwitz in der Verfolgung der jüdischen Mitbürger, der Roma und Sinti und der politisch Andersdenkenden begonnen hat. Der Gedenkort Auschwitz ist ohne Zweifel die Gedenkstätte selber. 1947 von der polnischen Regierung begründet, dann von Überlebenden selbst als Gedenkstätte aufgebaut.

Es gibt Erzählungen von Tadeusz Szymanski, in denen die Überlebenden an den übrig gebliebenen Schreibtischen der SS gesessen und begonnen haben, diese Gedenkstätte als Idee, als Ort zu entwickeln. Die, die betroffen waren, wollten das, was sie glaubten verstanden zu haben, weitergeben an die jüngeren Generationen. Es gibt noch eine weitere Entwicklung; Auschwitz ist ein Ort der künstlerischen Auseinandersetzung geworden. Diese Entwicklung wird sich weiter fortsetzen, wenn keine Überlebenden mehr da sind. Die Geschichten, die Erinnerungen sind erzählt. Sie sind vielfach auf Videos festgehalten. Die Spielberg Foundation hat vieles getan und nun wird mit diesen Erzählungen, mit diesen Erinnerungen eine künstlerische Auseinandersetzung beginnen.

E: Wir wissen, dass wir die Berichte von Zeitzeugen bald nicht mehr persönlich von ihnen entgegennehmen können, wir mit ihnen nicht mehr sprechen können, sondern auf Aufzeichnungen und auf die künstlerische Auseinandersetzung angewiesen sind. Wir sprechen sehr oft in unterschiedlichen Zusammenhängen auch vom Auftrag der Opfer. Die Zeitzeugen, die heute noch leben, sagen selbst, dass sie auch im Vermächtnis und im Auftrag derjenigen handeln, die nicht überlebt haben. Welchen Auftrag geben sie uns?

H: Diese Menschen geben uns den Auftrag mit, sich zu engagieren für eine Welt der Toleranz. Aufzutreten gegen Fremdenfeindlichkeit, gegen Antisemitismus. Rassismus zu bekämpfen und in der kleinen Umwelt wie in der großen Welt für demokratische Werte einzutreten. Das klingt eher platt und wie ein Pamphlet. Man muss aber verstehen, dass die Überlebenden in ihrer Biografie wirklich alle diese Etappen erlebt haben: die Vernichtung demokratischer Werte, die mörderische Wirkung von Intoleranz, von entstehender Feindschaft, die latent immer unter der Oberfläche schlummert, aber plötzlich geweckt werden kann und in Mord und Totschlag endet. Sie haben erfahren, dass die Wand zwischen bürgerlicher Sicherheit und Auschwitz hauchdünn ist. Sie haben gesehen, wie schnell man aus einem Bett auf einer Pritsche landen kann, wie ihre Familienangehörigen, Frauen und Kinder, alte Menschen mit Gas erstickt worden sind, und ihre Sicherheit dem Leben gegenüber ist vielfältig zerstört worden. Dass sie trotzdem die Größe besessen haben und die Loyalität, besonders deutschen jungen Menschen gegenüber, immer wieder diese Biografie zu erzählen und durch ihr persönliches Auftreten einfach auch einen Gegenbeweis anzutreten gegen die endgültige Übermacht der Nazis, das, denke ich, ist schon ein Einstieg in eine solche Überlegung über demokratische Werte, über Toleranz, über Achtung vor den Mitmenschen. Das hört sich alles ganz altmodisch an. Das sind jedoch Werte, die die Überlebenden in vielen Gesprächen vermittelt haben.

Wenn man in der Internationalen Jugendbegegnungsstätte in den Gesprächen mit Überlebenden die jungen Menschen beobachtet, die aus ihren ganz normalen Zusammenhängen kommen, die weder besonders intensiv vorbereitet sind oder übersensibilisiert oder mit gebücktem Gang zu diesem Gespräch hinschleichen, wie sie auf das, was erzählt wird, und auf die Menschen, die ihnen das erzählen, reagieren, dann ist das eine deutliche Bejahung dieses Ansatzes: durch persönliches Beispiel zu berichten, wie gefährdet menschliches Zusammenleben ist.

E: Nach meiner Erfahrung und auch aus dem, was ich der Literatur, aus Schul- oder Unterrichtsmaterialien entnehme, ist mir aufgefallen, dass gerade für junge Deutsche hier ein Bild der rassischen Verfolgung gezeichnet wird, das sehr westeuropäisch geprägt ist. Das bekannteste Buch ist »Das Tagebuch der Anne Frank«, eine westeuropäische Geschichte. Wenn wir feststellen, dass der Name Auschwitz schon in der jüngeren Generation nicht mehr so bekannt ist, wie das sicherlich für die ältere Generation noch gilt, denke ich, dass Namen wie Sobibór, Bełżec, Treblinka, Chełmno, noch sehr viel weiter in den Hintergrund treten. Ist Auschwitz auch der Ort, an dem es gelingen kann zu zeigen, dass die größten Verbrechen in Osteuropa stattgefunden haben? Für uns ist es wichtig zu sehen, was Deutsche in diesen Ländern getan haben. Gerät das nicht manchmal aus dem Blick? Gelingt es in Auschwitz, das zu zeigen?

H: Das ist natürlich ein Relikt aus der politischen Teilung Europas. Polen ist Mitteleuropa, insofern gilt es einfach, wieder die regionalen Realitäten zu erkennen und auch in den Geschichtslinien zu verstehen, wie die Entwicklungen verlaufen sind. Erster Weltkrieg, Zweiter Weltkrieg, Auschwitz. Jungen Menschen muss erklärt werden, dass Auschwitz natürlich auch relativ im Zentrum Europas liegt und auch deswegen ein Ort des Völkermordes geworden ist. Auschwitz wird heute von 1,3 Millionen Menschen im Jahr besucht. Die Tendenz ist steigend. 60 Prozent sind junge

Menschen aus unterschiedlichen Ländern. Für sie steht Auschwitz im Zentrum dieser Geschichte des Zweiten Weltkriegs.

Zurück zu Auschwitz als Metapher. Es besteht natürlich eine Gefahr, dass tatsächlich Auschwitz als Begriff in einer weiteren zeitlichen Distanz alle anderen Begriffe überlagern wird. Diese Sorge wird auch geäußert. Im Internationalen Auschwitz-Rat, den die polnische Regierung beruft und der von Prof. Bartoszewski geleitet wird, sitzen auch viele Überlebende, die fragen, wie wird der weitere Erinnerungsweg von Treblinka, von Sobibór sein, wo viele ihrer Verwandten umgebracht worden sind. Diese Orte werden zwar als Gedenkstätten erhalten, aber von einer Gedenkstätte kann man nur sprechen, wenn Menschen dort sind, die auch tatsächlich gedenken. Die Menschen selber müssen sie zu ihrer Funktion bringen. Wenn keine Besucher mehr in Treblinka, in Sobibór sind, werden diese zu vergessenen Orten und auf der Landkarte der menschlichen Erinnerung keinen Platz mehr haben. Es gibt vielfältige Versuche, diesen Prozess aufzuhalten, indem man zum Beispiel in Bełżec eine neue Gedenkstätte gebaut hat, die didaktisch sehr klug aufgebaut ist. Es gibt Gruppen aus den USA und anderen Ländern, die sich in Treblinka und Sobibór engagieren. Wie das weiter verlaufen wird, werden wir sehen.

Die Realität ist so: Jeder Mensch, der zu einem Ort eine besondere Verbindung hat, möchte, dass diese Verbindung erhalten bleibt und dass auch andere etwas von ihr wissen. Die Überlebenden haben sehr viel dafür getan, dass junge Menschen und Nachgeborene, ob Deutsche oder aus anderen Ländern, wissen können. Ob wir werden wissen wollen, wird die entscheidende Frage sein. Dies hängt ab von Pädagogen, von guten Büchern, von einer künstlerischen Auseinandersetzung. Es gibt Menschen, die zu einem Ort geführt werden durch ein Buch wie das von Anne Frank. Es gibt Menschen, die zu einem Ort geführt werden durch ein Tagebuch von Dawid Rubinowicz, einem jüdischen Jungen aus Galizien, der in sein Schulheft geschrieben hat, was mit den Juden, was mit ihm in seinem kleinen Heimatort geschieht. Solche

Publikationen sollte man nicht unterschätzen. Es ist auch eine Mode, ein bisschen defätistisch zu sein und sich selbst in einem Strudel des Vergessens zu sehen. Das minimiert auch die eigene Arbeit. Es gibt so viele Initiativen, die in vielen Ländern Bücher vorgelegt haben, die mit Überlebenden gesprochen haben. Die Berichte liegen vor. Es klingt vielleicht ein bisschen pathetisch angesichts der engen Verbindung, die viele von uns zu Überlebenden gehabt haben: Das ist auch der einzige Trost, der uns bleibt. Kaum etwas ist so breit dokumentiert wie diese Geschichte von Auschwitz, wie die Geschichte der anderen Lager in Lebenszeugnissen, auch in wissenschaftlichen Untersuchungen, und ich sage es noch einmal: Wer wissen will, hat Möglichkeiten.

E: Im Januar 1996 hat der damalige Bundespräsident Roman Herzog den 27. Januar, den Tag der Befreiung des Vernichtungslagers Auschwitz, zum nationalen Tag des Gedenkens an die Opfer des Nationalsozialismus erklärt. Landläufig, das hören wir in vielen Reden von Politikern und anderen Engagierten, wird er als Holocaust-Gedenktag bezeichnet oder als Auschwitz-Gedenktag, was er seit 2006 auch durch die UN geworden ist. Selbst der Zentralrat der Juden hat in diesem Jahr darauf hingewiesen, dass Roman Herzog den 27. Januar zum nationalen Holocaust-Gedenktag erklärt hat. Müssen wir nicht auch sehr vorsichtig damit sein, diesen Begriff Auschwitz und alles, was sich damit verbindet, nicht so zu gebrauchen, dass die Monstrosität dieses Verbrechens alles überstrahlt, was es daneben auch gegeben hat?

H: Der 27. Januar ist der Tag der Befreiung von Auschwitz. Es ist kein strahlender Tag. Die meisten der etwa 8 000 Häftlinge, die noch im Lager waren, die nicht auf die Todesmärsche geschickt wurden, haben diesen Tag gar nicht als Befreiung empfunden. Sie konnten kaum empfinden, was dieser Tag später in seiner Bedeutung für die Welt sein würde. Dann hat Roman Herzog in Deutschland den Vorschlag gemacht, diesen Tag als Gedenktag für die Opfer des Holocaust zu nutzen und die UN hat vor zwei

Ein Güterwagen, in dem KZ-Gefangene deportiert wurden, heute geschmückt zum Gedenken der Opfer

Jahren dieses Datum zu einem internationalen Tag der Erinnerung an die Opfer des Holocaust mit großer Mehrheit gemacht und gleichzeitig das Programm »Remembrance and Beyond« ins Leben gerufen, wo dieser Übergang der letzten Jahre der Überlebenden und das Weitergeben ihrer Erinnerungen in einem Prozess gestaltet werden soll. In vielen Ländern wird dieser Tag mittlerweile begangen. Auch das ist einer dieser Zusatzpunkte zu der Erinnerung, die gefordert und gefördert wird.

Es wird immer darauf ankommen, wie an Gedenktagen an die Komplexität des Geschehens erinnert wird. Am 14. Juni versammeln sich in Auschwitz die Überlebenden des ersten Transportes der polnischen Opfer, junge Menschen, Pfadfinder, Widerstandskämpfer, alle zwischen 18 und 20 Jahren. Für sie steht dieser Tag im Zentrum ihrer Erinnerung. Trotzdem hat der 27. Januar als Tag der Befreiung etwas Übergeordnetes. Die Überlebenden sehen ihn als einen Tag, der verbindet. Da er nun offiziell auch noch verkündet worden ist, soll das ein Tag sein, der die Überlebenden nicht voneinander trennt, sondern der sie verbindet, der aber einen Tag im Jahr markiert, an dem dieses Geschehens in seiner ganzen Komplexität gedacht werden soll. So verstehe ich das, und es wäre schade, wenn dies als Gedenktag nur für die jüdischen Opfer verstanden werden sollte. Es geht genauso um die Roma und Sinti, die Polen, die russischen Kriegsgefangenen, die politischen Häftlinge aus Frankreich, den Niederlanden, wo immer sie hergekommen sind. Dass es dort bestimmte größere Zusammenhänge gibt, dass natürlich der Mord an den Juden Europas, der Versuch, die Sinti und die Roma zu vernichten, einen bestimmten Stellenwert in diesem Kontext haben, darüber muss nicht diskutiert werden. Das Verbindende dieses Tages ist von den Überlebenden in diesem Sinne interpretiert worden, wie ich das dargestellt habe. Und in diesem Sinne wird der Tag auch in der Internationalen Jugendbegegnungsstätte begangen.

E: Zum 50. Jahrestag der Befreiung von Auschwitz hat bei der Gedenkfeier der israelische Präsident Katzav gesagt, »Auschwitz muss den zentralen Platz im kollektiven Gedächtnis des vereinten Europa erhalten«. Gleichzeitig hat hier bei der Feierstunde im Deutschen Bundestag Arno Lustiger davor gewarnt, Auschwitz als Metapher zu missbrauchen. Er erinnerte daran, dass Günter

Grass dies im Zusammenhang mit der Wiedervereinigung benutzt hat. Auschwitz spreche gegen eine Wiedervereinigung. Er hat erwähnt, dass auch die militärische Intervention in Bosnien und dem Kosovo mit der Gefahr eines drohenden Auschwitz begründet wurde.

H: Arno Lustiger hat natürlich Recht. Mit dem Begriff Auschwitz, mit der Metapher Auschwitz sollte man keine politischen Debatten bestimmen, indem Auschwitz als Warnpunkt oder als letztes Argument inflationär missbraucht wird. In der Debatte um Völkermord wie damals in Bosnien hat Joschka Fischer beispielsweise den Verweis auf Auschwitz als einen Teil seiner biografischen Erfahrung benutzt. Er hat dies in seinem biografischen Zusammenhang als ein Ergebnis seines eigenen politischen und menschlichen Lernens dargestellt. Die Debatte, die Aufarbeitung von Auschwitz herangezogen, um sein politisches Verhalten zu erklären. Das finde ich legitim. Auschwitz hat im europäischen Gedächtnis auch einen argumentativen Hintergrund. Insofern hat Katzav völlig Recht, das hat auch Simone Veil, die französische Auschwitz-Überlebende und erste Präsidentin des Europaparlamentes, gesagt. Sie hat deutlich darauf hingewiesen, dass in ihrer Biografie als Überlebende diese Erfahrung der Grundstein gewesen ist, jenseits jeder emotionalen Erstarrung zu verstehen, dass es ein Europa nur geben kann, wenn es eine Verbindung gibt zwischen Deutschland und Frankreich und wenn die Europäer all das, was in Auschwitz kulminiert ist, gemeinsam zähmen in einem verbundenen politischen Willen. Diesen Zusammenhang kann man darstellen.

Vergessen werden darf jedoch auch nicht, dass Auschwitz natürlich auch eine Metapher ist für Rechtsextreme weltweit. Bisher war Auschwitz sozusagen die Trennwand zwischen den Rechtsextremen und, ich sage bewusst, der bürgerlichen Gesellschaft. Faschistisch hieß in der letzten Konsequenz Völkermord und Auschwitz. Deswegen haben mit großer Propaganda-Wut die Rechtsextremen die Auschwitz-Lüge in die Welt gebracht, indem sie gesagt haben, das alles sei gar nicht wahr. Die Gaskammern seien nachträglich als Ruinen dort installiert worden, um das deutsche Volk zu demütigen und diese nazistische Bewegung zu diskreditieren. Heute argumentieren Rechtsextreme im Sächsischen Parlament sogar mit den Zügen, die nach Auschwitz gefahren sind. »Wann fahren wieder Züge?« hat ein Abgeordneter gefragt, als er sich an die Parlamentarier der anderen Parteien gewandt hat. Es werden Rechtsextreme gesehen, die Auschwitz besuchen. Die Aggressivität, diesen Ort in die eigene politische Absicht gewissermaßen wieder einfließen zu lassen, ist ungebrochen und in den rechtsextremen Gruppen europaweit vernetzt. Auch da gilt Auschwitz als Metapher und als Begriff, der in deren politischer – wenn man das politisch nennen kann – Debatte eine große Rolle spielt.

Die pädagogische, aber auch die politische Arbeit der Internationalen Jugendbegegnungsstätte hat in diesem Zusammenhang für mich den wichtigsten persönlichen Stellenwert.

»Danke für den Liebesbrief«[1]

Die Geschichte einer Freundschaft zu einem polnischen Auschwitz-Überlebenden

von Katarina Bader

Journalistin, lernte Jerzy Hronowski bei einem Journalistenworkshop in der IJBS kennen

Jedes Jahr am 27. Januar feierte Jurek Hronowski die Befreiung von Auschwitz und gedachte der Opfer des Lagers. Das waren für ihn nicht »Millionen von Menschen«, sondern Edek und Feliks – Mithäftlinge. Im vergangenen Februar ist Jurek unter mysteriösen Umständen gestorben. Die polnisch-deutsche Aussöhnung hat mit ihm einen Fürsprecher verloren. Einen, der nicht berühmt war, der aber für viele Menschen die Welt verändert hat. Für mich zum Beispiel.

Es gibt logische Freundschaften: Sie entstehen, weil man zusammen studiert, Kinder im selben Alter hat oder einen Hund der gleichen Rasse. Aber manchmal entstehen Freundschaften, die schwer zu erklären sind. Die Freundschaft zwischen Jurek und mir war eine solche. Er war 60 Jahre älter als ich und Pole, seine Jugend hatten ihm die Deutschen geraubt. Ich bin Deutsche, und als wir uns kennenlernten, steckte ich in der geborgensten Jugend, die man sich vorstellen kann: in einem schwäbischen Dorf, inmitten einer großen Familie.

Im Herbst 1998 nahm ich in der IJBS Oświęcim an einem Seminar für Schülerzeitungs-Schreiber teil. Jurek Hronowski, ein Überlebender des Lagers, beantwortete unsere Fragen. Ein Herr Ende 70, klein, aufrecht und in jeder Bewegung entschieden und kraftvoll. Auf seinen Arm hatten die Nazis Nummern tätowiert.

Ich wusste viel über das Dritte Reich, hatte das »Tagebuch der Anne Frank« gelesen und »Hitlers willige Vollstrecker«, aber als ich einem Menschen gegenüber saß, der Auschwitz überlebt hatte, verstand ich, dass ich nichts verstanden hatte. Als 17-Jähriger war er verhaftet worden. Nicht weil er den Besatzern Widerstand geleistet hatte, sondern weil er Offizierssohn war und Pfadfinderführer.

Ich landete im Gefängnis, in einer Zelle, mit etwa 15 weiteren Häftlingen. Wir waren alle Gymnasiasten und keiner hatte etwas ausgefressen. Das musste ein Missverständnis sein. Ein paar Tage später wurden wir in den Hof geschafft und mussten zu je 30 Personen auf Lastwagen steigen. Bewacht wurden wir von zwei SS-Männern, die mit uns auf dem Wagen saßen. Es wäre ein Leichtes gewesen, sie zu überwältigen. Wenn wir gewusst hätten, was auf uns zukommt, hätten wir es bestimmt versucht.[2]

Jurek erzählte über das Lager. Traurige Geschichten, aber in jeder war ein Funken Hoffnung. Sie handelten von einem Freund, den er vor dem Verhungern bewahren konnte. Und davon, wie Jurek bei einem »medizinischen Versuch« von einem Nazi-Arzt mit Fleckfieber infiziert wurde, aber überlebte, weil ein jüdischer Pfleger ihm heimlich Medikamente zuschob. »Warum erzählen Sie nur Geschichten, die gut ausgehen?«, habe ich vorlaut gefragt. »Mein Fräulein, zwei Gründe«, sagte Jurek. »Erstens: Wenn sie nicht gut ausgegangen wären, könnte ich sie nicht erzählen. Zweitens: Ihr seid jung. Ich will euch nicht den Glauben nehmen.« Ich sagte, dass er selbst genau so alt war, als er diese schrecklichen Dinge erlebte. Er sagte: »Eben.«

»Ich will euch nicht den Glauben nehmen«

Das war unsere erste Diskussion, und ich glaube, meine Stichelei hat ihn amüsiert. Eine Stunde war für das Gespräch angesetzt. Wir redeten drei, und als das Putzteam kam, gingen wir zusammen abendessen. Wir sprachen nicht mehr über Auschwitz, sondern über das Leben. Über VW-Campingbusse, Jureks Reisen in die Türkei in den 1970ern und darüber, wie herrlich Tomaten im Sommer schmecken. Mich beeindruckte die Kraft, die er ausstrahlte. Da war etwas sehr Junges in seinem Blick, etwas Waches, Warmes und ein bisschen Listiges. Ich erzählte, dass ich Polnisch lernen wolle. Faselte von »historischer Verantwortung« und »nachbarschaftlicher Aussöhnung«. »Das erlaube ich nicht«, sagte Jurek. »Ich erlaube dir nicht, aus solchen Gründen Polnisch zu lernen. Lern' es, um reich zu werden. Weil du an Polens Zukunft glaubst und profitieren willst.« Er lud mich ein, einen Sprachkurs in Warschau zu machen und bei ihm zu wohnen. Das haute mich um. Es war halb drei in der Nacht und ich kannte diesen alten Herrn noch keine sieben Stunden.

Ein paar Wochen später habe ich Jurek geschrieben, dass ich ihn gerne einladen würde und auch Vorträge organisieren könne – in den Schulen der Umgebung. Ich schrieb, dass ich beeindruckt von ihm sei. Er rief an und sagte: »Danke für den Liebesbrief!« Dann machte er sich darüber lustig, dass ich einen polnischen Rentner als Schwarzarbeiter anwerben wolle, zu einem »Urlaub in Deutschland«, in dem er schuften müsse. Er genoss es, mich verlegen zu machen. Jurek war zweimal bei meiner Familie. Er küsste meiner Oma die Hand, machte ihr Komplimente und fragte sie nach ihren Erinnerungen ans Dritte Reich. Er redete geduldig mit all den Schulklassen, die ich ihm vermittelte.

Ostern 1941 bekam ich Bauchtyphus. Diesmal, dachte ich, werde ich sterben. Ich hatte blutigen Durchfall. Feliks Klecha fand mich ohnmächtig auf dem Boden von Block 3. Ich war dort hingelegt worden, um als Leiche abtransportiert zu werden. Ich hatte Feliks Brot gegeben, als er am Verhungern war. Jetzt verkaufte er seine Wochenration Essen, um Opium zu bekommen und stoppte damit den Durchfall. Er hat mein Leben gerettet. Am nächsten Tag schleppte er mich in den Kälberstall, wo er arbeitete. Er grub ein

Loch im Misthaufen und polsterte es mit Teerpapier und sauberem Stroh. Er legte mich in das Loch und deckte es mit Teerpapier und Mist ab. Abends schleppte er mich auf den Block und morgens holte er mich wieder ab. Wer tags auf dem Block war, wurde erschossen.

Die Schüler, die von dem Erbschuld-Gerede unserer Ex-68er-Lehrer genervt waren, hörten Jurek gebannt zu, sie waren berührt, fragten nach und hinterher hatten alle etwas verstanden. Nicht nur über Auschwitz – über Menschen. Als ich Jahre später einen ehemaligen Mitschüler traf, fragte er mich gleich, wie es denn diesem »coolen alten Polen« gehe.

Nach dem Abitur bin ich wirklich nach Polen gegangen, nach Krakau, weil es dort die besten Polnischkurse gab. Ein Jahr lang lernte ich die komplizierte Grammatik und am Wochenende fuhr ich oft zu Jurek nach Warschau. Er hatte eine klitzekleine Wohnung: eine enge Küche, in der ein Gästebett stand. Ein Bad, in dem es kein Waschbecken gab, man wusch sich die Hände über der Badewanne. Ein helles Zimmer mit einem runden Holztisch, an dem Jurek immer saß, und seinem Bett mit einer dünnen Wolldecke.

Es gab Nächte mit Temperaturen von minus 20 Grad. Wir Häftlinge umarmten uns nachts, um uns zu wärmen. Aber es kam vor, dass man am nächsten Morgen eine Leiche im Arm hatte. Bis heute kann ich nicht unter einer warmen Decke schlafen, weil mir viel zu heiß ist.

Auf dem Nachttisch stand ein Bild seiner beiden Enkelkinder, die er nur vom Foto kannte. Sie wuchsen in Amerika auf und sprachen nur englisch. An den Wänden hingen zwei Porträts einer wunderschönen Frau, Jureks Mutter. Die Bilder hatte ein bekannter polnischer Expressionist gemalt: Ignacy Witkacy. »Wir gingen mit leerem Magen ins Bett, aber sie musste diese Bilder machen lassen«, sagte Jurek. Vornehm sei die Mutter gewesen, über die

Verhältnisse der Familie vornehm. In einem der Bilder war ein Loch. Am Tag von Jureks Verhaftung hatte ein Gestapo-Mann darauf geschossen.

Den Schinken eliminieren

Ich wusste, dass Jurek gerne isst und versuchte, bei jedem Besuch toll zu kochen, bis ich merkte, dass ihm Einfaches lieber war. Salzgurken, Erbsensuppe – Lebensmittel, die er aus der Kindheit kannte, nach denen er sich in Auschwitz gesehnt hatte – Rollmöpse, dunkles Brot und Schinken. Lange sprachen wir über Schinken. »Das ist sehr guter Schinken«, sagte Jurek, wenn er den ersten Bissen nahm. Und: »Deutscher Schinken ist nicht so gut wie polnischer Schinken.« Er war enttäuscht, wenn ich auf die Provokation nicht reagierte. »Einmal habe ich auch in Deutschland hervorragenden Schinken gegessen«, meinte er wieder versöhnlich. »Das war 1978, als ich in Flensburg einen Vortrag hielt. Die hatten einen Schinken da!«

Die 18-Jährigen wie ich, die keinen Beruf gelernt hatten, mussten die schwerste Arbeit machen. Ich musste Zementsäcke zu je 50 Kilogramm entladen; dabei war ich selber nur 1,65 Meter groß und kaum schwerer als die Säcke. Es gab im Lager nur wenige Häftlinge, die deutsch sprachen. Um eine bessere Arbeit zu bekommen, dachte ich mir, wäre es hilfreich, Deutsch zu lernen. Das Lager befand sich noch im Bau und es wurden Leute gebraucht, welche die Schilder malten HALT! TODESZONE! oder Es wird scharf geschossen!

Jurek klaute aus der Toilette der SS Fetzen der Nazizeitung »Stürmer«. Er besorgte einen Stift und übte die gotischen Buchstaben. Wäre er erwischt worden, hätte ihn der Klopapier-Klau das Leben gekostet, aber er hat ihn gerettet. Jurek wurde Schreiber einer Baracke, ein Job, mit dem man eher überleben konnte.

Nach dem Krieg wollte er von Deutschen erst nichts mehr wissen, aber Anfang der Sechzigerjahre begann Jurek, deutsche

Jugendliche in Oświęcim zu betreuen. Er baute das Begegnungszentrum mit auf, in dem ich ihn kennenlernte. Er leistete so viel für die Aussöhnung, dass er ein Bundesverdienstkreuz bekam. Das bewahrte er in seinem Nachttisch auf. Aber sein Deutsch war noch immer das Deutsch, das er im Lager gelernt hatte. Wenn nur noch eine Scheibe Schinken übrig war, dann sagte er: „Kati, willst du nicht den Schinken eliminieren?«

Mit meinem Polnisch ging es langsam voran. Ich verknotete mir die Zunge, und Jurek war sehr genau. »Sein« heißt auf Polnisch »Być« – das »y« spricht man dabei weich und tief in der Kehle. Ich sprach es als spitzes, deutsches »i«. »Bić heißt schlagen, nicht sein!«, rief Jurek, nachdem er mich hundertmal verbessert hatte. »Mag sein, dass für Deutsche ›schlagen‹ und ›sein‹ dasselbe ist, aber im Polnischen ist das anders.« Ich war sehr beleidigt.

Auch er war manchmal beleidigt. Einmal besuchte ich ihn an Ostern. Ich hätte die Zeit lieber in Krakau verbracht, wo im Studentenwohnheim eine Party stattfand. Aber ich wusste, dass Jurek einsam gewesen war in diesem Winter. Ich kaufte Tulpen, weil mir Jureks Wohnung traurig vorkam. Jurek fragte nur: »Warum hast du keinen Schinken gekauft?«

Wenn die Selektion beendet war, wurden die Nummern der Häftlinge verlesen, die zum Sterben verurteilt waren. Sie wurden nackt auf einen LKW geprügelt. Unter Kolbenschlägen mussten sie auf die Ladefläche klettern. Die Häftlinge, die schon oben waren, zogen die Schwächsten hoch. Sie wussten, was auf sie zukam. In nur hundert Meter Entfernung sah man Flammen aus dem Schornstein des Krematoriums schlagen. Der Lastwagen brachte sie direkt dorthin. Die übrigen Häftlinge durften sich anziehen und wurden von den Blockschreibern wieder auf ihre Blöcke verteilt.

Als ich sagte »furchtbar«, sagte er »nein, nicht furchtbar, sondern brutal«. Manchmal wollte ich schreien: »Jurek, gönn' mir eine Pause, ich halte das nicht drei Tage am Stück aus.« Aber die

Bitte erschien mir lächerlich, denn ich wusste, dass seine Erinnerung ihm keine Pause gönnte. Ich konnte es ihm nicht recht machen an diesem Wochenende. Am Ostersonntag ging ich spazieren, um mich etwas zu erholen. Als ich wieder kam, sagte er, dass ich bei ihm wohne wie in einem Hotel und ihn wie Luft behandle.

Mit Jurek war es selten harmonisch und auf Mitleid reagierte er allergisch. Er war stolz. Das spürte man an tausend Gesten: Wenn ich ihm in den Mantel helfen wollte, nahm er mir den Mantel weg, zog sich selbst an, um mir dann galant in meinen Mantel zu helfen. »Vielleicht bin ich über 80«, sagte er, »aber ich bin immer noch der Herr und du die Dame.«

Ein Kämpfer bis zuletzt

Jurek war ein richtiger Offizierssohn. Sogar wenn er zu Hause eine ausgebeulte Jogginghose trug, hatte er mehr Haltung als die meisten Soldaten in Galauniform. Und er war, was man in Polen einen »kulturellen Menschen« nennt. Dabei hatte er nie studiert. Die Deutschen hatten ihn »aus dem Lyzeum wegarrestiert«. Aber er kannte die polnische Geschichte genau: Jahreszahlen, Schlachten, Tragödien. Solange die Augen mitmachten, verbrachte er Tage in der polnischen Nationalbibliothek und las sich durch die historische Abteilung. Wenn Jurek über die Schlacht bei Grunwald 1410 sprach, klang es so, als sei er dabei gewesen.

Warum mir die Versöhnung zwischen Deutschen und Polen wichtig war? Sie gehört zu meiner Art von Patriotismus. Schon 1942, in einer Zeit schlimmer Unterdrückung, gab es im polnischen Untergrund den Befehl, alle Verbrechen den Nazis anzulasten, nicht den Deutschen. Benachbarte Völker können nicht in kollektivem Hass leben und im KZ wurde mein Leben oft von Deutschen gerettet.

Ich pendelte während des Studiums zwischen Deutschland und Polen, machte ein Praktikum bei einer polnischen Zeitung und ein Auslandssemester in Warschau. Eine neue Welt öffnete sich für mich und ich hatte immer viel zu tun. Manchmal, wenn ich in Deutschland war, telefonierte ich monatelang nicht mit Jurek. Wenn ich ihn anrief, begann ich das Gespräch mit einer langen Entschuldigung. Jurek unterbrach mich, fragte mich über mein Leben aus und wie es der »verehrten Frau Oma« gehe.

Viele Jahre schrieb er an einem Buch über sein Leben.[3] Weil er inzwischen fast blind war, ließ er sich alles immer wieder vorlesen. Jurek stritt tagelang mit den geduldigen Freiwilligen der Begegnungsstätte. Wenn er davon erzählte, sagte er »kämpfen« statt »streiten«. Er sagte: »Dann habe ich mit diesem Jungen gekämpft, denn er wollte das Buch anders machen. Das ist mein Buch, mein Leben.« Wenn ich die Helfer in Schutz nahm, wurde er sauer. »Willst du auch kämpfen?«, fragte er. Lange glaubte ich, dass er das Buch nicht abschließen konnte. Es war das Letzte, was er im Leben erkämpfen musste. Es abzuschließen hätte geheißen, mit dem Leben abzuschließen.

Jurek war kein Mensch, der leicht mit dem Leben abgeschlossen hätte. Zweimal hatte er einen Hirnschlag. Beide Male aber rappelte er sich auf und rief selbst den Krankenwagen.

Über Auschwitz erzählte Jurek immer dieselben 30 Episoden. Ich habe jede viele Male gehört. Sie waren immer gleich. Nie schmückte er mehr aus, nie ließ er etwas weg. Jurek beherrschte diese Episoden, und sie halfen ihm, seine Erinnerungen zu beherrschen. Aber ich weiß, dass er Erinnerungen jenseits der Episoden hatte. Einmal fragte ich, ob man in seiner Baracke das Krematorium roch. Seine Augen füllten sich mit Tränen. Ich ging, um Tee zu kochen, und habe nie wieder gefragt. 30 Erinnerungen an Auschwitz sind für einen Menschen schon zu viel.

Die Verpflegung im Lager wurde weniger. Als wir fast nichts mehr bekamen, nahm ich den Mut zusammen und ging zu meinem Vorgesetzten, einem deutschen Ingenieur. »Herr Meister, Deutschland wird den Krieg verlieren. Man wird Leute dafür verantwortlich machen, was sie getan oder unterlassen haben. Sie haben uns an-

ständig behandelt. Aber wenn wir verhungern, können wir niemandem die Wahrheit über Sie sagen.« Der Meister schrie mich an: Wie könne ich mir so etwas erlauben, er werde es der Politischen Abteilung melden. Ich erwiderte ihm, dass ich nichts zu verlieren hätte, weil ich in zwei bis drei Tagen sowieso vor Hunger krepieren würde. Am nächsten Morgen kam er mit seinem Auto quer durch die Fabrikhalle angerast. Er stieg aus, warf mir einen auffordernden Blick zu und ging ins Büro. Im Kofferraum fanden wir einen 80-Kilo-Sack Kartoffeln.

Jurek gab sich und seinen Mithäftlingen in den Erzählungen Stolz, Würde und, wenn es ging, etwas Macht. Und er gab allen Namen. Wenn ihm der Name eines Kameraden nicht einfiel, war er sehr unruhig. Manchmal sagte er Stunden später plötzlich »Edek. Er hieß Edek Galinski.« Jurek lebte mit diesen Menschen.

Seine Frau war tot, sein Bruder lebte in Kanada, Sohn und Enkel in den USA. Am Ende sah er wochenlang nur die Damen, die seinen Haushalt machten, seit er nicht mehr klarkam. Die Damen wechselten ständig. Er warf sie hinaus. Es fiel ihm schwer, sich helfen zu lassen.

Wenn er besonders einsam war, war er von einer merkwürdigen Angst besessen. Er sagte, er werde beobachtet. Es gebe Menschen, die ihm Böses wollten, darauf aus seien, ihn zu töten. Ich kam mit diesen Ängsten nicht klar. Ich glaubte, dass es Ängste aus der Vergangenheit seien und nahm sie nicht ernst, aber ich fürchtete, Jurek könnte das merken und denken, dass ich ihn nicht ernst nehme. Das hätte er mir nicht verziehen. Also lenkte ich immer auf ein anderes Thema, wenn er von Verfolgern zu sprechen begann.

Was Tod und Leben angeht, gab es im Lager keine Regeln, jeder konnte jederzeit totgeschlagen werden. Und wenn es einfach die Nase war, die jemandem nicht gefiel. Kein Kapo oder SS-Mann musste sich dafür rechtfertigen.

In den letzten Jahren sprach er weniger über die Vergangenheit. Er hörte lieber zu, wie ich über meine Familie erzählte und über die unbezahlten Praktika. Ich jammerte: »Die gehören heutzutage leider dazu.«

Zum letzten Mal habe ich Jurek im Herbst 2005 gesehen. Ich hatte mein Studium mit einer Diplomarbeit über Polen abgeschlossen. Wir tranken an seinem runden Tisch unter dem strengen Blick seiner Mutter Tee und aßen Kremówka, Cremeschnitte, die Jurek wegen des Zuckers nicht hätte essen dürfen. »Das ist sehr gutes Gebäck«, sagte Jurek. Er war jetzt 83 Jahre alt. Sein Buch war abgeschlossen. Jurek sprach an diesem Nachmittag zum ersten Mal vom Sterben. Er sagte, dass er nicht mehr gebraucht werde. Ich sagte: »Ich brauche dich.«

Später haben wir noch ein paarmal telefoniert. Ich rief ihn an, als ich mich von meinem Freund trennte, mit dem ich lange zusammen gewesen war. Ich rief ihn an, als ich eine Stelle an der Uni angeboten bekam, die ich ohne Polnischkenntnisse wahrscheinlich nicht gekriegt hätte. Er sagte: »Siehste!« Ich stürzte mich in ein neues Leben. Zwei Monate rief ich ihn nicht an. Dann bekam ich die Nachricht, dass Jurek tot sei. Aufgefunden im Badezimmer seiner Wohnung, in einer Blutlache. Die Polizei ermittelte wegen Mordes. Ich flog sofort nach Warschau.

Es war eine kleine Beerdigung. Sein Sohn und die Nachttisch-Enkel kamen aus den USA. Sie waren keine Kinder mehr, sondern gestandene Amerikaner. In dem Tulpenstrauß, den ich aufs Grab legte, hatte ich ein kleines Stück polnischen Schinken versteckt. Der Pfarrer sprach von einem brutalen Tod. Am Tag nach der Beerdigung zeigte ich Jureks Enkeln Warschau, ich zeigte ihnen seine Lieblingsplätze, erzählte ihnen über ihren Großvater und auch über ihre schöne strenge Urgroßmutter, die nicht mehr von der Wand blickte. Die Bilder waren verschwunden. Es war unheimlich.

Jerzy Hronowski

Katarina Bader

Und doch: ein gutes Ende

Monatelang war ich verzweifelt und wütend. Es ging so weit, dass ich zu hoffen begann, dass Jurek im Streit starb. Ich hoffte es, weil dann sein letztes Gefühl Wut gewesen wäre. Wütend zu sein, dachte ich mir, ist für einen Menschen wie Jurek nicht so schlimm wie hilflos ausgeliefert zu sein. Oft rief ich Jureks Sohn in den USA an. Er sagte, er wisse nichts Neues über den Tod seines Vaters.

Ich versuchte mich an Details aus Jureks Verschwörungsgeschichten zu erinnern, die ich nie hatte hören wollen. Wer hat ein Motiv, einen Rentner zu töten? Gerne hätte ich mit Jurek über all das gesprochen. Warum tun Menschen so was? Wie lebt man mit Ungerechtigkeit, gegen die man nichts machen kann?

Ich versuchte bei den Warschauer Behörden etwas herauszufinden, aber es gelang mir nicht, mit meinem unsäglichen deutschen Akzent meine Verbundenheit mit diesem polnischen Rentner glaubhaft zu machen. Keine Angehörige, kein Auskunftsrecht. Oft musste ich an einen Satz aus Jureks Buch denken: »Jeder konnte jederzeit erschlagen werden.«

Ein polnischer Bekannter half mir schließlich. Er machte die ermittelnde Staatsanwältin ausfindig. Die schaute in der Akte nach und sagte, dort sei ein »natürlicher Tod« vermerkt. Das hätte die Obduktion zweifelsfrei ergeben. Plötzlicher Kreislaufzusammenbruch. Das Blut stamme von dem Sturz, bei dem er sich den Kopf anschlug. Wahrscheinlich sei er sofort bewusstlos gewesen und dann gestorben. Zwei Wochen nach der Beerdigung war die Akte geschlossen worden. Über die Bilder steht in ihr nichts.

Ich werde nie verstehen, warum Jureks Sohn mir von dem Ermittlungsergebnis nichts erzählt hat. Ich vermisse Jurek weiterhin, aber es ist eine andere Art des Vermissens. Ich würde mit ihm gerne über das Seminar reden, das ich nächstes Semester an der Uni halte. Thema ist »Protestkultur in Polen«. Bestimmt wäre ihm meine moderne Sozialwissenschaft nicht heroisch genug. Es würde ihm Spaß machen, darüber »zu kämpfen«, und am Ende hätte ich etwas gelernt. Ich denke an Jurek, wenn ich Schinken esse, und ich hätte ihm gerne meinen Freund vorgestellt. Aber ich weiß, dass er Angst hatte, bettlägerig zu werden, und dass der schnelle Tod für Jurek an sich ein guter war. Er fehlt mir, aber ich bin froh, dass seine Geschichte irgendwie gut ausging. Denn Jurek wollte, dass ich den Glauben nicht verliere.

Eine Stadt und ihr Schatten

Oświęcim und das Erbe von Auschwitz

von Zbigniew Bartuś *Journalist, geboren in Oświęcim*

Über 800 Jahre lang war Oświęcim eine typische mitteleuropäische Stadt. Fünf Jahrhunderte lang war sie die Heimat auch einer bunten jüdischen Gemeinschaft und bot einen Raum der fruchtbaren Koexistenz verschiedener Kulturen und Religionen. Eltern erzogen hier ihre Kinder. Schneider nähten Kleider, Schuster machten Schuhe und Kaufleute ihre Geschäfte. Aus Kirchen und Synagogen ertönten Gebete und Gesänge. Konnten sechs Jahre des Zweiten Weltkriegs diese Stadt mit 800 Jahren Geschichte, dem alten Schloss der polnischen Herrscherdynastie der Piasten und mit ihren ruhigen Bürgern von Grund auf verändern?

Ja, sie konnten! Und diese Änderung erwies sich als irreversibel. Da kann einer sagen, dass diese Zeit ganz Polen, Europa und die Welt geändert hat. Das stimmt schon. Aber eben nur diese Stadt – nunmehr unter dem deutschen Namen »Auschwitz« bekannt – wurde zum Symbol des Verbrechens, Leidens, Genozids, des Holocaust.

Die Einheimischen bemühen sich, das Lager Auschwitz von der Stadt deutlich abzugrenzen. Einem Besucher, der nicht genau weiß, wo er angekommen ist, könnte Oświęcim als ein normales, sich entwickelndes, verhältnismäßig modernes und äußerst lebendiges Städtchen erscheinen. Hier leben rund 40 000 Menschen. Eltern erziehen ihre Kinder. Arbeiter arbeiten in den naheliegenden Gruben, in der Chemiefabrik Synthos, der größten in diesem Teil Europas. Kaufleute machen ihre Geschäfte. Aus

Kirchen tönen Gebete und Gesänge. Bürger freuen sich über die Erfolge hiesiger Sportler. Unia Oświęcim war eine Dekade lang polnischer Eishockey-Meister und gehört noch immer zur Landesspitze, das Eiskunstlaufpaar Dorota Zagórska und Mariusz Siudek errang die Bronzemedaille bei der Weltmeisterschaft, der Schwimmer Paweł Korzeniowski wurde Welt- und Europameister und holte sich Bronze bei den Olympischen Spielen …

Die Einheimischen bemühen sich um einen normalen Alltag, obwohl sie – ungeachtet aller Zeichen von Normalität – wissen, dass Oświęcim nie mehr eine normale Stadt sein wird. Eine weitere Generation junger Leute lernt, mit diesem Brandmal zu leben.

Eine Hochzeit

Der Traum von Małgosia ist schön. Ein Mädchen, ganz in Weiß, fährt im bunt geschmückten Hochzeitswagen vor das rosarote Haus. Die frisch Vermählten beschreiten einen grünen Pfad und sehen die Aufschrift über der Tür: »Willkommen im Paradies!« Die Hochzeitsgäste begrüßen sie an der Tür. Ein wunderschöner Abend beginnt.

So ist es gewesen. Eine Erinnerung und ein schöner Traum. Jedoch erwacht Małgosia aus diesem Traum immer mit einem seltsamen Gefühl. Sie kann sich noch gut erinnern: Als ihr Ehemann sie in der Tür ihres rosaroten Hauses umarmte, erblickte sie eine Gruppe von Touristen an der Grenzmauer zwischen dem kleinen Hof und dem Staatlichen Museum Auschwitz-Birkenau. Jugendliche mit drei Älteren. Sie schauten zur Hochzeit hinüber und waren regelrecht entsetzt. Auf ihren Gesichtern malte sich die Frage: »Wie könnt ihr nur an *diesem* Ort?!«

»Immer wieder die gleiche Frage«, dachte Małgosia. Und wurde traurig. Wie immer.

Dieser Ort ist eine kleine Wohnsiedlung namens Rittmeister Tadeusz Pilecki. Dieser polnische Held ließ sich absichtlich im KZ Auschwitz verhaften, um hier eine Widerstandsbewegung aufzubauen und Meldungen über die Situation im Lager den westlichen Alliierten zuzuleiten.

Vor acht Jahren wurden alle Häuser in der Siedlung saniert und rosarot gestrichen. Es wurde auch einer der schönsten Spielplätze in der Stadt errichtet. Von der Schaukelhöhe ist die bekannte Aufschrift über dem Lagertor »Arbeit macht frei« beinahe zu sehen. Hier kriegt man Kinder, hier wird geheiratet, hier lassen sich Leute auch scheiden. Hier streiten und versöhnen sie sich, spielen und lernen, essen, rauchen und trinken (manchmal zu viel). Sie leben halt hier.

Julian Nyderek aus Brzezinka, einem Dorf, das weltweit als Birkenau bekannt ist, kennt zwei Ansichten von Ausländern, die zu wissen glauben, warum die Leute weiterhin in der Nachbarschaft des Lagers wohnen.

»Nach der ersten Version waren wir hier auch während des Kriegs und hätten den Deutschen bei der Vernichtung geholfen. In abgemilderter Auffassung heißt es, wir waren gleichgültig (und sind es nach wie vor). Nach der zweiten Version hätten wir die Stadt nach dem Krieg absichtlich neben dem Lager errichtet. Denn das Gedenken der Opfer, all der hier ermordeten Juden, sei uns egal.«

Sein alltägliches Leben im Schatten der Stacheldrähte von Birkenau überrascht Touristen mehr als der Spielplatz in der Pilecki-Straße. So viele Jahre nach dem Krieg kennen nur wenige die Geschichte der Familie Nyderek und ihrer Nachbarn.

Rückblick I

Im Sommer 1945 standen sie ratlos in der riesigen Öde und konnten keine Spur der Fundamente ihrer Häuser und Hofgebäude mehr finden. Von 821 Bauernhöfen, vor dem Krieg von rund 5 000 Leuten bewohnt, blieb eine Schicht Asche. Von über 900 Häusern blieben lediglich 16. Wo sind die anderen geblieben?

Die Bewohner von Brzezinka und der anderen durch Nazis vernichteten Dörfer bei Oświęcim haben versucht das herauszufinden. Einer erkannte Dielen von seiner Scheune in einer Barackenwand im Lager, der andere Dachziegel von seinem Haus, ein weiterer Ziegelsteine, die er selbst vor dem Krieg gebrannt hatte. Meter für Meter, anhand der erhaltenen Bäume und Stauden, stellten sie die Topografie und Grundstücksgrenzen aus der Vorkriegszeit wieder her. Das Dorf lag jedoch größtenteils auf dem Gelände des ehemaligen Lagers und viele Grundstücke waren Zufahrtsstraßen zu dieser Hölle geworden.

Am 8. März 1941 um 3 Uhr in der Früh haben die SS-Leute angefangen, Brzezinka in Birkenau umzuwandeln. An diesem Tag umzingelten sie Pławy und Harmęże. Einen Monat später erfuhren Brzezinka, Babice, Budy, Broszkowice und Rajsko dasselbe Schicksal. »Uns wurde eine halbe Stunde fürs Zusammenpacken eingeräumt – maximal 20 Kilogramm pro Familie«, kann sich Stanisława Iwińska, die neben der Dachpappenfabrik wohnte, noch recht gut erinnern. Die Einheimischen wurden ausgesiedelt. Ein Teil wurde in die Umgebung der Stadt Gorlice abtransportiert, andere wurden als Zwangsarbeiter auf deutsche Bauernhöfe und in die Fabriken geschickt.

Achthundert Jahre alte Dörfer wurden planiert. Die Deutschen haben das Lager mit Stacheldraht von der Außenwelt abgeschottet. Aber das vom Lagerkommandanten verwaltete und durch die SS-Streifen überwachte Gelände war viel größer. Es umfasste zusätzlich rund 40 000 Quadratmeter des sogenannten Interessengebiets zwischen den Lagern Auschwitz I und Auschwitz II (Birkenau). Das flache unbebaute Gelände war für die SS viel leichter zu bewachen, Flüchtlinge bzw. Ankömmlinge waren von Weitem zu sehen. Das war wichtig, weil, wie Rudolf Höß befürchtete, »sonst Flüchtlinge in jedem polnischen Hof Zuflucht finden würden«. Das Rückbaumaterial von den benachbarten Häusern setzten die Nazis zur Errichtung des Lagers ein.

Nach dem Zweiten Weltkrieg wurde Auschwitz weltweit zum Symbol des Völkermords. Für die Zurückkehrenden aber blieb Oświęcim die Heimat, wo Generationen ihrer Vorfahren aufgewachsen und gestorben waren. Sie waren von dem Ausmaß der

Verbrechen tief erschüttert, sie mussten jedoch irgendwo weiter leben. Aber wo? Diese Frage konnte (oder vielleicht doch: wollte) ihnen keiner beantworten. Keiner sagte: Da oder da ist euer neuer Platz zum Leben.

Aus den Unterlagen des staatlichen Ausschusses, der 1945 zur Schadensermittlung eingesetzt wurde, geht hervor, dass die Deutschen fast 5 000 Menschen aussiedelten (tatsächlich waren es über 7 000), 900 Häuser und über 500 Hofgebäude abrissen, viele landwirtschaftliche Erzeugnisse und Bäume stahlen bzw. vernichteten. Tausende Zuchttiere (Kühe, Schweine, Pferde, Geflügel usw.) wurden geraubt. Auch Maschinen, Möbel – einfach alles. Die Bewohner von Oświęcim, Brzezinka und anderen vernichteten Ortschaften, die nach dem Krieg zurückkehrten, waren Habenichtse, alles war weg. Da kann einer sagen: Genau wie viele andere Menschen in Europa nach dem Krieg. Das stimmt schon, aber nur die Heimat der Oświęcimer wurde zu einer regelrechten Hölle umgewandelt.

Sie überlegten, wie sie hier leben sollten. Sie hofften, die neue Volksrepublik Polen, die auf ihren ehemaligen Grundstücken das Museum errichtet hatte, würde ihnen helfen, einen neuen Lebensraum zu finden. Aber die kommunistischen Behörden wollten nichts davon hören. Die Unterlagen des Ausschusses mit der Beschreibung der Schäden verschwanden in staatlichen Archiven. Für über ein halbes Jahrhundert.

Die Einheimischen hofften, dass die deutschen Kriegsreparationen ihnen helfen würden, dieses Problem zu lösen. Aber 1953 verzichtete die Regierung der Volksrepublik Polen auf die deutsche Kriegsentschädigung. »Für den Wiederaufbau von Warschau hat sich das ganze Land eingesetzt. Und wir Habenichtse wurden allein gelassen«, hielt Elżbieta Waluszek der damaligen Regierung vor.

Mit dem Wiederaufbau der Dörfer aus eigener Tasche begann erst die nächste Generation. »Ich baute mein Haus an der alten Stelle in den 1960er Jahren, als die ersten Baugenehmigungen erteilt wurden. Ich und meine Familie haben für dieses Haus

25 Jahre schwer geschuftet und gespart«, erzählt Frau Waluszek. Alle ihre Nachbarn haben ebenfalls ihre Häuser und Bauernhöfe ohne jegliche Hilfe allein wieder aufgebaut.

Das Museum umfasst 191 Hektar: 20 auf dem Gelände des ehemaligen KZ Auschwitz I und 171 im ehemaligen KZ Auschwitz II - Birkenau. Im Jahr 1962 wurde um das Museum in Birkenau ein Schutzstreifen angelegt, 15 Jahre später wurde ein ähnlicher Schutzstreifen um das Museum Auschwitz I errichtet. Der Schutzstreifen war 500 Meter breit und verlief mitunter mitten durch Bauernhäuser und Scheunen. Es gab Leute, die in ihren Betten halb in dem Schutzstreifen und halb außerhalb schliefen …

Die Schutzstreifen wurden 1999 nach Inkrafttreten des Gesetzes zum Schutz von ehemaligen Konzentrationslagern bestätigt.

In der Zeit des Kommunismus führten die staatlichen Behörden immer wieder neue Einschränkungen in dem Schutzstreifen um das Museum ein, aber die Lösung der Probleme, die der Museumsbetrieb mit sich brachte, blieb den Kommunen überlassen. Zum Beispiel musste der Vorsteher von Płazy mit dem Problem fertig werden, wie er die Dorfstraße, alljährlich von einer halben Million Besucher befahren, aus der kommunalen Kasse instand halten sollte. Er bekam keinerlei externe Mittel dafür. Das ehemalige Lager, das Staatliche Museum und die Gedenkstätte waren eine nationale Angelegenheit. Die Umgebung jedoch mitsamt den Schutzstreifen war das Problem der Kommunen und damit auch der Opfer der Naziverbrechen und ihrer Kinder.

Auf Verständnis konnten sie bei niemandem rechnen. Eine typische Situation: Ausländische Besucher gehen den Stacheldrahtzaun entlang. Sie kommen aus den Niederlanden, geführt von einem Fremdenführer. Auf ihren Gesichtern Verblüffung: Wohnhäuser in Brzezinka?, ein Bauer beim Grasmähen? – und er ist von den Krematoriumsruinen aus zu sehen! Der Fremdenführer sagt, er kenne die ewigen Fragen auswendig: Warum haben die Nazis (immer »Nazis«, niemals »Deutsche« in diesem Kontext) das Lager ausgerechnet hier errichtet? Warum haben die Polen (es sind immer »Polen«) dem Holocaust, der Vernichtung ihrer Nachbarn teilnahmslos zugeschaut? Und – was nicht weniger relevant ist – warum wohnen sie immer noch da, so nah der Hölle?

Rückblick II

Amalia hat einen Albtraum. Sie will ihn nicht träumen, sie will ihn aus dem Gedächtnis löschen. Aber der Albtraum kommt von allein. Er löst Schreie, Zittern und Weinen mitten in der Nacht aus. In diesem Albtraum geht eine erschöpfte, blasse Frau in Häftlingskleidung an braunen Häusern (im Traum von Małgosia sind diese Häuser rosarot) entlang und entschwebt über den Stacheldrahtzaun hinweg zum Krematorium. Sie entflammt. Zwei große Soldaten in schwarzen Uniformen öffnen die Plane eines Lastkraftwagens. Da drin ein Haufen von Leichen. Frauen ohne Köpfe. Auf einmal steigt ein blasses Häftlingsgesicht in Flammen auf und schwebt über Amalia: »Töchterchen, ich bin's …« seufzt die Mutter. Amalia träumt diesen Albtraum seit 67 Jahren.

Im Polnischen Institut für Nationales Gedenken IPN, wo Naziverbrechen dokumentiert werden, sind Gestapo-Unterlagen über das Schicksal der Eltern von Amalia – Maria und Jan Nyderek – zu finden.

Julian, der kleinere Bruder von Amalia, denkt zurück: »Wir waren vier Geschwister und die Eltern. Wir lebten von der Landwirtschaft: sieben Morgen Acker, Pferde, Kühe, Geflügel. Als der Krieg ausbrach, ging der Vater an die Front. Er kam spät im Herbst 1939 zurück, nachdem er mit zwei Komplizen vom Transport ins Lager geflüchtet war. Er ging zu den Partisanen, es dauerte aber nicht lange. Im Februar 1940 haben die Deutschen das Haus umstellt, eine Schießerei ging los. Schrecklich. Der Vater wurde festgenommen und nach Kattowitz verschleppt. Dort kam er vor Gericht und wurde verurteilt.«

Aus den IPN-Akten: »Nyderek Jan, geb. 17.06.1901, Bauer, wohnhaft in Pławy bei Oświęcim, blieb im Gefängnis in Kattowitz bis zum 6. September 1940, Urteil vom 30. August 1940: doppelte Todesstrafe; am 7. September 1940 nach Breslau überführt und dort am 8. Oktober 1941 guillotiniert.« Nach der Verhaftung des Familienoberhaupts versuchte Maria, mit den Kindern in ihrem Haus bei Oświęcim irgendwie weiter zu leben. Aber am 8. März 1941 wurden sie, wie alle Nachbarn, ausgesiedelt. »Wir hatten eine halbe Stunde, um das Haus zu verlassen«, weint Amalia. Haus und Hofgebäude wurden abgerissen. »Von unserem Hab und Gut ist nur das geblieben, was wir tragen konnten.«

Nazis verschleppten diese Leute nach Gorlice, viele Kilometer von Oświęcim entfernt. »Wir wurden in einer jüdischen Synagoge untergebracht. Da schaute ab und zu ein alter Jude aus Posen vorbei, sprach mit meiner Mutter. Sie haben sich angefreundet. Er fragte jeden Tag: Was wird wohl mit uns? Schließlich, an einem Sonntag, als wir zur Kirche gingen, sahen wir die jüdischen Häuser weit offen stehen. Alles stand leer. In einer einzigen Nacht wurden alle verschleppt. Wohin? Damals hatten wir keine Ahnung. Da sagte die Mutter: Es ist Zeit zu fliehen. Wir haben beschlossen heimzukehren. Dank Unterstützung der Familie und der Bekannten versteckten wir uns bei unserer Tante in Kruki bei Oświęcim. Es dauerte aber keine zwei Wochen. Die Deutschen umstellten das Haus. Die Mutter wurde festgenommen. Sie wurde barfuss getrieben, wie ein Hund. Da sah ich sie zum letzten Mal.«

Aus den IPN-Akten: »Nyderek Maria, Alter 45, am 24. September 1943 in Bielsko-Biała zum Tode verurteilt. Geköpft am 6. Oktober 1943 in Kattowitz.« Laut Historiker wurde Marias Leiche im Krematorium in Auschwitz verbrannt, ähnlich wie die Leichen sonstiger Opfer der Kattowitzer Gestapo zu dieser Zeit.

»Wir vier Minderjährigen sind allein geblieben«, weint Amalia. »Wir zogen einfach durch das Land, übernachteten in Gräben, Wäldern, Hütten. Letztendlich landeten meine Brüder bei Bekannten, andere Bekannte nahmen meine Schwester ... Und ich? Es war 1942. Ich zog in die Stadt. Dort wohnte eine Jüdin, die ich kannte. Ich sprach gerade mit ihr am Fenster, als eine große Razzia gegen Juden begann. Ich wurde auch gefangengenommen, da ich mit ihr schwatzte. Alle Festgenommenen wurden ins Lager gebracht. Mein Schicksal wurde aber wohl durch die Vorsehung gelenkt. Mit einer Gruppe von Frauen aus ganz Europa wurde ich zur Arbeit in der Fabrik der IG Farben gezwungen. Ich war 15, relativ groß und kräftig, ich konnte arbeiten. In der IG Farben schuftete ich bis zum Kriegsende. Bis heute habe ich keinen Pfennig dafür bekommen.«

Amalia ist glücklich, dass sie und ihr Bruder diese Hölle doch überleben konnten. Aber der Albtraum weckt sie fast jede Nacht.

Von knapp 300 in diesen Lagern eingesperrten Bewohnern des Dorfes Brzezinka sind 169 ums Leben gekommen. 60 Prozent. Julian: »Ich kann den Schmerz und Schrecken aller Juden, die hierher aus der ganzen Welt kommen und um ihre Opfer trauern, verstehen. Ich weine mit ihnen. Christen können Kerzen auf den Grabsteinen ihrer Nächsten an Allerheiligen anzünden. Ich weiß nicht, wo das Grab meiner Eltern ist. Die Leiche meiner Mutter wurde im Krematorium verbrannt. Die Asche muss irgendwo hier noch herumliegen. Vielleicht sogar auf diesem Feld, wo ich Gras mähe? Wie soll ich sie würdigen?«

Gemäß den Grundbüchern gehören fast alle Grundstücke und Straßen um die ehemaligen Lager herum immer noch den Bewohnern von Oświęcim, Brzezinka und anderen, durch die Nazis vernichteten Ortschaften. Die meisten Eigentümer sind Kinder bzw. Enkelkinder der Opfer.

Unter den Bekannten der Familie Nyderek waren viele, die im Krieg den Juden halfen; überlebt hat nur Kazimiera Krzak. Vor zehn Jahren wurde sie mit der Yad-Vashem-Medaille »Gerechte unter den Völkern« geehrt. Dennoch, so sagt sie, schaut sie jeden Tag den Besuchern in die Augen, den von der Tatsache erstaunten Besuchern, dass *sie hier wohnt.* »Hier« heißt in dem rosaroten Haus in der Pilecki-Straße. Mit der Aussicht auf den Spielplatz und auf das Tor »Arbeit macht frei«. Manche werfen ihr vor, sie sei »takt- und gefühllos«.

Die richtige Frage

Es wird seit vielen Jahren über die Abgrenzung von Gedenkstätte und Wohnvierteln diskutiert. Die erste heftige Debatte darüber brach gleich nach dem Krieg aus. Wir müssen bedenken, dass das Lager aus drei Hauptteilen bestand: Auschwitz I, Auschwitz II – Birkenau und Auschwitz III – Monowitz. Darüber hinaus gab es über 40 Unterlager. Sollten wir also doch 43 Museen errichten? Und wie groß soll die Gedenkstätte in Oświęcim sein? 40 Quadratkilometer mitsamt dem ehemaligen Einzugsgebiet des Lagers?

In den Lagern und in der Umgebung gab es Planungsbüros, Schlachthöfe, Baustoff- und Getreidelager, Gaskammer und Krematoriumsschornsteine. Alles diente mehr oder weniger dem Töten. Soll dieser Friedhof, diese Gedenkstätte, dieses Museum vielleicht doch 40 Quadratkilometer umfassen? Sechs mal sieben. Eine große Stadt der Toten … Wie kann aber so ein Friedhof existieren, wenn das Leben ringsum explodiert? Und kann man aus der Karte mehrere jahrhundertealte Dörfer ausradieren, nur weil ein Geisteskranker dieses Gelände einmal als Platz für den Völkermord gewählt hat?

Das seit 1947 bestehende Museum ist ein Kompromiss, aber die Frage kehrt immer wieder zurück. Das Museum hat seine Grenzen; Asche aber kennt keine Grenzen – sie fliegt umher, verweht mit dem Wind in alle Himmelsrichtungen. Wenn der Wind von Osten kommt, weht die Asche auf grüne Weiden hinüber, kommt er vom Süden oder Westen, lässt sie sich auf dem Ackerland nieder. Bauern aus der Umgebung wälzen sie mit breiten Traktorreifen um und brechen sie mit Pflügen auf. Asche mischt sich mit Dung und Mutterboden, um neues Leben zu geben. Mit jedem Windstoß überschreitet sie die Grenzen des Museums. Wie kann es also eine Grenze geben, die die Asche der Verstorbenen von der Welt der Lebenden trennt?

Ich habe oft darüber nachgedacht und weiß heute, dass dies die falsche Frage ist. Ich glaube, es ist nicht von großer Bedeutung, wie viele Quadratmeter die Gedenkstätte umfasst. Viel wichtiger ist es, wie wir der Opfer gedenken – in unseren Gedanken, Herzen und Seelen. Und welche Schlussfolgerungen wir ziehen – für heute und morgen, hier und weltweit.

Manche würden schon gern die Geschichte und das gesamte Verbrechen hinter den Zäunen des Museums Auschwitz abschließen. Rausgehen, Abschütteln, Weiterleben.

Meines Erachtens ist das zu kurz gedacht. In der von wirtschaftlichen Krisen erschütterten Welt, voller Konflikte, ist es schon wichtig, dass wir Schlüsse aus der tragischen Geschichte ziehen. Um zu vermeiden, dass sich Auschwitz wiederholt. Wie können wir im Alltag auf Verbrechen und Hass reagieren? Helfen wir den Mitmenschen? Sind wir tolerant? Dies eben ist die neue Rolle von Oświęcim: warnen und lehren.

Deswegen ist Oświęcim heute ein Impulsgeber für zahlreiche Friedensinitiativen und ein Treffpunkt für Menschen aus der ganzen Welt. Deswegen kommen hierher Regierungschefs und Religionsführer, Wissenschaftler und Forscher, aber auch Film-, Musik- und Fußballstars. Deswegen arbeiten hier die Internationale Jugendbegegnungsstätte, das Jüdische Bildungszentrum, das Zentrum für Dialog und Gebet, das Bildungszentrum Auschwitz – alle diese nutzbringenden und sehr aktiven Einrichtungen versuchen, eine bessere Welt zu bauen, in der Auschwitz nie wieder vorkommt. All das geschieht in einer Stadt, die versucht, tagtäglich normal zu leben. Eine Stadt mit ihrer ganz eigenen Geschichte – und einem Schatten, den sie nicht loswird.

Wer hier ankommt, muss neu anfangen

Eine persönliche Annäherung an Auschwitz und Oświęcim

von Richard Pyritz *Mitglied im Stiftungsrat der IJBS*

Als wir uns über den Inhalt dieses Buches Gedanken machten und berieten, was geschrieben werden sollte, um der nahezu unendlich umfangreichen Literatur über Auschwitz eine neue Sichtweise hinzuzufügen, bat mich ein Gesprächspartner niederzuschreiben, warum ich immer wieder nach Oświęcim zurückkomme, warum ich immer wieder in der Internationalen Jugendbegegnungsstätte einkehre und aktiv werde.

Aus dieser einleitenden Bemerkung ergibt sich, wie persönlich und nicht übertragbar meine Geschichte in Auschwitz und auch in Oświęcim ist. Wer hier herkommt, muss neu anfangen, aus der bisher vermittelten Geschichte, aus all den Informationen, mit den Begegnungen, den neuen Erlebnissen sein Verhältnis zu den Geschehnissen an diesem Ort zu entwickeln.

Wer in Polen unterwegs ist, kommt nicht zwangsläufig nach Oświęcim. Auf der Autobahn von Breslau nach Krakau wird man 30 Kilometer nördlich an Oświęcim vorbeigeführt. Das oberschlesische Industriegebiet mit Kattowitz, Zabrze (Hindenburg) und Gleiwitz gehört nicht unbedingt zu den Zielen, zu denen man einen touristischen Hinweis bekommt. Man muss es schon geplant haben, und man hat eine gewisse Vorstellung von dem, was einen erwartet. Im Geschichtsunterricht in der Schule war Auschwitz natürlich ein Thema, es sind Bilder aus Filmen und Büchern in Erinnerung geblieben. Die Berge von Koffern und

Habseligkeiten, die Haare. Vielleicht ist auch das eine oder andere menschliche Schicksal bekannt.

Bei mir war es ein Geschichtslehrer, der mich veranlasste, mich mit diesem unbegreiflichen Kapitel der deutschen Geschichte zu befassen. Anfang der Achtzigerjahre kam ich das erste Mal nach Auschwitz und Birkenau. Ich hatte eine Rundfahrt durch Polen gemacht, das Fahrrad auf dem Dach unseres alten Opel Kadett. Posen, Gnesen, Thorn, Marienburg, Łódź, Tschenstochau, Krakau, Breslau waren die geplanten Stationen. Auschwitz kam dazu, als ich in Krakau den Hinweis für einen Tagesausflug bekam.

Damals wusste ich nicht, ob es gut war, alleine zu sein, ob es nicht doch besser gewesen wäre, jemanden bei sich zu haben, dem ich mich hätte mitteilen können. Ich war erschrocken und erschüttert, ich stand fassungslos vor dem, was hier im Namen Deutschlands geschehen war. Lange haben mich die Bilder und die Geschichten dahinter nicht losgelassen. Und doch habe ich dann später mehr oder weniger das Kapitel für mich geschlossen, war aber in der Lage, wenn das Thema auf Auschwitz kam, von dem Gesehenen zu berichten und meine bleibenden Eindrücke weiterzugeben.

Eine zweite Chance

Es vergingen beinahe zwanzig Jahre – und mit der heutigen Erfahrung muss ich es so formulieren –, dass ich eine neue, eine zweite Chance bekam.

Rotary International beauftragte mich, in Oświęcim einen Rotary Club zu gründen. Einige Zeit musste ich überlegen, ehe ich einwilligte. Es fand nicht überall Zustimmung, dass Deutsche diese Aufgabe übernehmen sollten. Eines der ersten Mitglieder im neuen Club, ein in Oświęcim geborener und dort tätiger Journalist, bestärkte mich 2006, indem er die heutige Rolle der Deutschen an diesem Ort und die Arbeit der Internationalen Jugendbegegnungsstätte so umschrieb:

»In Oświęcim entstand ein neues Bild der Deutschen, als hier die Internationale Jugendbegegnungsstätte, das gemeinsame Vorhaben der Polen und der Deutschen, errichtet wurde. Was für eine unschätzbare Rolle diese Einrichtung in den letzten 20 Jahren spielte, wissen alle, die nur ansatzweise eine Vorstellung von den polnisch-deutschen Beziehungen haben. Es ist die am meisten aktive Einrichtung dieser Art in diesem Teil der Welt. Sie wird jährlich von Tausenden jungen und alten Menschen aus aller Welt besucht, sie schafft eine neue, bessere Wirklichkeit (ich sage es pathetisch, bin aber vollkommen davon überzeugt), sie bildet völlig neue Beziehungen zwischen den Nationen. Das alles geschieht dank der fruchtbaren Zusammenarbeit der Deutschen und der Polen, die in den Freundeskreis die Vertreter nahezu aller Nationen Europas und der Welt mit eingeschlossen haben.

Wir bieten Dir eine Tonne von Materialien zum Thema ›Die Arbeit und die Rolle der IJBS‹ an. Du kannst darüber auch mit Professor Władysław Bartoszewski oder mit dem ehemaligen Staatspräsidenten Aleksander Kwaśniewski sprechen. Beide waren hier in der Gesellschaft ihrer deutschen Pendants. Du kannst Dich mit vielen angesehenen Vertretern beider Nationen und Vertretern anderer Länder unterhalten. Du kannst den Generalsekretär der UNO (…) befragen. Er hat die IJBS besucht und war beeindruckt.

Im freien Polen entstanden in Oświęcim einige andere Einrichtungen, die sich damit beschäftigen, die Geschichte der Vergessenheit zu entreißen, und die intensiv für den Frieden, die Versöhnung und die Verständigung der Völker arbeiten. Es gibt das Zentrum für Dialog und Gebet, gegründet durch Papst Johannes Paul II. und besucht von Papst Benedikt XVI., es gibt das Jüdische Pädagogische Zentrum, es gibt das Internationale Zentrum für Bildung über Auschwitz und Holocaust, eingerichtet durch Professor Władysław Bartoszewski, Simone Veil und Elie Wiesel, es gibt die Stiftung für Menschenrechte von Professor Andrzej Zoll und es gibt – natürlich – das Staatliche Museum Auschwitz-Birkenau. Alle diese Einrichtungen – unter ihnen auch die LJBS – arbeiten miteinander und ergänzen sich perfekt.

Glaub mir, in keiner dieser Einrichtungen würdest Du jemandem begegnen, der in irgendeiner Weise das gegenwärtige Engagement der Deutschen für das Gedenken an die tragische Geschichte Oświęcims und für die Unterstützung der heutigen Stadt in Frage stellt. Und dieses trotz einer breiten Palette der Weltanschauungen in diesen Einrichtungen. Ich glaube sogar, kein Bewohner des Oświęcimer Landes hätte irgendwelche Vorbehalte. Unter diesen Menschen sind ehemalige Häftlinge des grausamen Lagers und unzählige Nachkommen der Opfer, die sich seit Jahren mit der traumatischen Erfahrung des Krieges auseinandersetzen.

Seit über zwanzig Jahren kommen zu uns die Deutschen von Aktion Sühnezeichen Friedensdienste, auf deren Initiative hin die IJBS errichtet wurde. Seit vielen Jahren engagieren sich ganz unterschiedliche Personenkreise von jenseits der Oder in ganz verschiedenen Lebensbereichen in unserer Stadt, wie zum Beispiel, dass Nonnen aus Deutschland einen neuen Flügel des Krankenhauses vor Jahren finanzierten. Die Stadt Oświęcim, die seit 1998 den (durch den UNO-Generalsekretär zuerkannten) Titel des Friedensbotschafters trägt, hat zahlreiche Partnerstädte, die wichtigste Partnerstadt ist aber die deutsche Stadt Kerpen, mit der seit Jahren ein Austausch mit der deutschen Jugend stattfindet. Jeden Tag (wortwörtlich) wird in der Stadt ein Bildungsprogramm realisiert, das sich gegen Nazismus, Rassismus, Vorurteile, Fremdenhass richtet und das der Verständigung, Versöhnung, dem Frieden und der Freundschaft dient.«

Rotary als Türöffner

Soweit die Ermunterung aus Oświęcim. Die Gründung eines Rotary Clubs in dieser Stadt war eine schöne Aufgabe, ich hatte das große Glück, über die hier lebenden Menschen einen Zugang zu ihrer Stadt zu bekommen und zu all dem, was mit dem Namen

Oświęcim, aber auch mit dem Namen Auschwitz verbunden ist. Seit mehr als zehn Jahren komme ich immer wieder hierher und habe inzwischen eine Aufgabe im Stiftungsrat der Internationalen Begegnungsstätte übernommen.

Mit Rotary International ergeben sich leicht und unproblematisch viele Möglichkeiten zu helfen und zu unterstützen. Eine Bürokratie ist nur unbedeutend hinderlich und leicht zu überwinden, Gleichgesinnte und Helfende sind zahlreich zu finden, weshalb sich zusammen mit den neuen rotarischen Freundinnen und Freunden nach den ersten zehn Jahren eine beeindruckende Bilanz erstellen lässt, aus der einige Vorhaben erwähnt sein sollen.

Das erste lag sechs Kilometer außerhalb der Stadt in Bobrek. Als ich auf einer Veranstaltung von unserem Gründungsvorhaben in Oświęcim erzählte, stellte mir ein Mitglied des Rotary Clubs Aschaffenburg-Schönbusch das finanzielle Ergebnis eines Benefizballs für ein Projekt zur Verfügung. Das Projekt war schnell gefunden, denn ich hatte in Bobrek gerade ein Behindertenheim für 260 Personen besichtigt und dort erfahren, dass alle vorhandenen finanziellen Mittel eingesetzt werden müssten, um die von der Europäischen Union vorgegebenen Normen zu erfüllen. Für Extras wie die Außenanlage des Heimes standen schon lange keine Mittel zur Verfügung. Mit den von der Rotary Stiftung aufgestockten 12 500 Euro konnte die Außenanlage neu gestaltet werden. Ein Basketballfeld wurde planiert, ein Grillplatz eingerichtet, ein Gartenhaus gebaut. Es wurde gepflanzt und gesät, ein Springbrunnen mit einem Wasserlauf und einer Brücke angelegt. Mit einem Gartenfest wurde die neue Anlage eingeweiht, und eine heimeigene Kapelle spielte die fröhliche Musik dazu.

Das zweite Projekt konnte erst nach der mühsamen Suche eines Partners durchgeführt werden, den wir schließlich mit den Salesianern in einer Kirchengemeinde im sozial schwach strukturierten Stadtteil Zasole fanden. Die Kirche war in einem ehemaligen Wohnblock der SS-Wachmannschaften des Konzentrationslagers untergebracht. Hier kümmern sich die Salesianer in

August Kowalczyk

den Räumen des Untergeschosses um Sozialwaisen aus schwierigen Familienverhältnissen.

Acht Rotary Clubs und drei Distrikte haben zusammen mit der Rotary Foundation 46 000 Euro aufgebracht und den Kindern und Jugendlichen mit Computern, einer Videoausrüstung, Musikinstrumenten und Fitnessgeräten neue Möglichkeiten der Freizeitgestaltung eröffnet und mit umfangreicher Ausstattung die Küche und die Aufenthaltsräume neu eingerichtet. Das war 2004 und seit dieser Zeit sind die Kinder der Salesianer, und dazu viele andere in verschiedenen anderen sozialen Einrichtungen regelmäßige Empfänger unserer Nikolaus-Päckchen.

Das jüngste Projekt wurde 2012 verwirklicht, als das Hospiz-Denkmal in Oświęcim eröffnet wurde. Der Überlebende August Kowalczyk, Häftlingsnummer 6804, hatte das Hospiz initiiert, um damit den Dank der Häftlinge des KZ Auschwitz an die Bewohner der Stadt für Hilfe in den schweren Jahren durch Medikamente, Nahrung und Unterstützung bei der Flucht zum Ausdruck zu bringen. Mit diesem Hintergrund wird die Bezeichnung Hospiz-Denkmal verständlich.

Von den Regierungen in der Schweiz, in Italien und in Japan hatte Kowalczyk Mittel zur Verfügung gestellt bekommen, um den Bau anfangen zu können, bis Polen, Deutschland, die Europäische Union und viele Sponsoren und Spender die restlichen Gelder zur Verfügung stellten. Nach mehr als zehn Jahren wurde das Haus im Juni 2012 eröffnet. Rotary International hat zu der Eröffnung einen VW-Transporter mit hydraulischer Hebevorrichtung für 56 500 Euro übergeben und dazu in die Urkunde geschrieben:

»Gewürdigt wird hiermit das Lebenswerk von August Kowalczyk, Häftlingsnummer 6804, der im Rahmen der Arbeit der Internationalen Jugendbegegnungsstätte Oświęcim/Auschwitz in beispielhafter Weise mit der Weitergabe seiner Erfahrungen und Erlebnisse aus schwerer Zeit Jugendlichen Orientierung für die Antworten auf die wichtigen Fragen des Lebens gab.«

August Kowalczyk hat zwei Ziele erreicht. Er hat seinen Plan verwirklicht, mit dem Hospiz-Denkmal seinen Dank auszudrücken, und er hat im selben Jahr sein Ziel erreicht, 6 804-mal vor vielen Menschen und hauptsächlich vor jugendlichen Besuchern der Internationalen Jugendbegegnungsstätte Zeugnis davon abzulegen, was er im KZ Auschwitz erlebt und erlitten hat. Im Juli 2012 starb er im Alter von 90 Jahren in seinem Hospiz.

Auf dem Weg in eine neue Normalität

Mit dem Tod der Zeitzeugen werden die Pädagogen in der Internationalen Jugendbegegnungsstätte vor schwierige neue Aufgaben gestellt. Bei den Gruppenaufenthalten war das Zeitzeugengespräch immer der Höhepunkt, wenn diese großen Persönlichkeiten von ihrer schweren Zeit berichteten und die Jugendlichen damit überraschten, dass sie nach all dem Erlebten Versöhnung und Verständigung erbaten.

Die Pädagogen müssen in nicht allzu ferner Zukunft ohne die Hilfe der Überlebenden auskommen. Das Bild- und Tonmaterial und die Schriften müssen gesichtet und in ein verändertes Konzept eingearbeitet werden. Der Rotary Club Hannover kommt für den personellen Mehraufwand auf und übernimmt die Kosten von 45 000 Euro.

Im Laufe der letzten zehn Jahre wurden zahlreiche weitere Vorhaben durchgeführt, die hier nicht im Einzelnen aufgezählt werden sollen. Eine nennenswerte Gruppe von Rotariern wird auch weiterhin aufmerksam bleiben für das, was die IJBS zur Erfüllung ihrer Aufgaben benötigt, aber auch was getan werden kann, um die Situation von bedürftigen Menschen in dieser besonderen Stadt zu verbessern. Wichtig ist dabei nicht, dass Rotary International hinter diesen Projekten steht und sie mitfinanziert, sondern dass diese Beispiele deutsch-polnischer Verständigung nicht *für*, sondern *mit* den Bewohnern von Oświęcim geschaffen werden. Die Mitglieder des Rotary Clubs lernen ihre Stadt neu und besser kennen, bekommen über die inzwischen zahlreichen realisierten Vorhaben ein besonderes Verhältnis zu ihrem Gemeinwesen und machen mit ihrer Stadt einen Schritt in eine neue Normalität.

Anhang

Zahlen und Daten zur IJBS

Im vergangenen Vierteljahrhundert ihres Bestehens wurde die Internationale Jugendbegegnungsstätte in Oświęcim zu einem Ort, an dem sich junge Menschen aus der ganzen Welt treffen, offene Gespräche über die schwierige Vergangenheit führen und über die Herausforderungen der Gegenwart diskutieren können. Allein in den vergangenen zehn Jahren besuchten über 50 000 Menschen die IJBS im Rahmen von Studienreisen und Seminaren.

Im Jahr 2011 waren 5 412 Menschen aus 28 Ländern in der Begegnungsstätte zu Gast, die insgesamt 18 295 Übernachtungen bei uns verbrachten. Dabei empfing die IJBS 165 Studiengruppen und organisierte 12 internationale Seminare. Am häufigsten besuchten Gäste aus Deutschland (3 472 Personen) unser Haus, gefolgt von Polen (638), Belgiern (345) und Österreichern (270).

Das Haus wurde zum Ausrichter bedeutender internationaler Konferenzen, Ausstellungen, Konzerte und Ziel wichtiger politischer Besuche. In der IJBS waren u. a. die Präsidenten Polens und Deutschlands – Bronisław Komorowski sowie Roman Herzog, Horst Köhler und Christian Wulff – zu Gast; des Weiteren statteten uns die Vorsitzenden des EU-Parlaments Hans-Gert Pöttering und Jerzy Buzek sowie die Premierminister Polens Marek Belka und Donald Tusk Besuche ab. Die Visiten solch bedeutender Persönlichkeiten in unserem Haus sind die Bestätigung für den Beitrag der Einrichtung zur deutsch-polnischen Versöhnung.

Die IJBS ist auch ein Ort für Begegnungen junger Menschen mit Zeitzeugen. Unser Haus ist stolz auf das Wohlwollen, das uns ehemalige Häftlinge des KZ Auschwitz-Birkenau entgegengebracht haben, wie Władysław Bartoszewski, Noach Flug, Józef Szajna, Marian Turski, Kazimierz Albin, Zofia Posmysz, August

Kowalczyk, Kazimierz Smoleń und viele andere. Die IJBS bietet zudem zahlreiche Veranstaltungen für die Einwohner Oświęcims und der Region an und lädt seit Jahren zu zyklischen kulturellen Begegnungen ein, den »Europäischen Gesprächen in der IJBS«, dem »Krakauer Poesiesalon in Oświęcim«, den »Begegnungen mit der Philosophie«, zum Projekt »Literatur und Erinnerung« sowie zu Jahresfeierlichkeiten, Ausstellungen und Konzerten.

Die Internationale Jugendbegegnungsstätte in Oświęcim kämpft mit einer komplizierten finanziellen Situation, die viele Einrichtungen im Bereich der Gedenkstättenpädagogik betrifft. Wir versuchen, die laufenden Kosten aus eigenen Einnahmen (Übernachtungen und Gastronomie) zu decken. Die IJBS könnte ohne die Unterstützung unserer strategischen Partner (Volkswagen AG, Deutsch-Polnisches Jugendwerk), Zuschüsse für einzelne konkrete Projekte von Organen der lokalen Selbstverwaltung und die Unterstützung durch die Stiftung für deutsch-polnische Zusammenarbeit, das deutsche Außenministerium, deutsche Stiftungen in Polen und verschiedene weitere Sponsoren nicht existieren. Dies bedeutet ein jährliches Ringen um die Erstellung des Budgets, immer begleitet von Unsicherheit und Risiken, die die strategische Planung erschweren. Die Erhaltung eines weitläufigen Konferenz- und Übernachtungskomplexes auf einem entsprechenden technischen Standard (Renovierungsarbeiten, Ausstattung, elektronische Geräte usw.) macht regelmäßige Anträge auf zusätzliche externe Fördermittel notwendig.

Gerade weil die Internationale Jugendbegegnungsstätte in Oświęcim ein gemeinsames Projekt von Polen und Deutschen ist, fühlen wir uns frei, immer wieder darum zu bitten, die IJBS so zu unterstützen, dass die inhaltliche Arbeit nicht wegen fehlender finanzieller Mittel eingeschränkt werden muss.

Leszek Szuster, Direktor der IJBS

Anmerkungen

»Fahren wir nächstes Jahr auch nach Auschwitz?«

1 2010 umbenannt in Alfred-Nobel-Gemeinschaftsschule.

2 Über die Häufigkeit der Besuche einzelner Schulen führt die IJBS keine Statistik. Mitgeteilt wurde auf Anfrage, dass 2011 insgesamt 165 Gruppen untergebracht wurden, davon waren 80 Prozent deutsche. Von den rund 130 deutschen Gruppen waren nach Schätzungen der IJBS etwa 30 Schulen erstmals in Oświęcim. Mit ihrem jährlichen Studienprogramm gehört die Alfred-Nobel-Schule Geesthacht zu einer kleinen Spitzengruppe.

3 Siehe www.bergedorferzeitung.de/printarchiv/geesthacht/article56945/Das_Grauen_von_Auschwitz.html, zuletzt aufgerufen am 10.10.2012.

4 Siehe *Hamburger Abendblatt*, 1.2.2007 (www.abendblatt.de/hamburg/article842078/Ist-der-Mut-verloren-ist-alles-verloren.html, zuletzt aufgerufen am 10.10.2012).

Christus von Auschwitz

1 Originaltitel »Chrystus oświęcimski«; aus dem Polnischen übersetzt von Andreas Volk.

2 Straße in der Krakauer Altstadt.

3 Zitat aus dem Lagerlied »Birkenau«.

4 Tadeusz Paolone-Lisowski ist einer der großen, aber immer noch wenig bekannten Helden der »Zeit der Verachtung«. Er wurde am 23. Juli 1909 im kleinen Dorf Piekiełko, in einem Weiler namens Talianówka, unweit von Limanowa in den malerischen Inselbeskiden geboren. Der Name des Weilers stammt von dem Wort »Italien«, von wo der Urgroßvater von Tadeusz 1863 eingewandert war, um am Januaraufstand teilzunehmen. Nach dem Scheitern der Erhebung gegen den Zaren beschloss er, sich in Galizien niederzulassen. Tadeusz war der Älteste von fünf Geschwistern (er hatte drei Brüder und eine Schwester). Nach Abschluss der Volksschule in Tymbark besuchte er das Bolesław-Chrobry-Gymnasium in Nowy Sącz. Er war ein sehr guter Schüler, sein besonderes Interesse galt der polnischen Geschichte. Er fühlte sich mit Polen derart stark verbunden, dass er 1929, als seine Eltern sich zur Auswanderung nach Argentinien entschieden, als einziges Familienmitglied in Polen blieb. Das Abitur bestand er 1931. Er entschied sich für eine Offizierslaufbahn und trat kurz darauf in die Militärschule Dęblin ein. Für die, die ihn kannten, war er die Verkörperung des polnischen Offiziersethos. Dies wurde von seinen Vorgesetzten honoriert, die ihn schnell beförderten. Nach Beendigung der militärischen Ausbildung wurde er zum 4. Regiment der Podhalaner Schützen nach Cieszyń geschickt, wo er bis zum Rang eines Hauptmanns aufstieg. Der Ausbruch des Zweiten Weltkriegs am 1. September 1939 war für Tadeusz Paolone nicht nur ein Prüfstein seiner soldatischen Fähigkeiten. Besonders deutlich zeig-

te sich das daran, dass er fast unmittelbar nach der September-Niederlage begann, den Widerstand zu organisieren, und das, obwohl er untertauchen musste. Am 6. Januar 1940 entstand in Tymbark unter seiner Leitung die erste konspirative Zelle. Von da an benutzte er auch den falschen Namen Lisowski. Tadeusz Paolone wollte jedoch vor allem für die Befreiung seines Vaterlandes kämpfen, weshalb er im Februar 1940 versuchte nach Frankreich zu gelangen, wo General Sikorski eine Polnische Armee aufstellte. Leider wurde er nach dem Übertritt der Grenze zur Slowakei von der dortigen Polizei verhaftet und den Deutschen überstellt. Er wurde in den Gefängnissen in Muszyna, Nowy Sącz und Tarnów verhört und gefoltert, verriet aber nicht einmal seinen richtigen Namen.
Am 14. Juni 1940 kam er mit dem ersten Gefangenentransport ins KZ Auschwitz, wo er als Tadeusz Lisowski registriert wurde und die Nummer 329 erhielt.
Lisowski suchte unter den Häftlingen nach Offizieren der Polnischen Armee und vertrauenswürdigen Personen und war einer der ersten, die im Lager begannen, konspirative Strukturen aufzubauen. Im Februar 1941 wurde eine Zelle des »Verbands für den bewaffneten Kampf« (ZWZ) gegründet – eine geheime, militärähnliche Organisation, an deren Spitze Oberst Kazimierz Rawicz stand; Tadeusz Lisowski gehörte seinem Stab an. Ziel des ZWZ war es, den Kontakt zur Widerstandsbewegung herzustellen, Informationen über das Lager nach draußen zu schmuggeln und auf lange Sicht einen Häftlingsaufstand zu organisieren, um bei einer günstigen Gelegenheit (z. B. während eines alliierten Bombenangriffs) den Stacheldraht des Lagerzauns zu durchtrennen und die festgehaltenen Menschen zu befreien. Leider kam die Gestapo der Organisation auf die Schliche. Im September 1943 wurde die Gruppe verhaftet, wenig später, am 11. Oktober 1943, wurden 74 Mitglieder der Organisation, darunter Tadeusz Paolone, erschossen.
(Grundlage dieser biografischen Notiz ist Stanisław Wcisłos Artikel »Opowieść o kapitanie Tadeuszu Paolone«, erschienen in: *Almanach Ziemi Limanowskiej*, 25/2006).

5 Zitat aus dem Lagerlied »Birkenau«.

Von München über Wannsee nach Auschwitz

1 Der Beitrag erschien zuerst auf Polnisch in der Monatsschrift *Więź*, 2006, 3, S. 99–112, dann in etwas verkürzter Form auf Deutsch (in der Übersetzung von Ewa Czerwiakowski) und Polnisch in der Berliner Zeitschrift *Słowo/Das Wort*, 2006, 72 (Sommer), S. 18–29, sowie in verlängerter englischer Form in: *Journal of the Historical Society*, 2007, 7/6, S. 155–175, und in: *Contemporary Literary Criticism*, 2008, 252, S. 89–99 (in der Übersetzung von Piotr Górecki).

Die Verortung von Auschwitz

1 RGBl. I, 203, 17.10.1939, S. 2042.

2 Ryszard Kaczmarek, Antyżydowska polityka władz niemieckich w rejencji katowickiej [Die antijüdische Politik der deutschen Behörden im Regierungsbezirk Kattowitz], in: Aleksandra Namysło (Hrsg.), Zagłada Żydów Zagłębiowskich [Die Vernichtung der Juden des Reviers], Katowice/Będzin 2004, S. 13–31, hier: S. 17.

3 Natan Eliasz Szternfinkiel, Zagłada Żydów Sosnowca [Die Vernichtung der Juden von Sosnowitz], Katowice 1946.

4 Obozy hitlerowskie na ziemiach polskich 1939–1945 – Informator encyklopedyczny [NS-Lager in polnischen Gebieten. Enzyklopädischer Informator], Warszawa 1979.

5 Weitgehend darauf basieren die wichtigen und neue Erkenntnisse bietenden Ausführungen von Aleksandra Namysło, Centrala Żydowskich Rad Starszych na Wschodnim Górnym Śląsku [Die Zentrale der Jüdischen Ältestenräte in Ost-Oberschlesien], in: Dies. (Hrsg.), Zagłada, S. 38–53.

6 Sybille Steinbacher, »Musterstadt« Auschwitz, München 2000.

7 Aleksandra Namysło (Hrsg.), Zagłada Żydów Zagłębiowskich, Katowice/Będzin 2004.

8 Namysło, Centrala, S. 49.

9 Vgl. Alfred Konieczny, Rola Organizacji Schmelt w eksploatacji żydowskiej siły roboczej na Śląsku [Die Rolle der Organisation Schmelt bei der Ausbeutung der jüdischen Arbeitskraft in Schlesien], in: Namysło (Hrsg.), Zagłada, S. 32–37, hier S. 32–33.

10 Steinbacher, S. 120.

11 Ebd., S. 166.

12 Ebd.

13 In Sosnowitz wurde bereits um die Jahreswende 1939/40 eine erste Umsiedlungsaktion gestartet. Wohnungen an den Hauptstraßen der Stadt mussten von Juden unter Hinterlassung der Einrichtung freigemacht werden. Ab 1940 durften Juden diese Hauptstraßen auch nicht mehr betreten, sie mussten sie also umgehen, um die noch erlaubten Wohnviertel zu erreichen. Ähnliches galt für Będzin, Dąbrowa und Czeladź. Formalisiert wurde der »Judenbann« in städtischen Verordnungen vom Frühjahr 1941, die auch die Benutzung von Parkanlagen und Sportplätzen verboten. Als einen der Gründe für diesen »Judenbann« nennt Steinbacher die Eindeutschungsplanungen in Bezug auf Ostoberschlesien. Da die Bürgermeister der Gemeinden formal Reichsgemeinden vorstanden, setzten sie alles daran, die Juden aus dem Stadtbild zu verdrängen, um so ihre Germanisierungsleistung zu belegen. Den Juden zugewiesen wurde daher auch schon in dieser Phase der schäbigste Teil der Stadt.

14 Szternfinkiel, S. 12.

15 Am 16. September 1939 in dem Verordnungsblatt des Oberbürgermeisters von Sosnowitz veröffentlicht, vgl. Kaczmarek, S. 17.

16 Diesen Begriff verwendet auch Andrzej Strzelecki, Stan i perspektywy badań nad zagadnieniem deportacji Żydów z gett w Będzinie i Sosnowcu do KL Auschwitz i ich zagłady [Stand und Perspektiven der Forschung zu den Problemen der Deportation von Juden aus den Ghettos von Będzin und Sosnowitz in das KL Auschwitz], in: Namysło (Hrsg.), Zagłada, S. 72–76, hier S. 72.
17 Steinbacher, S. 121.
18 Vgl. ebd., S. 168.
19 Report des Polizeireviers 42, 20.5.1940, in: Namysło (Hrsg.), Zagłada, S. 87.
20 Es kommen in den Quellen unterschiedliche Bezeichnungen dieser Einrichtungen vor. Manchmal ist vom »Zentralen Ältestenrat« die Rede, ein 1942 benutzter Zeilenstempel dieser Einrichtung wies sie als »Der Leiter der Ältestenräte der jüd. Kultusgemeinden in Ost-Oberschlesien« aus.
21 Rundschreiben der Gestapo Kattowitz, 23.2.1940, Archiwum Państwowe Katowice [Staatsarchiv Kattowitz – StAK], Gemeinde Lagischa, Bd. 260, Bl. 8, nach Namysło, Centrala, S. 39.
22 Vgl. Namysło, Centrala, S. 39–41.
23 Ebd., S. 43–45.
24 Aufstellung der von den jüdischen Kultusgemeinden im Bezirk Ost-Oberschlesien benötigten Summen für Wohlfahrtszwecke im Monat Mai 1940 [Mitte Mai 1940], Archiwum Państwowe Katowice, Treuhandstelle Kattowitz, Bd. 1397, Bl.66–67, vgl. Konieczny, Rola Organizacji, S. 32.
25 nach Namysło, Centrala, S. 41.
26 Szternfinkiel gibt den Vornamen mit Heinrich an. Denselben Fehler finden wir in einem Urteil aus dem Jahre 1948: Urteilsbegründung in der Sache gegen Friedrich Kuczynski, Bezirksgericht Sosnowiec, 23.9.1948, in: Namysło (Hrsg.), Zagłada, S. 145.
27 Rundschreiben der Gestapo Kattowitz Nr. 9, 31.10.1940. Vgl. Steinbacher, S. 140.
28 Steinbacher, S. 142–144.
29 Der Leiter der Ältestenräte Sosnowitz HA Administration, Statistische Angaben über den Stand der jüd. Bevölkerung, Polizeibereich Sosnowitz, 24.8.1942; Konieczny schreibt von 1 824 Juden, die im April 1942 im Abschnitt Brieg-Gleiwitz arbeiteten, vgl. Konieczny, Rola Organizacji, S. 35.
30 Steinbacher, S. 275.
31 Ebd., S. 148–149.
32 Schmelt an Firma XX, Nov. 1940, Archiv Będzin, M-Sosn-5781; vgl. Steinbacher, S. 146, 152. Offenbar fehlten zu diesen Abzügen die Rechtsgrundlagen, sie mussten jedoch von allen Beteiligten akzeptiert werden. Konieczny kommt zu ähnlichen Ergebnissen für die Fa. Luranil, die 1942 in Brieg mit Schmelt-Juden Kampfgase produzierte; vgl. Konieczny, Rola Organizacji, S. 34.
33 Konieczny, Rola Organizacji, S. 35.

34 Steinbacher, S. 150.
35 Ebd.
36 Ebd., S. 152.
37 Schmelt an Firma XX, Nov. 1940, Archiv Będzin, M-Sosn-5781; Erlass Regierungspräsident Kattowitz, 23.2.1941, Bundesarchiv Berlin, R 49 (Reichskommissar für die Festigung des deutschen Volkstums), Bd. 3106, Bl. 19–22. Vgl. Szternfinkiel, S. 28; Steinbacher, S. 152.
38 Steinbacher, S. 153.
39 Szternfinkiel, S. 33–34.
40 Some Consequences of the Schmelt Organization as experienced by affected individuals, PolishJews.org/shoah/shoah2a.ktm [11.08.2005].
41 Steinbacher, S. 151.
42 Namysło (Hrsg.), Zagłada, S. 124.
43 nach Steinbacher, S. 151, nur 1200.
44 Modrowgasse 16; nach Szternfinkiel, S. 28, 1400 Beschäftigte.
45 In: Namysło (Hrsg.), Zagłada, S. 125.
46 Steinbacher, S. 151.
47 Ebd.
48 Der Leiter der Ältestenräte Sosnowitz HA Administration, Statistische Angaben über den Stand der jüd. Bevölkerung, Polizeibereich Sosnowitz, 24.8.1942.
49 Strzelecki, Stan i perspektywy badań nad zagadnieniem deportacji Żydów, S. 75.
50 OB Sosnowitz, Niederschrift über eine Besprechung betr. Ghettobildung in Sosnowitz, 8.10.1942.
51 Polizeipräsident Sosnowitz an Zentrale der jüdischen Ältestenräte, 10.5.1943.
52 Paul Wiederman, Płowa bestia [Die blonde Bestie], München 1948, S. 277; Namysło, Centrala, S. 52.
53 Steinbacher, S. 292.
54 Die Angaben divergieren bei Szternfinkiel, S. 56, und Informator, S. 464. Dieses Lager wurde fälschlicherweise in den Zeitzeugenberichten manchmal auch als Ghetto bezeichnet. Dazu trug bei, dass auch das Lager nicht mit einer Mauer o. Ä. umgeben, sondern offenbar von einer deutschen Postenkette umstellt war. Vgl. Protokoll der Einvernahme des Mikołaj S. durch die Wojewodschaftsstaatsanwaltschaft in Katowice, 15.11.1969, in: Namysło (Hrsg.), Zagłada, S. 123.

Das Unverstehbare verstehen

1 Vortrag zum Holocaust-Gedenktag am 27. Januar 2011 auf Einladung des Fritz-Bauer-Instituts an der Goethe-Universität Frankfurt und des Jüdischen Museums Frankfurt. Er wurde zunächst veröffentlicht in: Politisches Denken, Jahrbuch 2011, S. 143–156.

2 Saul Friedländer, »Das Primärgefühl der Fassungslosigkeit bewahren«, in: Ders., Den Holocaust beschreiben, Göttingen 2007, S. 96–120, hier: S. 104. Siehe auch Fritz Stern, Der Westen im 20. Jahrhundert, Göttingen 2008, S. 26: »Der Mord an den europäischen Juden und der Vernichtungskrieg im Osten bleiben im kollektiven Gedächtnis – und bleiben erschütternd unverstehbar.«

3 Walter Zwi Bacharach (Hrsg.), »Dies sind meine letzten Worte« – Briefe aus der Shoah, Göttingen 2006, S. 112 ff.

4 »(...) Ich könnte Euch so viel erzählen, doch wie kann man diesen Alptraum, diese Qualen beschreiben, die wir erleben. Der Stift kann die Tragödie unseres Volkes in diesem blutgetränkten Land nicht wiedergeben. Die wohlgeplanten Qualen und die Grausamkeiten, um Menschen einzuengen, gegen sie zu hetzen, sie zu verfolgen, zu erniedrigen und zu guter Letzt zu töten. Zuerst wurden wir wie Zitronen ausgepresst, unser Blut wurde bis zum letzten Tropfen ausgesaugt, zuletzt wurden wir in den Abflusskanal geworfen. Zuerst wurde uns das Herz ausgerissen, nahm man uns alle menschlichen Gefühle und alle menschlichen Züge, und als wir zu Tieren wurden, die nur noch mechanisch ihre Tätigkeit verrichteten, wurden wir in Massen ermordet. Ihr könnt dies nicht begreifen, Ihr könnt nicht fühlen, was wir gefühlt haben. Ein normal denkender Mensch könnte niemals glauben, dass man solche Foltern überstehen kann und dass im zwanzigsten Jahrhundert solche Gräueltaten möglich sind.« Bacharach, S. 112 ff., Anm. 3.

5 Dan Diner, Gegenläufige Gedächtnisse. Über Wirkung und Geltung des Holocaust, Göttingen 2007.

6 Jörn Rüsen, Den Holocaust erklären – aber wie? Überlegungen zu Daniel J. Goldhagens Buch »Hitler's willing executioners«, in: Frankfurter Rundschau, 25.6. 1996; Klaus Lüderssen, Der Auschwitz-Prozess – Geschichte und Gegenwart, in: Festschrift für Egon Müller, Baden-Baden 2008, S. 424–438.

7 Die Literatur ist unübersehbar. Die wichtigsten Referenzwerke sind Raul Hilberg, Die Vernichtung der europäischen Juden, Frankfurt 1990; Saul Friedländer, Das Dritte Reich und die Juden, Bd. I, Die Jahre der Verfolgung 1933–1939, 2. Aufl., München 1998; Bd. II, Die Jahre der Vernichtung 1939–1945, München 2006.

8 Thomas Urban, Der Verlust – Die Vertreibung der Deutschen und Polen im 20. Jahrhundert, München 2004.

9 Götz Aly, Hitlers Volksstaat – Raub, Rassenkrieg und nationaler Sozialismus, Frankfurt 2005, hat stark betont, dass das ganze deutsche Volk vom Krieg profitierte. So wichtig dies zur Erklärung der Stimmungslage in Deutschland sein mag, es trägt zur Erklärung des Holocaust nichts bei. Irgendein ökonomischer, militärischer, taktisch-politischer Sinn lässt sich in dem Geschehen nicht finden. Es wurde sozusagen gegen jede utilitaristische Überlegung durchgeführt. Die völkerrechtlichen und moralischen »Kosten« des Holocaust, nebenbei auch die logistischen und finanziellen,

überwogen die nebenbei gemachten materiellen Gewinne bei Weitem, und man darf annehmen, dass dies selbst der NS-Führung bewusst war.

10 Zu den antisemitischen Gewaltakten außerhalb des Rechts siehe Michael Wildt, Volksgemeinschaft als Selbstermächtigung – Gewalt gegen Juden in der deutschen Provinz 1919 bis 1939, Hamburg 2007.

11 Als ein Beispiel unter unzähligen sei der Frankfurter Wissenschaftler, Unternehmer und Mäzen Arthur von Weinberg (1860–1943) genannt, der 1942 im Alter von 82 Jahren in das Konzentrationslager Theresienstadt verschleppt wurde, wo er verstarb, während die von ihm aufgebaute IG-Farben, ein Weltkonzern, zusammen mit der SS das KZ Buna-Monowitz betrieb und Kriegsgewinne machte. Hierzu Joseph Robert White, IG Auschwitz: The Primacy of Racial Politics, Diss. a. d. Univ. of Nebraska, Lincoln, Nebraska, 2000.

12 H. Walser Smith, The Continuity of German History – Nation, Religion, and Race Across the Long Nineteenth Century, Cambridge 2008, behauptet die Ausgrenzung von Juden als Spezifikum der langen deutschen Geschichte, zeigt aber gerade für das 19. Jahrhundert die europäische Dimension des Phänomens. Welche Faktoren nun genau die Dynamisierung der Ausgrenzung bis hin zur Vernichtung bewirkten, kann mit der fragwürdigen Konstruktion von Kontinuitäten, wenn auch auf höherem Niveau als Goldhagen, nicht verstanden werden. So mit Recht D. Langewiesche, FAZ v. 14.11. 2008, S. 9.

13 Patrick Wagner, Das Gesetz über die Behandlung Gemeinschaftsfremder, in: Wolfgang Ayaß (Hrsg.), Feinderklärung und Prävention – Kriminalbiologie, Zigeunerforschung und Asozialenpolitik, Berlin 1988; Wolfgang Ayass, »Gemeinschaftsfremde« – Quellen zur Verfolgung von »Asozialen« (Materialien aus dem Bundesarchiv, 5), Koblenz 1998; Matthias Willing, Das Bewahrungsgesetz (1918–1967), Tübingen 2003, S. 187 ff.

14 Zygmunt Baumann, Moderne und Ambivalenz – Das Ende der Eindeutigkeit, Hamburg 2005.

15 Michael Stolleis, Revolution, in: Erler-Kaufmann (Hrsg.), Handwörterbuch zur Deutschen Rechtsgeschichte, Bd. IV, 1990, S. 961–965.

16 Grundlegend Lothar Gruchmann, Justiz im Dritten Reich 1933–1940, München 1988.

17 Andreas Koenen, Der Fall Carl Schmitt – Sein Aufstieg zum »Kronjuristen des Dritten Reiches«, Darmstadt 1995.

18 Klaus-Michael Mallmann / Bogdan Musial (Hrsg.), Genesis des Genozids, Polen 1939–1941, Darmstadt 2004.

19 Besonders deutlich beim instrumentellen Einsatz des Novemberpogroms 1938 zur Formierung einer kampfbereiten »Volksgemeinschaft« im Vorfeld des Krieges. Wie beim »Reichstagsbrand« von 1933 nutzten die Nationalsozialisten die sich bietende Gelegenheit zur Stimmungsmache gegen Gruppen, deren Stilisierung als »Todfeinde« dazu diente, die Mehrheit durch Erzeugung von Angst hinter der Führung zu versammeln.

20 Zur Verbreitung des Wissens siehe Frank Bajohr / Dieter Pohl, Der Holocaust als offenes Geheimnis – Die Deutschen, die NS-Führung und die Alliierten, München 2006.

21 Siegfried Giedion, Mechanization Takes Command – A Contribution to Anonymous History, Oxford 1948 (New York 1969), S. 240 ff.: The Mechanization of Death.

22 Upton Sinclair, The Jungle, New York 1906. Siehe auch Daniel Pick, War Machine – The Rationalisation of Slaughter in the Modern Age, Yale Univ. Press 1993.

23 Wolf Gruner, Der Geschlossene Arbeitseinsatz deutscher Juden – Zur Zwangsarbeit als Element der Verfolgung 1938–1943, Berlin 1997; Ders., Jewish Forced Labor under the Nazis Economic Needs and Racial Aims, 1938–1944, Cambridge 2006, S. 3–137.

24 Hannah Arendt, Eichmann in Jerusalem – Ein Bericht von der Banalität des Bösen, 1964 (München/Zürich 1995, S. 299 f.). Zur Herkunft der berühmten und umstrittenen Formel siehe Ernst Vollrath, Vom »radikal Bösen« zur »Banalität des Bösen« – Überlegungen zu einem Gedankengang von Hannah Arendt, Rede zur Verleihung des Hannah-Arendt-Preises für politisches Denken 2001.

25 Christopher R. Browning, Ordinary Men, New York 1992 (deutsch: Ganz normale Männer – Das Reserve-Polizeibataillon 101 und die »Endlösung« in Polen, Reinbek 1993); Ders., Die Entfesselung der Endlösung – Nationalsozialistische Judenpolitik 1939–1942, Berlin 2006.

26 Michael Wildt, Generation des Unbedingten – Das Führungskorps des Reichssicherheitshauptamtes, Hamburg 2003; Peter Longerich, Heinrich Himmler – Biographie, München 2008.

27 Exemplarisch für Verfahren und Juristentypus siehe die Studie von Martin Jungius / Wolfgang Seibel, Der Bürger als Schreibtischtäter – Der Fall Kurt Blanke, in: Vierteljahreshefte für Zeitgeschichte, 2008, S. 265–300.

28 Eine Gesamterfassung des Justizpersonals im Nationalsozialismus wurde vorgenommen von Hubert Rottleuthner (Freie Universität Berlin). Die Publikation der Datenbank steht noch aus.

29 Michael Stolleis, Furchtbare Juristen, in: Etienne François / Hagen Schulze (Hrsg.), Deutsche Erinnerungsorte, Bd. II. München 2002, S. 535–548.

30 Fritz Stern, Kulturpessimismus als politische Gefahr, Bern/Stuttgart 1963 (Taschenbuchausgabe München 1989; Neuaufl. mit einem Vorwort von Norbert Frei, Stuttgart 2005) zu Lagarde, Langbehn und Moeller van den Bruck. Er legt Wert darauf, Nietzsche nicht in dieser Reihe zu sehen. Das ist gut vertretbar, wenn man den qualitativen Unterschied der Philosophien sieht. Aber es gab auch eine vulgäre, selektive und im Bürgertum sehr verbreitete Nietzsche-Rezeption, die sich auch mit dem »heroischen Nihilismus« der Konservativen Revolution verknüpfen ließ. Für die geschichtliche Wirksamkeit kommt es auf die Rezeption, nicht auf die Intention des Autors an.

Sich dem Blick in den Abgrund stellen

1 Vertiefende Lektüre ist ja immer zu empfehlen, an dieser Stelle das Buch von Gabriele Kammerer, Aber man kann es einfach tun, Göttingen 2008.
2 Die Mosaiksteine stellen wir zusammen aus Archivmaterialien und Zitaten aus den zwei Veröffentlichungen der letzten Jahre: Gabriele Kammerer. (s. Anm.1); und Anton Legerer, Tatort Versöhnung. Leipzig 2011.
3 Stanisław Stomma an Kreyssig, 4. März 1978 [EZA 614/262].
4 Mit der »Aktion Sühnezeichen« in Auschwitz 1968 – Beobachtungen eines Freiwilligen Lutz Meerlender, 1968.
5 Helmut Morlok, Ein Haus des Dialogs, in: zeichen 4/2011.
6 Zit. aus der Vereinbarung über die Strategische Partnerschaft der IJBS Auschwitz/Oświęcim und der Aktion Sühnezeichen Friedensdienste von 2009.

Du sollst dich erinnern an den ganzen Weg

1 Fünftes Buch Moses (Deuteronomium), Kap. 8, Vers 2.
2 »Heute verstarb unsere geliebte Frau, Mutter, Schwieger-, Großmutter und Schwester, Roosje Moses, geborene Marcus, im Alter von 80 Jahren. In aller Namen: A. Moses.«
3 Siehe Gaston Haas, »Wenn man gewusst hätte, was sich drüben im Reich abspielte ...« 1941–1943: Was man in der Schweiz von der Judenvernichtung wusste, hrsg. v. Schweizerischer Israelitischer Gemeindebund, Basel und Frankfurt/Main 1994, insbes. S. 65–71. Siehe auch die beeindruckende Dokumentation des Autors und Regisseurs Mathias Haentjes, Der Konsul und die Kölner, Diplomat in dunkler Zeit, 2002, 30', SFDRS (CH), WDR. Für wertvolle Hinweise auf den Generalkonsul von Weiss danke ich Herrn Aaron Knappstein, Mitarbeiter des NS-Dokumentationszentrums Köln.
4 Gerhard Gnauck, Vom Trauma, Opfer zu sein – Die polnische Schriftstellerin Magdalena Tulli über die Erinnerung der zweiten Generation nach Krieg und Holocaust, in: *Die Welt*, 27.1.2012.

Neue Einblicke durch Erweiterung der Perspektiven

1 Siehe u. a. David S. Wyman, The Abandonment of the Jews – America and the Holocaust 1941–1945, New York 2007.
2 Online unter: http://bi.gazeta.pl/im/8/11845/m11845388, List-od-prezydenta-Baracka-Obamy.pdf, zuletzt aufgerufen am 17.7.2012.
3 Vgl. Paweł Machcewicz, Spory o historię 2000-2011 [Auseinandersetzungen um Geschichte 2000–2011], Krakau 2012.
4 Siehe u. a. Jan T. Gross, Nachbarn – Der Mord an den Juden von Jedwabne, München 2001; Barbara Engelking, Jest taki piękny słoneczny dzień – Losy Żydów szukających ratunku na wsi polskiej 1942-1945 [Es ist so ein schöner, sonniger Tag – Das Schicksal der Juden, die Rettung auf dem polni-

schen Dorf suchten 1942–1945], Warschau 2011; Jan Grabowski, Judenjagd – Polowanie na Żydów 1942–1945: Studium dziejów pewnego powiatu [Judenjagd – Die Jagd auf Juden 1942-1945: Studium der Ereignisse einer gewissen Gemeinde], Warschau 2011.

5 Das Museum des Zweiten Weltkriegs wurde auf Initiative des polnischen Premierministers Donald Tusk ins Leben gerufen. Bis 2015 entstehen in Danzig auf über 6.000 m^2 eine neue Dauerausstellung und ein modernes Zentrum für Treffpunkte mit Forschungs- und Bildungsabteilung, einer Bibliothek, Konferenz- und Kinosälen. Siehe www.muzeum1939.pl, zuletzt aufgerufen am 28.11.2012.

6 Wie zum Beispiel in der Topographie des Terrors und im Denkmal für die ermordeten Juden Europas in Berlin. Vgl. Kataloge der Ausstellungen: Topographie des Terrors – Gestapo, SS und Reichssicherheitshauptamt in der Wilhelm- und Prinz-Albrecht-Straße, Eine Dokumentation hrsg. v. der Stiftung Topographie des Terrors, Berlin 2010; und Materialien zum Denkmal für die ermordeten Juden Europas, hrsg. v. der Stiftung Denkmal für die ermordeten Juden Europas, 2. überarbeitete Aufl., Berlin 2007.

7 Hier zitiert nach: Paul Williams, Memorial Museums – The Global Rush to Commemorate Atrocities, Oxford/New York 2007, S. 102.

8 Vgl. Peter Reichel, Auschwitz, in: Etienne François / Hagen Schulze (Hrsg.), Deutsche Erinnerungsorte – Eine Auswahl, Bonn 2005, S. 311.

9 Vgl. Piotr Cywiński, To whom does Auschwitz belong? Online unter http://www.enrs.eu/images/Teksty%20pdf%20ang/Cywinski_Auchwitz.pdf, zuletzt aufgerufen am 10.7.2012.

10 Ähnliches versuchen auch andere Museen, zum Beispiel das Holocaustmuseum in Washington. Vgl. Rina Elieli / Jeshajahu Weinberg, The Holocaust Museum in Washington, New York 1995.

11 Vgl. Williams, S. 25.

12 Vgl. z. B. Gottfried Korff, der sich u. a. auf Walter Benjamins Begriff der »Aura« bezieht: Gottfried Korff, Paradigmenwechsel im Museum, 1993. Online unter http://www.museumderdinge.de/institution/selbstbild_fremdbild/g_korff.php, zuletzt aufgerufen am 9.7.2012.

13 Kristiane Janeke, Zeitgeschichte in Museen – Museen in der Zeitgeschichte, Version: 1.0, in: Docupedia-Zeitgeschichte, 8. 3.2011. Online unter: https://docupedia.de/zg/Zeitgeschichte_in_Museen?oldid=77086, zuletzt aufgerufen am 9.7.2012.

14 Bei der Rekonstruktion der Geschichte von Wilhelm H. war die Hilfe des Rollettmuseums-Stadtarchiv in Baden unersetzlich.

15 So die offiziellen Zahlen der Untersuchungen der Staatsanwaltschaft von 2003. Vgl. http://www.ipn.gov.pl/ftp/pdf/jedwabne_postanowienie.pdf, zuletzt aufgerufen am 10.7.2012.

16 Vgl. Dan Diner, Das Jahrhundert verstehen – Eine universalhistorische Deutung, München 1999, S. 210.

17 Am deutlichsten ist diese Forschungstendenz wahrscheinlich immer noch bei Götz Aly zu sehen. Vgl. u. a. Götz Aly, »Endlösung« – Völkerverschiebung und der Mord an den europäischen Juden, 2. Aufl., Frankfurt/Main 2002.

18 Als erster hat Raul Hilberg auf diese Dreiteilung hingewiesen. Wobei er statt »witness« von »bystander« sprach, was eine passive Haltung impliziert. Vgl. Raul Hilberg, Täter, Opfer, Zuschauer – Die Vernichtung der Juden 1933–1945, Frankfurt/Main 1996.

19 Die Literatur zu diesen Themen wächst stetig an. Hier sei nur auf einige beispielhafte Titel verwiesen. Siehe. u. a. Martin Dean, Collaboration in the Holocaust – Crimes of the Local Police in Belorussia and Ukraine, 1941–1944, New York 2000; oder Henry Rousso, Vichy – Frankreich unter deutscher Besatzung 1940–1944, München 2009.

20 Zur Geschichte der Fotografien siehe zum Beispiel: Nadine Fresco, Śmierć Żydów – Fotografie [Der Tod der Juden – Fotografien], Wołowiec 2011.

21 Vgl. 19 Months in a Cellar. How 11 Jews Eluded Hitler's Henchmen – The Holocaust Diary of Kalman Linkimer 1941–1945, hrsg. v. Edward Anders, Riga 2008.

22 Vgl. Diner, S. 227f.

»Danke für einen Liebesbrief«

1 Der Text erschien erstmals am 21.1.2007 in der *Süddeutschen Zeitung*, Ressort www.jetzt.de.

2 Die kursiven Passagen stammen aus Jurek Hronowskis Memoiren (siehe Anm. 3).

3 Jerzy Hronowski, Leben Erinnerungen, Verlag des Staatlichen Museums Auschwitz-Birkenau, Oświęcim 2008.

Die Autoren

Katarina Bader, geb. 1979, Studium der Journalistik, Politikwissenschaft und Osteuropäischen Geschichte in München, Krakau und Warschau. Promotion über Medien und Parteien in Polen. Dozentin für Politikwissenschaft im Elitestudiengang Osteuropastudien in München, freie Journalistin. 2010 veröffentlichte sie eine ausführliche Version von Jerzy Hronowskis Geschichte bei Kiepenheuer und Witsch unter dem Titel *Jureks Erben*.

Dr. Alicja Bartuś, geb. 1967, Studium der Politikwissenschaft an der Schlesischen Universität in Kattowitz, Journalistin und Dozentin. Autorin von Publikationen zum Thema Auschwitz und anderen Völkermorden des 20. Jahrhunderts. Mitglied des Gutachterteams für pädagogische Konzepte zum Thema Holocaust am polnischen Bildungsministerium. Vorsitzende des Vorstandes der Stiftung IJBS.

Zbigniew Bartuś, geb. 1967 in Oświęcim. Journalist, seit 20 Jahren Redakteur der Tageszeitung *Dziennik Polski* in Krakau. Er wurde mehrfach für seine journalistischen Arbeiten ausgezeichnet.

Dr. Dieter Bingen, geb. 1952, Studium der Politikwissenschaft, Geschichte, Soziologie u. a. an der Universität Bonn. 1980–1999 wissenschaftlicher Mitarbeiter am Bundesinstitut für ostwissenschaftliche und internationale Studien, Köln. Seit 1999 Direktor des Deutschen Polen-Instituts Darmstadt, seit 2004 Honorarprofessor für das Gebiet *Kultureller Wandel und gesellschaftliche Transformationsprozesse in Europa* an der Hochschule Zittau/Görlitz, seit 2012 Gastprofessor für Politikwissenschaft an der Technischen Universität Darmstadt. Zahlreiche Veröffentlichungen zur Zeitgeschichte, Politik und Systemtransformation Polens und zu den deutsch-polnischen Beziehungen nach 1945.

Dr. Andreas Eberhardt, geb. 1962, seit Februar 2009 geschäftsführender Vorstand des Deutsch-Israelischen Zukunftsforums, einer gemeinsamen Stiftung der Bundesrepublik Deutschland und des Staates Israel. Bis Januar 2009 Geschäftsführer der bundesweiten Vereinigung »Gegen Vergessen – Für Demokratie« e.V. Zwischen 2007 und 2010 war er aktives Mitglied im Beirat der Bundesprogramme »Vielfalt tut gut« und »Kompetent – Für Demokratie«. Er war im Rahmen verschiedener Oral-History-Projekte mit der Konzeption, Durchführung und Auswertung von Interviews mit Opfern des Nationalsozialismus und von politisch Verfolgten der ehemaligen SBZ/DDR befasst.

Dr. Frank Golczewski, geb. 1948 in Kattowitz, 1973 Promotion,1979 Habilitation an der Universität zu Köln. 1983–1994 Professor für Neuere Geschichte an der Universität der Bundeswehr Hamburg, seit 1994 Professor (C 4) für Osteuropäische Geschichte an der Universität Hamburg. Ausgewählte Publikationen: *Polnisch-jüdische Beziehungen 1881–1922*, Wiesbaden 1981; *Kölner Universitätslehrer und der Nationalsozialismus*, Köln 1988; (als Herausgeber) *Geschichte der Ukraine*, Göttingen 1993; (mit Gertrud Pickhan) *Russischer Nationalismus*, Göttingen 1998; *Deutsche und Ukrainer 1914–1939*, Paderborn 2010.

Christoph Heubner, geb. 1949, geschäftsführender Vizepräsident des Internationalen Auschwitz Komitees. Vize-Vorsitzender des Vorstandes der Stiftung für die Internationale Jugendbegegnungsstätte in Auschwitz. Im Juni 2004 vom polnischen Ministerpräsidenten Belka in den Internationalen Auschwitzrat berufen, der unter Leitung von Prof. Władysław Bartoszewski die polnische Regierung berät. Langjährige Betreuung von Auszubildenden der Volkswagen Coaching GmbH bei Seminaren und Erhaltungsarbeiten in der Gedenkstätte Auschwitz. Als Autor zahlreiche Veröffentlichungen von Lyrik und Prosa. 1998 Verleihung des Kavalierskreuzes des Verdienstordens der Republik Polen. 2003 mit dem Bundesverdienstkreuz ausgezeichnet. Im Januar

2005 vom polnischen Staatspräsidenten mit dem Offizierskreuz des Verdienstordens der Republik Polen geehrt.

Dr. Daniel Logemann, geb. 1979, Studium der Osteuropäischen Geschichte, Polnischen Literaturwissenschaft und Südosteuropastudien in Jena, Lublin und Krakau; Promotion zum Thema *Schleichwege – Inoffizielle Kontakte zwischen Bürgern sozialistischer Staaten 1956–1989*. Für seine Dissertation erhielt er 2010 den Wissenschaftlichen Förderpreis des Botschafters der Republik Polen. Seine Forschungsschwerpunkte und Interessensgebiete sind die deutsch-polnischen Beziehungen im 20. Jahrhundert, Alltagsgeschichte in den Staaten des Ostblocks und zeitgeschichtliche Museen in Ostmitteleuropa. Seit März 2010 wissenschaftlicher Mitarbeiter im Museum des Zweiten Weltkriegs in Danzig.

Susanne Orth, geb. 1962, Studium der Slawistik, der ost- und südosteuropäischen Geschichte sowie der Komparatistik an der Freien Universität Berlin und der Universität Leningrad. 1995–2000 Studienleitung der Internationalen Jugendbegegnungsstätte in Oświęcim. Leiterin Sponsoring und Fundraising bei J. Walter Thompson in Warschau, anschließend Leitung Strategische Kooperationen und Public Relations bei AFS Interkulturelle Begegnungen e.V. Seit 2006 Leitung Fundraising, Alumni und Karriere an der Europa-Universität Viadrina in Frankfurt/Oder.

Elżbieta Pasternak, geb. 1973, Studium der Germanistik an der Jagiellonen-Universität und über *Totalitarismus – Nazismus – Holocaust* an der Pädagogischen Universität, Krakau. Befasst sich seit Jahren mit Gedenkstättenpädagogik und Bürgerbildung. Bildungsreferentin in der Pädagogischen Abteilung der Internationalen Jugendbegegnungsstätte in Oświęcim und Fremdenführerin im Staatlichen Museum Auschwitz-Birkenau.

Dr. Jan M. Piskorski, geb. 1956, Professor für Vergleichende Europäische Studien an der Universität Stettin, Polen. Gastprofessuren u.a. in Mainz, Halle/Saale und Osnabrück. 1992–2005 Chefredakteur des Verlags PTPN in Posen, 2000–2006 stellvertretender Vorsitzender der Gemeinsamen Deutsch-Polnischen Schulbuchkommission. Zu seinen wichtigsten neueren Arbeiten gehören: *Vertreibung und deutsch-polnische Geschichte – Eine Streitschrift*, Osnabrück 2005 (2. Aufl. 2007); (als Herausgeber zusammen mit K. Kaser, D. Gramshammer-Hohl und E. Vogel) *Kontinuitäten und Brüche: Lebensformen – Zuwanderer – Alteingesessene 500–1500*, Klagenfurt 2010; »Erinnerung als Aussöhnung – Vergangenheit als Quelle von Angst und Hoffnung«, in: P. O. Loew, Ch. Prunitsch (Hrsg.), *Polen. Jubiläen und Debatten – Beiträge zur Erinnerungskultur*, Wiesbaden 2012. Im Februar 2013 erscheint *Die Verjagten. Flucht und Vertreibung im Europa des 20. Jahrhunderts* (erste polnische Fassung 2010).

Zofia Posmysz, geb. 1923, ehemalige Gefangene der Konzentrationslager Auschwitz (Häftlingsnummer 7566), Ravensbrück und Neustadt-Glewe. Autorin zahlreicher Bücher, hauptsächlich zum Thema Konzentrationslager, darunter Romane, Erzählungen und Drehbücher. Bekannt wurde sie mit dem Hörspiel *Die Passagierin* (1962), das einem Film sowie der gleichnamigen Oper von Mieczysław Weinberg als Vorlage diente. Die Erzählung *Christus von Auschwitz* wurde 2008 veröffentlicht. 2012 wurde Zofia Posmysz mit dem Bundesverdienstkreuz ausgezeichnet.

Dr. Richard Pyritz, geb. 1940, Landwirtschaftslehre, Offizier im Bundesgrenzschutz, Studium der Tiermedizin an der Tierärztlichen Hochschule, Hannover. 1977 Promotion zum Dr. med. vet. Tierarzt in eigener Praxis in Ratzeburg. Mitglied bei Rotary International, dort lange Jahre Vorsitzender im Länderausschuss Polen-Deutschland; Stiftungsrat der Internationalen Jugendbegegnungsstätte Auschwitz. Er wurde 2001 mit dem Kavalierkreuz des Verdienstordens der Republik Polen und 2005 mit dem Bundesverdienstkreuz ausgezeichnet.

Dr. Elisabeth Raiser, promovierte Historikerin und Gymnasiallehrerin, lehrte von 1972 bis 1983 am Dolmetscherinstitut der Universität Genf, 1983–2004 freiberuflich in der Erwachsenenbildung tätig. Ehrenamtlich seit 1999 Mitglied im Vorstand (bis 2007) und Präsidium des Evangelischen Kirchentags, 2003 Evangelische Präsidentin des 1. Ökumenischen Kirchentags in Berlin, seit 2010 Vorsitzende von Aktion Sühnezeichen Friedensdienste. Zahlreiche Veröffentlichungen zum Thema Frieden, Versöhnung, Ökumene, u. a. Mitherausgabe von *Brücken der Verständigung – Für ein neues Verhältnis zur Sowjetunion*, Gütersloh 1986, *With Love and with Passion – Women's Life and Work in the Worldwide Church*, Genf 2001. Zwei Dokumentarfilme: *Unsere Geschichte erzählen – unsern Glauben leben – Porträts von sechs Frauen aus sechs Erdteilen*, und: *Gundalena von Weizsäcker – Ein Frauen-Leben im 20. Jahrhundert.*

Angela von Redecker, geb. 1952, Studium der Pädagogik, Mathematik sowie Arbeit und Technik in Hamburg. Unterrichtete als Lehrerin an verschiedenen Haupt- und Realschulen in Hamburg und Schleswig-Holstein. Geschichte und Weltkunde als Neigungsfach. Schwerpunkte: Kennenlernen unterschiedlicher Kulturen und Abbau von Vorurteilen. Schüleraustausch mit Polen, Initiierung von Gedenkstättenfahrten nach Auschwitz und Krakau mit umfassender Sponsorenunterstützung. Im Ruhestand seit Herbst 2012.

Christian von Redecker, geb. 1948 in eine ostpreußische Gutsbesitzerfamilie. 1952 Flucht mit der Familie in den Westen. Studium der Pädagogik in Hamburg. Arbeitete als Lehrer an verschiedenen Schulen in Schleswig-Holstein. Hauptanliegen waren die Aussöhnung zwischen Deutschen und Polen, Schüleraustausche sowie die Kontakte zwischen GEW und Solidarność. Seit 1997 führte er regelmäßige Gedenkstättenfahrten mit Schülern nach Auschwitz durch und begleitet sie auch noch nach seiner Frühpensionierung im Jahr 2010.

Matthias Schütt, M.A., geb. 1955, Studium der Germanistik, Theaterwissenschaft und Publizistik an der Freien Universität Berlin, seit 1983 Journalist. Nach über 20-jähriger Tätigkeit als leitender Redakteur heute selbständig als Journalist und Lektor.

Dr. Christian Staffa, geb. 1959, gründete nach seinem 2. Theologischen Examen (1989) mit dem Soziologen Dr. Manfred Jurgovsky das Institut für Vergleichende Geschichtswissenschaften e.V. (IvGw) in Berlin, Mitglied der Leitung bis 1999. 1990–1998 Studienleiter an der Ev. Akademie Sachsen-Anhalt für die Bereiche *Osteuropa*, *Jüdisch-Christlicher Dialog* und *Geschichte des Nationalsozialismus*. 1999–2012 Geschäftsführer von Aktion Sühnezeichen Friedensdienste. Ausgewählte Veröffentlichungen: (als Herausgeber) *Vom protestantischen Antijudaismus und seinen Lügen*, Magdeburg 1993 (2. Auflage 1994); (als Autor und Herausgeber) *Nachträgliche Wirksamkeit – Vom Aufheben der Taten im Gedenken*, Berlin 1998; (als Autor und Herausgeber mit Katherine Klinger) *Die Gegenwart der Geschichte des Holocaust – Intergenerationelle Tradierung und Kommunikation der Nachkommen*, Schriftenreihe des IvGw, Bd. 1, Berlin 1998.

Dr. Michael Stolleis, geb. 1941, 1975–2006 Professor für Öffentliches Recht und Neuere Rechtsgeschichte an der Goethe-Universität Frankfurt/Main, 1992–2009 Direktor am dortigen Max-Planck-Institut für europäische Rechtsgeschichte. Ausgewählte Veröffentlichungen: *Gemeinwohlformeln im nationalsozialistischen Recht*, Berlin 1974; *Recht im Unrecht. Studien zur Rechtsgeschichte des Nationalsozialismus* Frankfurt/Main 1974 (2005); *Geschichte des öffentlichen Rechts in Deutschland*, Bd. 3 (1914–1945), 1999, und Bd. 4 (1945–1990), München 2012.

Leszek Szuster, geb. 1956 in Oświęcim, Studium des Bauwesens an der TH Krakau (Dipl.-Bauingenieur) sowie Fernstudium der Philosophie und Religionswissenschaften an der Universität Krakau. Seit 1999 Direktor der IJBS.

Dr. jur. Hans-Jochen Vogel, geb. 1926, wurde 1960 zum Oberbürgermeister von München gewählt. 1972–1981 und 1983–1991 Bundestagsabgeordneter, seit 1983 Vorsitzender der SPD-Fraktion. 1972 Bundesminister für Raumordnung, Bauwesen und Städtebau, 1974–1981 Bundesminister der Justiz. 1981 war er Regierender Bürgermeister von Berlin, anschließend bis 1983 Vorsitzender der SPD-Fraktion im Berliner Abgeordnetenhaus. 1983 trat er als Kanzlerkandidat für die SPD an. 1987–1991 Vorsitzender der SPD, 1993–2000 Gründungsvorsitzender von »Gegen Vergessen – Für Demokratie«. Er ist außerdem Mitglied des Kuratoriums des NS-Dokumentationszentrums München.

Bildnachweis

Umschlagvorderseite, Seite 27, 45, 53: *Internationale Jugendbegegnungsstätte Oświęcim*

Seite 97: *Uwe Friedrich*

Seite 135, 191, 209: *Katalog der Ausstellung »Die andere Seite der Welt«. 20 Jahre Internationale Jugendbegegnungsstätte Oświęcim, Oświęcim 2006.*

Seite 152: *privat (D. Bingen)*

Seite 177: *Matthias Schütt*